农地金融
风险防控研究

王　珏◎著

FINANCIAL RISK PREVENTION AND
CONTROL RESEARCH IN
AGRICULTURAL LAND

经济管理出版社
ECONOMY & MANAGEMENT PUBLISHING HOUSE

图书在版编目（CIP）数据

农地金融风险防控研究／王珏著. —北京：经济管理出版社，2023.10
ISBN 978-7-5096-9214-1

Ⅰ.①农… Ⅱ.①王… Ⅲ.①农业用地—农村金融—金融风险—风险管理—研究—中国
Ⅳ.①F832.35

中国国家版本馆 CIP 数据核字（2023）第 169290 号

组稿编辑：王玉林
责任编辑：高　娅　康国华
责任印制：许　艳
责任校对：蔡晓臻

出版发行：经济管理出版社
　　　　　（北京市海淀区北蜂窝 8 号中雅大厦 A 座 11 层　100038）
网　　　址：www. E-mp. com. cn
电　　　话：（010）51915602
印　　　刷：唐山玺诚印务有限公司
经　　　销：新华书店
开　　　本：710mm×1000mm /16
印　　　张：17.25
字　　　数：301 千字
版　　　次：2023 年 10 月第 1 版　　2023 年 10 月第 1 次印刷
书　　　号：ISBN 978-7-5096-9214-1
定　　　价：88.00 元

本书得到教育部人文社会科学研究青年基金项目"农村承包土地经营权抵押贷款风险的形成、测度及防范研究"（项目编号：20YJC790135）、重庆市教育委员会人文社会科学研究项目"乡村振兴背景下重庆农村产权金融联动机制研究"（项目编号：23SKGH098）、重庆师范大学博士启动基金/人才引进项目"农村承包土地经营权抵押授信制度困境的成因、监测及破局"（项目编号：22XWB008）的资助

前　言

《国务院关于开展农村承包土地的经营权和农民住房财产权抵押贷款试点的指导意见》及《农村承包土地的经营权抵押贷款试点暂行办法》的出台，从制度层面确定了农地经营权抵押贷款（以下简称农地贷）的实施规范，标志着以农地经营权为押品的农地金融正式破冰，拉开了我国深化农村金融体制改革的帷幕。试点期内，农地贷暴露出市场占比增长率停滞、贷后管理评级下降、不良率攀升等问题，导致农地金融运行基础不稳，可持续性堪忧。农地金融的运行实践是否符合发展规律、是否符合制度意愿、风险是否可控、未来发展方向如何，受到学界、业界的广泛关注，也形成了颇为丰富的研究成果。但是既有研究多从农地经营权抵押的角度切入，成果集中于农地抵押担保是否有效、是否存在障碍及供需意愿等方面，所得结论更多地局限于制度供给滞后或不足等方面，并未形成更为深入严谨的研究体系。

据此，在吉林省获批农村金融综合改革试验区的背景下，本书以资产金融化的客观规律为切入点，将农地金融界定在广义及狭义两个维度下展开研究。在广义的农地金融维度下，本书以农地经营权是否具备金融化的前提为研究脉络，指出现阶段农地经营权的产权关系、产权规则与所处的市场化环境并不支持将农地经营权全部打包为农地贷这一金融工具，可能存在农地金融化形式与底层资产错配的制度性风险；在狭义的农地金融维度下，本书基于农地贷在吉林省农村金融综合改革试验区（以下简称综改区）的试点经验，依托信贷风险管理理论，根据被解释变量的类型寻找合适的工具变量，运用 OLS 法、Probit 模型、Heckman 两步法、GMM 模型、结构方程模型等研究方法，从风险补偿来源的角度分析农地贷信贷风险的形成,并测度其风险控制能力。此外,鉴于风险的弥散性特征,本书对农地金融风险的衍生效应进行了探讨;然后,基于研究结论,从广义及狭义两个维度构建农地金融风险控制体系。

研究发现,基于农地金融的广义维度,农地金融存在底层资产产权特征与金融深度错配风险。具体呈现为由农地金融的运行实践与制度意愿偏离导致的制度性风险、农地经营权产权关系模糊时期不具备金融化基础导致的制度性风险,以及农地金融服务供给与实际金融需求脱节导致的制度性风险。基于农地金融的狭义维度,农地金融风险主要来自农地贷的信贷风险。农地经营权担保的有效性在风险补偿来源方面的激励约束机制决定了农地金融信贷风险的控制能力。本书在制度优化背景下分析了农地经营权变现的影响因素,依托综改区的试点经验,进一步提供了量化的证据。在借款人还款表现的视角下,资产主导型农地贷模式下的借款人还款表现较好,可有效控制事中约束风险。关系主导型农地贷的借款人的还款表现受制于组群担保中压力机制的激励约束作用,与农地经营权担保的有效性无关。据此认为,分散细碎化农地经营权的授信不仅存在低效率的资源浪费,还会产生逾期及不良的违约风险。进一步测度信用违约的损失程度,贷款集测度结果显示,非预期损失概率低于预期损失概率,意味着未来一年金融机构可能面对的非预期损失低于未受保护头寸,同时低于受保护头寸,金融机构无须过于警惕农地贷信用风险。从风险控制的全视角来看,在产权制度优化的背景下,农地产权管制通过贷款契约效力与农地流转契约效力的改善来提升风险补偿能力,进而有效控制农地金融风险。借款人还款意愿及能力是农地金融风险补偿的主要来源,第三方风险补偿能力相对薄弱,是农地金融制度进一步优化的方向。从风险的衍生效应来看,在农村社会保障体系日益完善、农地社会保障功能下降的背景下,借款人违约后暂时性的失地风险并不会导致弥散化的社会风险。虽然我国出台了严格的耕地保护法,但农地金融化为耕地非耕化提供了空间,需要严加防范。

在农地金融的广义维度下,针对金融深化与使命间呈现的多阶段风险模块,本书构建了农地金融风险的协同治理体系。在农地金融的狭义维度下,本书结合综改区农地金融的运行实践及发展愿景,对处于资产资本化阶段的农地贷及土地收益保证贷款的风险控制体系进行设计，并基于信贷流程管理系统中各主体的参与情况，阐明各阶段风险控制的要点，从现实孵化层面为农地金融风险控制提供参考依据，从而在广义和狭义两个维度分别确立农地金融风险控制体系，为试点放开后其他地区的农地金融化提供经验借鉴。

目　录

第一章

绪　论

本章在阐述研究背景的基础上，指明了本书的研究目的与意义；通过对国内外研究现状的述评，阐述本书的主要研究内容及可能存在的学术贡献，同时介绍文章的技术路线及采用的研究方法。

第一节　选题依据

一、研究背景

赫尔南多·德·索托在《资本的秘密》一书中提出在产权制度改革的配合下，激活农村沉睡资产的资本属性是助力农业发展、农民增收的有效途径。基于为农业发展提供资金支持、为农民增收提供外源助力的初衷，加大对"三农"的金融支持力度，进一步深化农村金融改革创新，2015年国务院出台了《关于开展农村承包土地的经营权和农民住房财产权抵押贷款试点的指导意见》，配合"三权分置"及农地确权的农地产权制度新一轮改革，从制度层面提出试点运行农地贷的意愿，借此探索农地资产的资本属性，撬动富余资金流向农村。可见，作为农村金融领域深化体制改革、创新金融工具的划时代产物，试点农地贷标志着农村沉睡资产开始"活化"，对"活化"深度及广度的探索刚刚开始。那么，完成三年试点工作后，农地贷的运行是否符合设计意愿？从金融工具生命周期的视角来看，当问题逐渐产生时，风险开始暴露，农地贷的风险控制能力如何，是否具有可持续的生命力，单纯地从农地贷这一信贷工具切入衡量其风险表象是否能够从根本上发掘其风险形成的原因并寻求解决途径，这些都是试点工作结束后需要回答的问题。因此，基于以上考量，探究农地贷乃至农地金融化的风险问题不仅合乎时宜，而且还具有重要意义。

吉林省是我国重要的商品粮基地，于 2015 年获批唯一省级农村金融综合改革试验区，这一批示不仅是对吉林省多年来在农村金融领域众多有益探索尤其是农村资产资本化领域探索的肯定，也是基于良好的农村金融土壤对农村资产资本化的深度和广度进一步探索的期待，也为农村金融综合改革试验区农业现代化和城镇化的加速发展提供了必要的金融支持。

二、问题的提出

本书的选题来源：一是宏观政策导向。2015 年 8 月，国务院出台《国务院关于开展农村承包土地的经营权和农民住房财产权抵押贷款试点的指导意见》（国发〔2015〕45 号），正式启动两权抵押贷款试点工作；2015 年 12 月国务院批准了《吉林省农村金融综合改革试验方案》，明确了将吉林省作为综改区的方案，其中就综改区农村资源资本化改革，扩大抵质押担保物范围做出明确要求。农地贷作为我国农村金融领域的重大创新，被赋予破解农村地区信贷约束、提高农户收入水平的政策意愿，如何有效达成政策意愿、实现可持续发展，关注农地贷风险，测度农地贷风险控制能力、构建农地贷风险控制体系是一个必要的课题。二是社会现实问题。伴随农地金融领域改革各项配套设施的逐步落实，农地金融模式的自发性探索，试点区域内以农地经营权抵押为主要工具形式的农地金融市场份额日益提高，构成涉农信贷产品的主要比重。但是自 2016 年春季以来，根据市场调查，综改区农地贷投放余额及贷款笔数增长率均呈下降态势，存量产品贷后管理的风险评级下降，不良贷款余额增加，风险隐患开始暴露，农地贷的可持续性堪忧。基于此，本书在综改区的背景下，以该区域农地贷的运行实践为契机和切入点，以点及面地反思农地金融化过程中可能存在的机制性问题，在构建广义维度下农地金融分析框架的前提下把握试点区农地贷这一信贷工具的风险控制能力，并从广义和狭义两个维度下提出风险防控措施，以期推动农地金融可持续发展，进而为农村资产资本化的进一步探索提供有益借鉴。

第二节　研究目的

本书以综改区为背景，通过分析农地金融风险的形成机理以及测度农地金融风险控制能力，提出农地金融风险控制体系的构建方案，回答"如何完善农地金融风险补偿机制，破解制约障碍"这一问题。

第一，从农地金融制度出台的背景、制度意愿的设计、试点区的运行现状及风险现状出发，说明在广义和狭义两个维度下界定农地金融是厘清农地金融风险形成的前提。提出农地金融化形式与底层资产错配的制度性风险是导致农地金融信贷风险发生的根本性原因，从而研究以往研究集中于农地金融信贷风险形成原因的分析而难以发掘风险形成根源的问题。

第二，为探究农地金融发展的生命力，以信贷风险管理理论为依据，测度农地经营权担保有效性在信贷风险三个补偿来源中的风险控制能力。运用 OLS 法、Probit 模型、Heckman 两步法、GMM 模型、结构方程模型、CreditRisk+模型等研究方法对影响农地金融风险控制能力的因素进行分析。

第三，综合对广义和狭义维度下农地金融风险形成机理的分析及风险控制能力测度的结果，构建广义和狭义维度下农地金融风险控制体系，从而为农地金融风险补偿机制的建立提供决策支持。

第三节　研究意义

一、理论意义

第一，结合我国农地制度改革历程，农地产权边界、规则及强度的变化情况，依托新制度经济学的产权理论，在产权管制适度放松的背景下阐释农地金融运行的前提与演绎路径，为农地金融可持续发展构建合理的理论基础。

第二，结合农地金融在综改区的现实运行情况，依托交易费用理论，分析农地金融制度变迁的诱致性因素，以现实与历史交汇的演绎方式为广义维度下农地金融风险的形成构建分析框架。

第三，以农地金融在综改区的孵化形式——农地贷为例，测度农地金融风险控制能力，建立狭义维度下农地金融风险控制能力测度的范式。

二、实践意义

第一，2015年12月《吉林省农村金融综合改革试验方案》提出，完善农地贷风险补偿机制，破解制约障碍，探索可操作、可复制的普惠型农村金融发展之路。本书以此农村金融改革方略为研究契机，探索农地金融的风险形成机制，并对农地贷风险控制能力进行测度，为农地金融风险补偿机制的建立提供智力支持和决策参考。

第二，基于综改区农地金融的现实孵化工具，不局限于农地贷的运行现状，从广义农地金融的视角出发，依据诱致性制度变迁的历史进程梳理农地金融从自发性探索向制度框架演进的脉络，阐释农地金融的民间演绎与设计意愿存在背离、偏离及不完善之处的原因，从而在广义农地金融框架下寻求狭义维度下农地贷这一现实孵化工具的风险解决途径，借此提升农地金融可持续发展的生命力，为农村资产资本化更为深入和广泛的探索提供经验借鉴。

第三，在"三权分置"背景下，作为农村物权权益资本化的创新之举，农地金融制度的完善、产品的创新、风险补偿机制的建立，将推动农村金融成果由试验性向普惠性转化。

第四节　国内外研究现状及述评

一、农地产权制度研究

（一）国内外农地产权制度研究现状

鉴于生产力水平、人口状况、基本经济制度与政治制度的差异，各国现行的农地产权制度存在很大差别，因此国外学者对农地产权制度研究的关注点也会由于区域特点的不同而有所不同。在以美国为代表的土地私有制国家，新制度经济学派的学者对农地产权制度的研究成为学术主流。在交易费用理论方面，Coase（1960）提出"交易成本"的概念，并形成了著名的科斯定理；在产权理论方面，延续了一些至今仍广为引用的思想，如Barzel（1989）等讨论了不同的所有权制度安排如何形成不同的资源配置效率；在制度变迁理论方面，North（1990）从现代经济学的理性假定出发，论述了制度变迁的方式、一般原则与绩效，进一步丰富和完善了新制度经济学理论。在农地属集体所有的大多数社会主义国家，一些学者沿承马克思的观点，从农地私有化下的小农经济与现代农业生产之间的矛盾出发，论证农地国有化的必要性。然而，在现代商品经济环境下，如何建立既能克服私有制的弊病，又能满足市场资源配置诉求的产权制度安排，国外学者就农地产权制度和规模化生产之间的关系进行了深入探讨。一些学者关注了欧洲主要农业国家农地产权制度变革的效率问题：农地产权制度由农地私有化取代农村集体产权制度，使农村经济生产力得到了很大的恢复（Duke and Ilvento，2004），但由于改革中分配的财产权不完整及农地流转制度不规范，农地配置效率不高（Mathijs and Swinnen，1997）。国外学者普遍认为清晰的产权界定是农地产权制度改革的关键，但有效的农地市场的建立还需要具备完善的配套制度（如财产处置权）和健康的制度环境（Dale and Baldwin，2000），缺少相应的制度环境和农村社会经济条件，有效的农地市场就不能通过私有化进程获得（Burger，2001）。近年来，Sikor等（2017）、Bekele（2016）将产权制度与资源利用的衔接加入了环境保护的概念。当然，产权边界明晰是保护性资源投入的前提。从农地的可持续利用角度来看，轮耕、休牧及深耕等农地保护性利用措施的落实应置于产权关系明晰的框架内。

自改革开放以来，围绕家庭联产承包责任制，中国的农地政策历经几次阶段性变革，我国学术界对于农地制度关注和讨论的重心也随之变化。在试探过渡时期（1978~1984年）：一些国内学者结合当地实践对生产责任制进行了讨论与总结，形成了一系列有关生产责任制的社会调研报告（阮方确，1980），并从生产力与生产关系的角度阐释了家庭联产承包责任制带来的积极效应（乔凤山，1981）。与此同时，一些学者就实行生产责任制会不会导致两极分化（恽竞，1981）、会不会偏离社会主义方向（杨封沐，

1981）等问题对家庭联产承包责任制持怀疑态度。此后，家庭联产承包责任制实施过程中出现的新情况与新问题引起了一部分学者的关注，促使其寻求完善的对策与措施（马云溪，1982）。在稳步发展时期（1984～1992年）：承包制在一定社会阶段所确定的农地关系，随着我国农村经济的发展，其历史局限性逐渐凸显，暴露出许多其自身难以解决的问题（赵源、张岩松，1989）。国内学者将研究目光投向农地制度深化改革的方式和路径，农地所有制关系的调整成为大众关注的焦点问题，主要形成了"保守主义——国有化"（杨勋，1989）、"激进主义——私有化"（蒋克平，1989）、"折衷主义——在坚持集体所有制的基础上调整与优化"（刘书楷，1989）三种有代表性的观点。一些学者开始运用西方新制度经济学和产权学派的理论（毕宝德，1990），借鉴国外农地制度典型的实践模式（郑仁良，1988），进行我国农地制度创新的研究与探索。在完善深化时期（1992～2000年）：鉴于不少地区适应当地经济发展的农地制度新形式不断涌现，国内学者的研究重心逐渐从要求在根本上变革农地制度转向对现行农地制度进行优化与完善。这一阶段的核心问题是农地产权归属的界定与农地流转机制的建立。农地承包期的延长提高了农户对农地使用权的稳定性预期（姚洋，2000），稳定的农地使用权对农户具有正向的激励作用（钱忠好，2002），建立合理的农地流转机制有利于实现农地适度规模经营（季辉，1995）。在优化创新时期（2000年至今）：进入21世纪，"三农"问题成为研究热点，这一时期的国内学者大都试图将农地制度的研究与解决"三农"问题的路径和措施联系起来，从农地制度与农业生态环境（王闰平、高志强，2001）、农村民主制度建设（陈锡文，2001）、农民权利保障（秦晖，2002）、工业化和城镇化建设（吴力子，2002）、农地金融化（崔慧霞，2004）、农地过度资本化（全世文、黄波，2018）、产权管制与经济人行为（何一鸣、罗必良，2009，2010；罗必良，2011）、农地经营能力（陈永杰，2019）等角度进行探讨。越来越多的学者将新制度经济学理论、统计分析方法、计量经济学工具引入我国农地问题研究，丰富了农地制度理论研究的手段。仇童伟、罗必良（2018）从新制度经济学关于产权强度的诠释出发，以农业生产要素配置效率为视角探讨了中国农地产权稳定性和安全性对农地要素配置的影响。应瑞瑶等（2018）利用2010～2015年农村固定观察点数据，使用双重差分法及三重差分法检验了农地确权对农业长期投资的影响，发现这一影响主要体现在农家肥的施用上，但对机械投入的影响甚微。冀县卿、黄季焜（2013）基于具有全国代表性的随机抽样的农户调查数据，提出虽然农民土地使用权的现实变迁与国家政策的演变方向基本一致，但农民土地使用权稳定性的现实状况与政策预期仍有一定差距。

（二）国内外农地产权制度研究现状述评

国外大多数研究是基于农地私有产权背景展开的，对农地抵押制度改革是否能增加农户信贷可获得性仍然持有不同意见，这与不同国家在农地抵押的法律体系和制度框架等方面存在巨大差异相关，因此有关结论能否适用于我国特殊的农地金融制度仍然值得进一步商榷，但其有关产权稳定性与融资及风险控制关系的研究对我国农地金融风险控制的制度保障构建具有一定的借鉴意义。结合我国农地制度的变迁历程，可以发现不同产权分解结构、权属安排和权利完整性与农地资源配置和农业生产经营水平息息相关，而这一制度变迁的动因可以从成本—收益分析中得到答案。

二、农地金融研究

（一）国内外农地金融研究现状

西方学者对土地金融的研究起源于重商主义思潮，约翰·罗（2011）基于英国农地金融实践首次提出农地金融思想，以价值稳定的农地等不动产为担保发行纸币，不仅具有无限创造信用的能力，还可保障价值稳定。但是最终由于缺乏对银行纸币数量的合理限制及金属货币相对于银行纸币价值的分析，导致以农地等不动产为担保发行纸币这一体系崩溃，并陷于沉寂。马克思（1974）深刻揭露了资本主义地租的本质及其产生的必要条件，并最早提出农地收益资本化。在此基础上，恩格斯和列宁通过对合作制理论的研究，提出了建立以农业合作化为基础的工农联盟的必要性。此后，布哈林的信贷合作社理论、考茨基的土地抵押信贷债务理论进一步丰富了马克思主义金融理论体系。步入现代社会后，农地金融的实践再度兴起，业界研究也随之展开，稳定的产权有利于促进经济发展（Besley，1995）。Seibel（2001）通过对金融市场供需状况的研究，发现大多数发展中国家的金融市场不完善，存在着对微型金融的需求，应深化农村金融市场来解决正规金融的供给不足的问题，但操作的成本高且风险较大。此后，国外学者将研究视角转向产权与融资的关系，发现产权的稳定性具有重要的行为激励意义。稳定的地权使银行更愿意接受将农地作为抵押品（Deininger，2003），农地金融市场的良好发展依赖于完善的农地流转制度和准确记录且可有效转让的农地产权，因而发展中国家普遍将农地确权作为降低农村融资约束的一项重要政策措施（Deininger and Binswanger，1999）。Besley、Ghatak（1993）在已有研究的基础上，通过合约理论分析，发现借方资金水平差异能够影响法律改革，提升农地作为抵押物的能力，并且指出农村金融中制度约束和财产约束、产权制度改革与财产分配、福利影响之间的交互作用等研究领域还需进一步拓展。

国内学者主要围绕农地金融制度构建的必要性与可行性、供需意愿、现实困境及解决路径等角度开展农地金融问题研究。20 世纪 90 年代，我国学者提出农地金融制度的组织体系与实际运作构想，采取自上而下的方式建立以农地使用权抵押为特征的农地金融制度（尹云松，1995）。农地金融可以解决农业投资不足的问题，推动农地适度规模经营，分散农业经营风险，可选择农村信用社作为开展农地金融业务的信用机构（聂强等，2004；罗剑朝等，2015）。者贵昌、朱霏（2011）通过对我国农地制度和农地流转政策的解读，在借鉴国外农地金融体系成功经验的基础上，论证了建立农地金融制度的必要性。也有学者认为农地金融制度在目前的中国缺乏可行性。在农业保险与社会保障缺失的背景下，农地金融制度的推行容易形成自然风险—经济风险—社会文化风险的连锁反应（姜新旺，2007；吴一恒等，2018；赵春江、付兆刚，2018）。作为供给侧的农村金融机构，供给意愿与积极的政策导向成正比，与政策变动风险成反比（林乐芬、王军，2011），受制于农地抵押变现风险（于丽红、兰庆高，2013；吕德宏、张无坷，2018）。不同经营主体对农地贷响应意愿的调查表明，规模农户是主要受众，受到区位、经济及土地流转因素的显著影响（林乐芬、沈一妮，2015；梁虎等，2018）。除此之外，主要收入来源及农户个体特征对需求意愿具有明显的影响作用（惠献波，2013；房启明等，2016）。从一定程度上来说，供需意愿也是农地金融开展过程中现实困境的体现。农地金融在法律障碍、配套设施不健全及风险不可控方面面临困境（刘奇，2014），农地生产要素功能与社会保障功能存在冲突，应在法理上明确农地财产属性，奠定市场化基础（高圣平，2014；曾大鹏，2017），在考虑农户转出意愿的前提下建立"散户—中介—大户"的高效农地流转模式（黄祖辉、王朋，

2008；陈振等，2018）。

（二）国内外农地金融研究现状述评

国外研究主要关注农地金融体系建设、产权稳定性对金融化可持续性的影响等方面，这为本书在广义维度下分析农地金融风险的形成机理开阔了视野。从研究现状及研究动态看，国内关于农地金融的研究多集中于制度困境、行为意愿及风险测度。其中对于制度困境、行为意愿的分析较为详尽，对困境原因及意愿障碍的分析为风险暴露时期的研究做好了铺垫，对本书的研究具有重要的参考价值。

三、农地金融风险及其研究方法的研究

（一）国内外农地金融风险及其研究方法的研究现状

第一，农户借贷及抵押融资风险的研究。发展中国家的农户在农村信贷市场中无法正常获得的贷款是金融抑制理论萌芽的现实基础，阻碍了发展中国家农业生产的现代化进程（Shaw，1973）。当一些发展中国家进行担保物权改革后，将设备、应收账款、存货和牲畜等动产视作良好的抵押物，农村金融抑制情况得以缓解（Safavian et al.，2006）。但是，缺乏抵押物并不是农户融资的唯一障碍（Inderst et al.，2007）。基于信贷配给理论，信贷供给者距离是信息优势博弈中的重要考虑要素，当地的贷款方比远距离的贷款方在贷款中具有信息优势。Niinimäki（2011）将信息优势博弈进一步深化，加入抵押品的要素，认为借贷者的借款意愿还受抵押品预期价值的影响。

第二，农地作为抵押品的风险研究。当农地作为抵押品用于改善农户信贷可获性时，从风险控制的角度考量，抵押产品的产权界定不清晰会导致金融机构不能利用农户抵押物来消除其面临的潜在风险。当借贷双方都为风险中立型时，农地抵押品可以有效缓解信贷市场中的最初风险；当借款者是风险厌恶型时，他们并不愿意在没有获得贷款者的某些补偿条件时承担全部风险，此时农地抵押并不能有效解决由此产生的道德风险问题。当农户规模小、农地价值低、处置农地抵押品的交易成本远远大于借款资金规模时，即使有明确的农地产权证明，金融机构也不愿意接受将农地作

为有效抵押品（Field et al.，2006）。各国广泛建立的农地信用体系（FCS）面临经营困境，私有制下的农地碎片化使农地银行不愿再直接与小规模农地经营者进行交易，农地投机成为政策性农地信用体系监管者的主要防范对象（Ryan，2017）。

第三，风险管理方法的研究。国外针对金融机构风险管理的理论研究开展得较早，研究方法较多。5C 评估法一直是金融机构主要的风险评价方法。该方法从品德、盈利及还款能力、资本实力、抵押品和经营环境条件五个方面，对借款人的还款意愿和还款能力进行定性分析，5C 方法的简单易操作特性使其广泛运用于各国商业银行的风险管理。国外学者还提出了Var 模型、双因素模型、缺口管理法等方法来测定金融机构的风险，以保证金融机构的良性发展。例如，Jarrow、Turnbull（1995）提出的双因素模型，在传统的信用风险评价模型中增加市场风险因素，使商业银行的风险评价模型更完善、科学。Longstaff、Schwartz（2012）基于缺口理论，认为可以通过借款人资本的期限结构来判断信贷违约率，如果贷款申请人的相关指标超过合理临界值，将可能导致还贷困难，发生违约；反之，若借款人的资本期限结构保持在可行区域中，则违约概率较低。

第四，农地金融风险暴露的研究。国内学者对农地金融的研究主要从广义的制度构建及狭义的产品设计两个角度切入，对农地金融风险的考量有不同侧重。从广义的农地金融制度层面来看，吴一恒等（2018）、罗剑朝等（2015）认为空白域留置的产权将导致农地在经营、转移、贷款及社会四个方面存在风险隐患。程郁、王宾（2015）则更多地考虑农地金融制度实施的配套设施风险，认为农地产权、农地流转、农地抵押、农地收储、农地贷再融资、农业信用援助、农业保险及信贷保险都是农地金融制度可持续发展过程中不可或缺的制度保障。由于农地金融诱致性演进过程中法律框架存在先天性缺陷，许多经济学家关注农地金融制度的法律风险。高圣平（2014）、刘奇（2014）、涂圣伟（2016）从法制层面对农地抵押权人、农地的发包与公示以及抵押权的实现提出政策建议，试图在法律框架内弥补农地金融的先天不足。从产品设计层面来看，众多学者在考虑制度层面风险的基础上，更关注贷款产品本身缺陷造成的信用风险。吕德宏、张无坷（2018）和赵春江、付兆刚（2018）以及王超等（2014）在分析农地金融面临的由自然、市场、金融及政策四大方面的背离导致的信用风险时，指出其核心风险是借款人无法清偿到期债务的风险。

第五，农地金融风险测度方法及控制措施研究。金融领域的风险测度方法繁多，以信用风险测度为例，客观信用评级模型有阿特曼 Z-score 模型、ZETA 评分模型、Probit 模型、Logit 模型和极值模型；主观信用评级模型包括层次分析法、模糊综合评价法、网络层次分析法和数据包络分析法等（王周伟，2017）。鉴于农地金融风险涉及层面广泛且复杂，风险指标定性与定量交错，难以完全依靠客观信用评级模型直接计算，故众多学者均采取主观信用评级模型测度农地金融风险。基于利益主体决策均衡的可能，罗剑朝等（2003）和张正平、肖雄（2012）采用博弈论对各利益方的行为进行分析，寻求决策均衡点，并以此提出风险管控建议。基于防控显著风险暴露点的考量，于丽红等（2014）、王超等（2014）通过构建农地贷风险评价指标体系，利用层次分析法对调研地区进行风险评价，提出在保险、估价体系方面的风险管控建议。占志民、罗剑朝（2016）通过构建 Logistic-DEA 模型，指出农地估价突破点、农户分类关键点和风险控制关节点三个要点是农地金融风控的关键。雍灏等（2008）、孟楠等（2016）通过构建结构方程模型，结合风险因子、融资意愿及行为响应，为试点区的农地金融运行提供可持续发展建议。为实现农地金融可持续发展，基于风险测度结果及制度困境分析，在普惠创新阶段，研究倾向于制度及担保方式再创新，实现可持续的普惠制金融。法律制度方面，创新性提出完善农地产权法律制度要以发挥市场在资源配置中的决定性作用为核心（秦小红，2016），合理定位经营权的法律性质（高海，2016）。在制度构建方面，创新性地提出中国农地金融制度整体设计方案（罗剑朝等，2015）。从融资渠道拓展的角度，除创新担保方式外，还要逐步建立相关农地金融衍生品体系，包括债券、信托、证券化等（于丽红等，2015），只有真正解决农民的"融资难、融资贵"问题，在制度上实现可持续，才能实现普惠金融（阎庆民、张晓朴，2015）。

（二）国内外农地金融风险及其研究方法的研究现状述评

关于农地金融风险的研究主要集中于农地金融工具的风险测度及评价，通过构建风险评价指标体系，运用层次分析法对风险指标权重及调研地区的风险暴露情况进行评价，得出的结论较为直观，提出的对策和建议具有针对性。现有的研究成果在以下四个方面有待改进：①自 2015 年我国将吉林省定为综改区以来，鲜有关于该区域农地金融风险的系统研究。②目前，国内农地金融风险指标体系的构建或依据相关利益主体，或依据风险类型，两者都缺乏对农地金融第三方参与主体——物权中介服务平台风险的深入探讨。③关于农地金融风险形成机理的文献较少，现有成果缺乏对风险形成机理的梳理，尤其是从风险形成机理的不同层面剖析风险成因并提炼风险因子。④层次分析法对于解决难以定量的问题十分适用，但定性分析缺乏因果关系表述且主观性较强，有待商榷。

四、农地金融风险控制的研究

(一) 农地金融风险控制的研究现状

国内学者对于农地金融风险的研究多直接嵌入其狭义概念，并在构建风险控制体系时从宏观的制度配套层面寻求解决方案。例如，曹阳（2015）将造成农地贷的借款人不能按期偿还贷款的原因分为系统内部（农民自身素质）与系统外部（自然环境、社会环境）两个方面，并基于此从押品风险补偿角度提出政府参与、市场准入与考虑民生因素相结合的农地经营权处置思想；高圣平（2014）从法理角度切入，分析农地贷开展困境，提出农地金融作为农地制度改革的组成部分，应与农地产权制度及农地流转制度相配合寻求可能的出口；周凤婷（2010）认为，农地经营权最大的风险在于借款人不能按时还款，一旦抵押的农地被处置，失地农民将演变成社会风险，从而难以控制，提出要通过满足农民开发利用耕地、提高耕地收益的农地增值需求，保证农民第一还款来源的稳定性；佟伟、赖华子（2015）总结了农地贷风险的几大学说，认为有限社会保障辅助下的"风险分担说"及"保证与抵押双重担保说"是适合当前农地贷发展阶段的风险控制方式；占治民、罗剑朝（2016）将农地贷的风险点分为环境风险、农户风险和机构风险三类，运用 DEA 模型进行实证分析，得出农地估价突破点、农户分类关键点及风险控制关节点这三个难点是农地贷风险控制的重要节点；涂圣伟（2016）出于防止金融机构、农户、政府多方共损的局面出现的考虑，提出应从法律保障、建立农地流转市场、成立专门性农地金融机构、完善农业保险及社会保障等方面构建农地贷的风险防范和管理措施；吕琳（2016）基于宁夏平罗农地贷风险补偿机制的效果评价，提出应从规范资金来源、完善农地抵押制度及配套设施构建三方面进行风险补偿机制的完善。

（二）农地金融风险控制的研究现状述评

尽管众学者选取了诸多角度来研究农地贷的运行困境、风险暴露点、风控机制不完善之处等问题，并依据所遵循的研究框架提出了相应的风险控制措施、机制完善措施和风险补偿措施。但是既往研究的相似之处也很明晰：第一，均从农地贷这一狭义维度下的信贷工具切入，定义了中国现阶段的农地金融；第二，对农地贷的风险分析多遵循信贷产品风险控制的思想，从借款人第一还款来源、押品处置后风险补偿、第三方风险分散的角度谈农地贷各参与主体是否会面临可能的"损失"；第三，风险控制措施或风险补偿机制的完善均回归至农地制度层面，从农地产权制度、农地流转制度等配套设施建设角度探讨农地贷可持续发展的出路。既往研究均遵循以上研究思路，主要是由农地金融的诱致性制度变迁特性和现阶段不可回避的带有政策性色彩的非市场化处置规则性决定的。那么，"广义—狭义"切换的研究视角是否可以真正厘清农地金融的风险特性。第四章"农地金融制度性风险的形成机理"已经做出回应，"广义—狭义"研究视角的关联的割断不仅不能真正识别中国现阶段农地金融应有的发展形势和思想，更无法构建完善的风险控制体系。因此，本书认为农地贷这一狭义维度下的运行实际可以作为农地金融风险控制思想的切入点，但农地金融风控体系的构建需要架构农地金融广义维度下风险防控的思想框架。

第五节　研究内容及学术贡献

一、研究内容

（一）农地金融的运行现状与风险控制

依托制度变迁理论，本书对我国农地金融主要试点区的农地金融模式、运行现状进行简要介绍，重点对综改区 15 个试点区的主办金融机构、物权平台、相关政府部门及借款人进行实地调研，对试点地区农地金融模式创新、信贷投放、物权平台运行及借款人的贷款意愿等现状进行分析；探究农地金融对信贷约束的缓释作用及对农户收入增长的促进作用，全面介绍试点区内农地金融的运行现状、运行效果及风险控制现状，从试点与制度设计意愿的匹配情况中发掘可能存在的风险。

(二) 农地金融风险的形成机理

这一部分分别从广义及狭义两个维度界定了农地金融。在广义维度下，遵循农地金融的诱致性制度变迁历程，梳理各时期我国农地资产外部利润内部化的必要前提，从资产资本化的前提条件中厘清农地金融作为诱致性制度变迁产物的现实土壤及特殊性。基于权利主体及权利完整性的变化，发掘农地金融试点运行中与制度意愿背离或偏离之处，客观评价可能的风险点，从而架构农地金融宏观层面的风险形成机理。在狭义维度下，农地金融试点区普遍孵化的农地贷的初衷是缓解农村金融因缺乏有效担保体系而难以获得中长期信贷支持的问题，从政策红利的角度出发，考察其是否与设计意愿相符；基于信贷工具风险评估思想和信贷工具生命周期理论，分析农地经营权担保有效性在信贷风险补偿来源方面的风险控制能力。此外，鉴于风险的弥散性特征，基于农地附属的社会保障功能考察当发生金融风险时客观评价是否会弥散为社会风险，进而构建农地金融风险形成的逻辑框架。

(三) 农地金融风险的控制能力测度

考虑农地金融在综改区的运行实践，对于农地金融风险控制能力选取农地贷的实际运行数据进行量性分析。依据信贷风险评估方法，第一，考察农地贷担保有效性对借款人还款表现的激励约束机制是否符合预期；第二，从农地经营权风险变现的视角分析综改区农地金融的事前筛选风险及事后补偿风险；第三，从风险补偿的全视角考察农地贷可持续的生命力，根据拟测度的主要对象及模型可能存在的内生性问题，选取 IV-Probit 模型、Heckman 模型、IV-GMM 模型及结构方程模型等方法；第四，选用 CreditRisk+模型测度违约损失的严重程度，为农地贷信贷风险判断提供依据。

（四） 农地金融风险的控制体系构建

结合风险控制能力的测度情况，本书拟从农地贷出现制度背离及偏离的原因出发，引出农地金融宏观维度下诱致性制度变迁的合理性框架，从农地资源资产化—资产资本化—资本证券化的发展规律视角提出农地金融风险控制体系的合理安排。框架的落实遵循风险规制的思想，根据农地金融参与主体的需求、愿景及"多阶段"特性，引入协作治理理念，从农地产权处置的市场化规则与非市场化规则（从资源禀赋异质性的角度）、农村金融需求方的真实需求（从农户分化的角度）及提供金融服务的供给方的授信依据与风险补偿相匹配的原则（从供给原则的角度）三个方面构建农地金融广义维度下的风险控制体系。在狭义维度下尊重综改区农地金融的运行实践，分别构建农地贷与土地收益保证贷款的信贷风险全流程控制体系。

二、学术贡献

研究思路上：不同于既往研究直接切入农地金融工具这一狭义的农地金融概念后仅关注信贷风险的分析范式。本书对农地金融风险的研究秉持"厘清概念—识别风险—剖析原因—测度风险控制能力"的思路，从广义、狭义两个维度在厘清农地金融概念的基础上识别农地金融广义维度下制度性风险及狭义维度下信贷风险的风险表征，剖析风险形成的原因，进而根据风险形成的原因选择风险控制能力的测度方式。

研究内容上：①农地金融风险形成机理的分析。本书基于对广义和狭义维度下农地金融概念的界定，分别将农地金融风险界定为广义维度下的制度性风险与狭义维度下的信贷风险。制度性风险形成于我国农村土地产权制度变迁过程中，农地产权关系与产权规则变化可能导致农地产权变现能力无法补偿农地金融风险。狭义维度下农地金融信贷风险的分析依据了担保有效性理论，分别考察抵押型信贷工具风险补偿来源的三个层面，分析得出，农地金融风险补偿能力的大小与农地经营权的变现能力相关。②农地金融风险控制能力的测度。基于农地金融狭义维度下风险形成原因的分析，依托信贷风险管理理论，测度农地经营权担保有效性在第一还款来源、风险暴露及风险补偿全视角下的风险控制能力。③农地金融风险控制体系的构建。根据对农地金融广义及狭义概念的界定、风险形成的分析及风险控制能力的测度，从广义维度下构建基于金融深化"多阶段"模块的制度化风险控制体系及基于信贷流程化管理的信贷风险控制体系。

研究方法上：①对农地金融概念的界定及风险形成机理的分析依托金融深化理论及信贷风险管理理论进行了系统性的范式研究。②将农地金融信贷风险控制能力测度的出发点瞄向担保有效性理论。对于农地金融第一还款来源风险控制能力的测度，以借款人还款表现为被解释变量，运用关注内生性问题的工具变量法、GMM 模型和考虑样本选择偏误的 Heckman 两步法等模型，分别对不同农地金融模式下担保品有效性在第一还款来源中的激励约束表现进行测度。③对于农地金融信用风险敞口，运用 CreditRisk＋模型测算贷款集的损失分布情况，预测违约损失的严重程度，为金融机构计提头寸提供依据。④鉴于风险因子复杂、交错、难量化、有效数据少、潜变量较多的特点，在避免过多主观性干扰的情况下，通过结构方程对风险评价指标体系进行测度。

研究结论上：①基于制度变迁与金融深化规律对农地金融运行现状进行剖析，提出现阶段我国农地金融存在的制度性风险。②农地金融制度性风险的存在是引发狭义维度下农地金融信贷风险的根本性原因。③基于信贷风险管理理论，以担保有效性为研究视角，发现资产主导型模式下农地经营权担保有效性可以提升借款人的还款表现；但在关系主导型模式下，群体信用的激励约束作用更为有效。④从风险补偿的全视角来看，第三方风险补偿能力方面的表现相对较弱，是下一步制度优化的方向。

第六节　技术路线及研究方法

一、技术路线

以"何为农地金融—广义维度下农地金融风险的形成—狭义维度下农地金融风险的形成—狭义维度下农地金融风险控制能力测度—如何防范农地金

融风险"为问题导向,对广义维度下的金融深化与狭义维度下的农地贷进行探讨,基于政策意愿的响应程度及信贷工具的风险评估两个视角进行风险形成机理的分析与风险控制能力的测度,在综合质性与量性分析结果的基础上,构建农地金融风险控制体系框架,具体研究思路如图1-1所示。

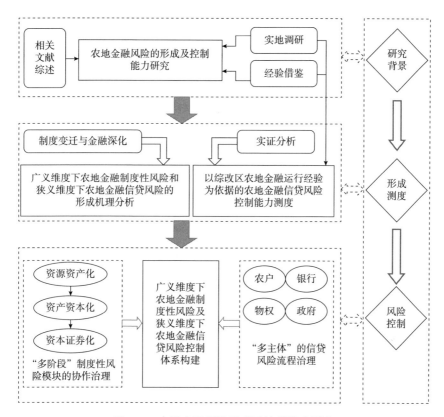

图1-1 农地金融风险形成及控制能力测度

二、研究方法

(一) 定性分析方法

本书主要运用归纳与演绎、比较分析、案例分析和公共政策分析的方法。运用归纳与演绎方法,探寻我国农地制度演进过程中资源资本化的特殊性,归纳广义维度下农地金融可能出现的风险隐患;运用比较分析方法,比较我国现阶段农地金融狭义维度下不同运行实践间的异同点,发掘综改区农地金融模式设计中可能存在的风险隐患;运用案例分析方法,基于对综改区农地金融主要试点地区的实地调研,通过实际运行过程中暴露的主要问题,探寻背后隐藏的风险因素;运用公共政策分析方法,基于顶层设计意愿,评价综改区农地金融的政策效果,从可能存在的绩效偏差中提炼科学问题,为风险形成机理分析提供现实依据。

(二)统计分析方法

运用统计分析方法,整理实地调研中获取的农户、主办金融机构、监管机构、第三方机构的相关数据,进行农地金融供需情况的描述性统计,利用直观数据展现农地金融对信贷约束的破解程度,为研究假设提供现实参考。

(三)计量分析方法

1. 处理效应模型

运用处理效应模型计算农地贷对农户收入增长的促进作用,以测算农地金融顶层设计意愿中"提高农户收入水平"这一政策的实施效果,从可能的绩效偏差中寻求存在的问题,作为深入研究其政策背离、偏离及现实孵化风险的依据。

2. 工具变量法

基于综改区农地金融狭义维度下的现实孵化工具——农地贷的运行数据,从担保有效性的角度测度借款人的还款表现,将其作为第一还款来源的风险保障能力,在考察模型内生性的基础上,选取合适的工具变量对模型进行测度。

3. Python 计算与 CreditRisk+模型

使用 Python 3.8.5 计算贷款集预期损失分布与损失金额,运用 CreditRisk+模型对未到期贷款组成的测试集进行信用风险估算,并在 95% 的水平上与 Python 计算结果对比稳健性,得到农地贷信用风险损失期望与 95% 概率下的损失金额。

4. 结构方程模型

基于综改区农地金融狭义维度下的现实孵化工具——农地贷的运行情

况，从第一还款来源——借款人还款表现、第二还款来源——农地经营权变现与第三还款来源——第三方风险补偿三个层面诠释农地金融风险补偿的全视角，应用结构方程构建"制度优化—契约效力—风险补偿"的风险控制路径，通过路径系数验证农地贷的风险暴露方向，为风险控制体系的构建提供依据。

第二章

农地金融风险研究框架设计

契合本书所要研究的主要问题，本章旨在交代研究的理论依据及相关概念。对于研究的核心内容，阐述其理论基础；对于研究涉及的有关概念，交代其在本书中的概念范围及具体含义，进而交代主要研究内容的框架设计。

第一节　理论梳理

一、新制度经济学

本书依据的是新制度经济学的相关理论，是对老制度经济学的修正与发展。兴起于20世纪六七十年代的新制度经济学不再一味地批判主流经济学，而是在借鉴主流经济学分析范式的基础上，引入信息与交易成本，以及产权的约束，建立起以威廉姆森为代表的交易成本经济学、以德姆塞茨和阿尔钦为代表的产权经济学、以诺斯和戴维斯为代表的制度变迁理论，由此形成更贴近现实生活与真实人性的新制度经济学。

（一）制度变迁理论

制度是为了规范人们的相互关系而人为设定的一系列制约，其主要作用是建立一个人们相互作用的稳定结构以减少不确定性。当要素相对价格及谈判力量的对比发生变化时，组织的偏好发生转变，制度变迁随之发生。组织偏好会勾画出制度变迁的方向。制度演进的基本动力来自现存制度未能实现的潜在收益，各个利益集团为实现自身利益最大化而进行谈判，这一博弈过程就是制度变迁的过程，博弈的均衡即为新的制度均衡。制度变迁过程中利益主体的诉求和制度回应的主导与从属地位的不同形成了两种制度变迁形式：强制性制度变迁与诱致性制度变迁。早期的制度经济学相关文献大多关注制度变迁的需求诱致机理。Coase（1960）提出了制度变迁的一般原则，即制度变迁成本与收益之比对促进或推迟制度变迁具有关键作用。Davis、North（1971）等也认为制度安排之所以会被创新，是因为在现有制度的安排下无法实现潜在利益，所以行为者产生了对新的制度安排的需求。也就是说，一项新的制度安排只有在创新的预期收益大于预期成本时才会被提出。诺斯等的研究引起了很大反响，并在很多方面得到了更系统的阐释和深化。拉坦的文章《诱致性制度变迁理论》展示了这方面研究的综合成果，并将诺斯等的理论推进了一步（Ruttan，1978）。他认为制度变迁不仅是由诺思讨论的对更为有效的制度绩效的需求所致，而且还是关于社会与经济行为及组织与变迁的知识供给进步的结果。制度变迁的供给是极其重要的，需求诱致虽是必要条件，但不是实现制度变迁的充分条件（Feeny and Mestelman，1988）。中国农地产权制度与农地金融制度的变迁是强制性与诱致性制度变迁交替作用的过程，正确看待制度变迁过程中的需求诱致因素与随之响应利益主体需求的制度供给，可以客观了解我国农地金融制度变迁过程中各利益主体的博弈关系，从而明晰农地金融制度萌芽的土壤环境，为其进一步的制度优化路径选择、主体利益分配机制建立寻求可依赖的路径。

（二）产权理论

农地金融是以农地经营权为底层资产进行资产化、资本化乃至证券化的金融深化演进行为。基于追本溯源的考量，有必要依托产权理论对农地金融的发展进行分析。产权理论是制度经济学的重要理论之一，国内外诸多学者对产权这一概念进行了界定，但并未形成公允的概念。《新帕尔格雷夫经济学大辞典》中的产权是指，通过社会强制而获得对某种多用途经济物品选择的权利。这一定义仍然过于抽象，为便于认识，不妨从产权的构成来理解。产权并不是一种权利，而是权利束，根据宽泛的经济学概念可将其分解为决策权（投票权）、分红权（现金流权）及转让权这三项权利。产权理论主要是用来分析是否及如何分割和转移全部或部分资产权利，从而使资产的使用更有效率，而权利的资本化是资源得以优化配置的普遍方式。那么，权利资本化的前提是什么？按照马克思产权理论，我国坚持以公有制为主体、多种所有制经济共同发展的基本经济制度，这决定了所有权与其他权利必然分属于不同主体。但是，所有权并不是资源资本化的障碍，稳定的现金流及可分割的转让权才是资本化的基础。科斯产权理论认为社会主义改革必须明晰产权，实行生产资料私有制，这样才能提高经济效率，而这显然不符合社会主义制度形态。但是其基于交易费用理论提出的明晰产权各项分属权利边界的理念是降低交易费用，实现产权流动及赋予产权资本属性的重要前提，这与马克思的产权理论存在异曲同工之妙，也为社会主义国家赋予农村公有资源资本化属性提供了理论基础。该理论在我国农地产权改革中得到了验证（彭前生，2014），而这一实践，也被认为是马克思产权理论与科斯产权理论的有效融合。明晰的产权制度是农业资源和农村资源实现资本化的基础，农地是基本生产要素，既承担着生产职能，又承担着社会保障职能，具有福利的性质，农地市场不活跃，其他要素流动就会受到限制（林毅夫、杨建平，1993）。改革开放之初，家庭联产承包责任制实行，我国农地权属主要划分为所有权与承包经营权两项。所有权归集体所有，承包经营权归农户，这一改革充分调动了农民的生产积极性，有效解决了温饱问题。但是彼时的农业生产结构还处于小农生产阶段，农地流转的客观土壤和主观意愿还未成熟，承包经营权赋予农民于农地的占有、使用、收益和进行生产经营活动的权利足以支持当时农民对农地的全部需求。因此，改革开放之初的农地制度决定了分红权（现金流权）与转让权不能清晰分割，农地资源没有向资本化转变的现实与权利土壤。2014年末，中央全面深化改革领导小组第七次会议审议了《关于农村土地征收、集体经营性建设用地入市、宅基地制度改革试点工作的意见》，早已涌动的新一轮农地制度改革大幕正式开启，"三权分置"的格局开始形成。"三权分置"后将农地承包经营权分割为农地承包权和农地经营权，农地承包权与经营权分离，农地经营权流转成为现实。农地流转遵循自愿、有偿等基本原则，充分调动了农民流转农地的积极性，农民将农地作为财产发挥其增收的功能，农地产权不再是法律上的名义产权，农民对农地产权有了支配权。同时，产权分割促进了生产要素的重组，实现了产权功能高效发挥。通过农地流转，转出农地的农民解放了劳动生产力，实现了剩余劳动力转移；转入农地的农民扩大了种植规模，增加了农地投资，扩大了农业适度规模。从转入和转出两个角度来讲，对农地承包经营权进行产权分割，实现了社会福利帕累托改进，这种产权制度充分发挥出了制度的优越性。从对应产权实现的权利要素来看，农地承包权与经营权分别在狭义上对应分红权（现金流权）和转让权。这两项权利的分割是农地资源具备资本化可能的前提，符合客观经济发展规律的农业适度规模经营则是农地资源资本化的客观土壤，因此农地金融作为农地资源金融化的一种具体表现形式正式登上历史舞台。可见，农地金融的诞生是诱致性制度变迁的产物，与中国农地制度演进存在密不可分的关系。农地产权的完整性决定了其是否具备金融化的前提，金融化后的农地将发挥功能性完整产权的优势，实现资源优化配置，并进一步加深资本集聚。农地金融的出台是农业生产结构转变、经济发展客观规律的必然体现，至于如何实现农地金融的可持续发展，则需进一步发掘农村资源资本化的前提及边界条件，从资源的可金融化属性中稳固农地金融发展的内生动力，控制因前提及边界条件变动带来的可能风险因素，从而实现农地金融的可持续发展。

（三）交易费用理论

交易费用理论与产权理论均是在科斯研究基础上的修正与发展。农地金融的本质是农地产权的资本化，而资本化的价值需要通过交易来实现，由此可见，对农地产权交易费用的研究十分必要。

交易费用也称交易成本，产权经济学家把它定义为与转让、获取和保护产权有关的成本。由于资源的稀缺性，人们自然要对交易的方式进行选择，交易费用也因此具有了机会成本的性质。具体包括：①搜集有关价格分布、产品质量和劳动投入的信息，寻找潜在的买者和卖者，了解他们的行为和所处的环境。②当价格可以商议时，为确定买者和卖者的真实要价而进行的讨价还价的过程。③起草、讨论、确定交易合同的过程。④监督合同签订者，看其是否遵守合同上的各项条款。⑤当合同签订者不履行他们所承诺的义务时，强制执行合同；一旦这种违约行为对另一方造成损害，受害方将提起诉讼，要求赔偿。⑥保护产权，防止第三方侵权。这一过程体现在农地产权交易过程中，主要表现为影响农地产权的变现价值，从而对农地金融双方的供需意愿及农地产权作为押品的风险保障能力造成影响。

新制度经济学对交易费用形成的说明大致可分为四个角度，分别为契约论、交易成本论、代理理论及生产过程论。结合农地产权特性，学者多采用威廉姆森提出的交易维度来考察中国农地产权的交易行为。从交易发生的频率、交易的不确定性及资产专用性三个维度，说明中国农地产权交易费用在操作上存在的不足，从事后机会主义行为、规制结构的选择及其成本的补偿等方面，说明交易维度与交易费用之间的关系。本书在分析农地产权作为押品的变现能力时将主要借鉴该理论范式。

二、风险管理

（一）风险定义

风险是指一个事项的未来发生具有不确定性，并对目标实现具有负面影响的可能性与后果，其中不确定性是指发生与否不确定、发生的时间不确定、发生的状况不确定，以及发生的后果的严重程度不确定。风险本身具有客观性、普遍性、损失性及可变性的特征。然而风险的分类根据不同的划分标准，类别各异。依照巴塞尔委员会对风险的分类，金融风险可划分为八类，即信用风险、市场风险、操作风险、流动性风险、国家风险、声誉风险、法律风险与战略风险。从农地金融制度变迁过程中制度供给的表现来看，政策与法律的冲突与滞后、产权管制边界模糊、农地经营权预期回报与金融化程度不匹配、农地价值非市场化、风险分担机制欠缺、民生与社会保障体系不完善等都有可能是农地金融制度运行的风险诱因。从狭义维度下的农地金融信贷产品载体来看，无论是事前筛选阶段、事中约束阶段，还是事后补偿阶段，风险的直接承担者都是提供授信的金融机构，由此衍生的风险有可能扩散为借款人暂时失地风险及其他担保者代偿风险。

（二）风险管理目标

既然风险的发生会阻碍价值创造，或破坏现有价值，那么风险管理的必要性不言而喻，即通过评估、处理和把控可能造成损失的事项，以实现价值最大化，或者风险损失最小化。风险管理最主要的目标是处置和控制风险，防止和减少损失，以保障项目的顺利进行。风险管理的目标在损失发生前主要为保证经济，在损失发生后重点为令人满意的复原，具体来说，风险管理在损失发生前后的具体目标是不同的。在损失发生前，风险管理关注经济的合理目标、安全系数目标、社会责任目标；在损失发生后，风险管理则关注维持项目运行目标、尽快控制风险损失范围目标、实现项目复原目标和履行社会责任目标。这与信贷管理流程的关注点不谋而合，以贷款收回阶段为分水岭，在预期借款人正常还款，假定损失不会发生前，风险管理目标为保障信用制度环境与信贷相匹配、贷款流程合理安全、安全系数设定规范、信贷支持与设计原则一致；在借款人出现还款障碍，预计可能发生损失时，风险管理关注的目标为确定借款人的经营状态、制订滞纳期还款计划、执行押品保障银行资金安全等。

（三）风险管理流程

风险管理是应用一般的管理原则去管理一个组织的资源和活动，并以合理的成本尽可能地减少风险损失及其对所处环境的不利影响。风险管理的一般流程如图 2-1 所示。

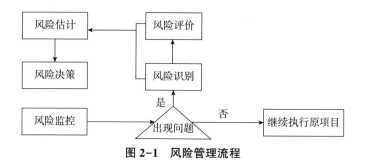

图 2-1　风险管理流程

三、风险测度原理与主要方法

（一）信息不对称原理

信息经济学认为市场经济的发展将长期且永远处于信息不对称的情况之下。由此造成的市场交易双方利益失衡、市场配置失效是需要客观面对并付诸于积极探索的。金融市场因为存在信息不对称等问题，所以出现了信贷配给、道德风险、"劣币驱逐良币"等弊病。作为贷款者的金融机构与作为借款者的农户之间存在明显的信息不对称，金融机构无法根据充分的信息判断农户是否为还款做出了全部努力，同时农户也无法知晓金融机构是否根据其资产禀赋状况给予了其充分的信贷配给。因此，一方面，在信息不对称的情况下道德风险时有发生；另一方面，农户金融需求存在主动抑制。押品作为信用风险的补偿机制是信贷合同中常见的约定，押品不仅可以有效抑制农户的道德风险，还可以在风险发生时作为补偿手段。对押品有效性的要求亦是筛选优质借款人的手段。不过，这一机制并非没有缺陷，其作用机制是否有效取决于押品本身具有的约束力是否与借款者的负债规模相匹配。当借款人无论付出何种努力都无法偿还贷款时，他会权衡其提供押品的价值与负债规模间的差额。若押品价值小于负债规模，则借款人不会再为偿还借款付出努力，此时违约发生；若押品价值大于负债规模，则农户会采取诸如阻碍押品变现的手段，变相地保护其自身利益。金融机构也尝试采取差别利率的方式区别借款人，但无论哪种手段都会产生逆向选择的问题，从而导致农户的信贷违约概率上升。

由于征信体系缺乏在农村地区大体量铺开的条件，金融机构难以用较低的成本获得有关农户信用情况的信息。在严重依赖押品约束以降低信息不对称的道德风险的考量下，对押品的管理至关重要。如何平衡押品与有效需求、押品与农户还款的主观努力是金融机构进行信贷配给时需要重点考虑的因素。

（二）含内生变量的 Probit 模型

由信息不对称的原理可知，降低农户信贷违约风险是维护农村金融体系安全和稳定的重要措施。农地贷作为综改区农地金融的现实孵化形式，其押品的担保有效性决定了借款人的还款表现，从而确定了第一还款来源是否存在风险。对这一部分风险的测度，从借款人是否选择还款、是否如期还款及延迟还款天数三个方面进行拆分，分别检验农地经营权担保有效性在事中约束阶段的作用。鉴于模型可能存在内生性问题，选择适当的工具变量或两阶段模型予以解决。

（三）CreditRisk+模型

CreditRisk+模型最初由瑞士信贷银行金融产品部开发，用来处理财产保险精算问题。财险发生概率较低且事件之间相互独立，服从泊松分布，这与贷款违约事件发生的特点相似。每笔贷款的违约概率很低，且该笔贷款是否违约独立于其他贷款，服从泊松分布，使用 CreditRisk+模型可以测算贷款集的损失分布情况，预测违约后损失的严重程度。

（四）结构方程模型

结构方程模型是基于变量的协方差矩阵或相关矩阵研究变量之间关系的统计方法。模型中既包含可观测的显在变量，也可能包含无法直接观测的潜在变量，并使潜在变量可以被显在变量所测量。这一方法的主要特征表现为以下四个方面：①结构方程模型进行的是一种验证性的分析，而不是探索性的分析；②结构方程模型可以同时对模型中的显在变量与潜在变量进行测量与分析；③结构方程模型融合了因子分析与路径分析两种统计方法；④结构方程模型关注多重指标的同时运用。通过替代多元回归分析、通径分析、因子分析、协方差分析等方法，清晰分析二级潜在变量对一级潜在变量的作用，以及二级潜在变量之间的相互关系。简单而言，与传统的回归分析不同，结构方程分析能同时处理多个因变量，并可比较与评价不同的理论模型。与传统的探索性因子分析不同，在结构方程模型中，可以提出一个特定的因子结构，并检验它是否与数据吻合。通过结构方程多组分析，可以了解不同组别内各变量的关系是否保持不变，各因子的均值是否有显著差异。该方法基于农地金融风险两方面的特性：一方面，农地金融可测度的狭义维度下的风险表现为宏观风险的映射，且风险成因存在较为复杂的不同主体行为间的作用路径，结构方程可实现对作用路径的检验；另一方面，农地金融风险类别及可能的风险因素来自运行现实基于一定理论的科学凝练，相关文献对这一领域的风险测度及评价可提供较为科学的量表支持，应用结构方程可检验导致风险暴露的可能风险因子。

第二节　概念厘定

一、三权分置

三权分置是指将农地承包经营权进一步分割为农地承包权和农地经营权，并与农地所有权形成三权分置，经营权流转的格局。其核心要义在于赋予农地经营权应有的法律地位和权能。农地作为承载着一国粮食安全、农民生活保障、社会稳定等多重功能及要义的资源，对其产权的探索永远不能割裂于社会发展。现阶段，随着城镇化水平的提高，现代农业生产经营模式的兴起，农地的生产与保障功能逐渐弱化，资本及财富功能逐渐被社会各界关注。改革开放后，家庭联产承包责任制在土地公有制基础上，将承包经营权赋予每户农户，以较大程度的产权管制放松的方式激发农民的生产热情，有效解决了温饱问题。但是随着农业现代化的推进，城镇化水平的提高，农民被赋予更多的生产生活方式，非农工资性回报持续攀升，当人力资源禀赋的投入小于农地的边际产出时，农户流转农地经营权的意愿较为强烈。基于"离土不离地"的乡土情怀，出于稳定农地所有权主体的考量，为有效促进农地资源优化配置，"三权分置"应运而生。放活后的经营权被赋予独立产权的权能与权益，基于用益物权的属性，农户可自由处置所拥有的农地经营权，为农业规模经营、新型农业经营主体的培育、农地资产属性的资本化培育了现实土壤。

二、农地金融

要了解什么是农地金融，应先区分金融的含义。在这里，应该采取其广义的定义还是狭义的定义？对于广义的金融农业，普遍流行的定义是资金的借贷活动或资金的融通活动。资金的融通分为直接融资和间接融资，通过银行机构等信用跨期配置中介进行的资金融通行为是间接融资，如信托等有价证券；而资金需求方与供给方直接对接的资金融通是直接融资，如发债、发券等。狭义的金融是指从储蓄到投资的过程，依托从事货币融通服务的机构来实现，泛指金融机构的存贷款活动。从金融的定义上就可以发现，并不能将金融活动局限于依托金融机构的借贷行为。

金融的实质并不是资金的借贷，而是财产的跨期交易。从制度层面来看，财产的真正意义并不是指物或资源本身，而是由物或资源而来的权利，这些权利统称为财产权利，简称产权。金融活动实质上也是一种产权交易活动，是"将来产权"同"现在产权"之间的交换。拥有独立的财产和排他性的财产所有权就意味着，市场主体完全有资格和权利按照自己的意愿，并根据自己的能力独立地进入市场，通过签订契约从事借贷或金融活动。产权改革的目的不仅是为了静态地保护财产，更是为了动态地充分激励人们有效地利用财产和积极地创造财产。

之所以将金融的概念延伸到产权交易层面，是因为下文即将探讨的农地金融若能够从产权交易活动这个层面展开分析，对一些现存的问题可以进行更为准确的把握。比如，农地金融所依赖的资产载体应该如何演进；若顺应设计意愿，从间融的角度来考虑，那么农地产权的实际担保能力、与产权市场化处置规则对接的金融形式等是否合理；农地资产资本化的金融创新形式的出台是否指向其资金撬动功能，忽略了金融工具的资产整合能力。由此可见，如果不能正视金融化形式与资产价值挖掘的关系，跳跃式地进行农地的金融化；或不能将金融的可能形式与金融需求及金融参与主体进行合理的匹配；再者或不能以发展的眼光客观看待金融阶段性的中介功能，则会出现制度设计错配的风险及农村资产资本化发展进程偏离的风险，而这些风险的指向是根本性的。

农地金融市场的良好发展依赖于完善的农地流转制度和准确记录且可有效转让的农地产权，因而发展中国家普遍将农地确权作为降低农村融资约束的一项重要的政策措施（Deininger and Binswanger，1999）。国内学者对农地金融的解释偏重于"农地+金融"的组合概念，一类定义偏重于关注农地资产的融资功能属性，基于狭义的维度给出解释。1988年，贵州将湄潭县作为农村改革试验区对农地金融制度进行先期探索。2005年，罗剑朝在其著作中首次提出我国农地金融的概念。2008年，罗剑朝在西部省份中选择了4个固定观察点同时开展两个创新实验模式的探索，从理论和实践两个维度探讨农地经营权作为贷款担保的可行性，同时明确了我国农地金融的特殊性，即用于抵押担保的产权为使用权，而非所有权。[①] 随着各地实践活动的逐渐开展，林乐芬、金媛（2011）和兰庆高等（2013）以及占治民、罗剑朝（2016）等在研究中均继承发展了这一思想，将农地金融的狭义概念置于农地产权的融资属性上，以此为农业发展提供资金支持。另一类定义则着重关注两者的关系，从制度构建的宏观角度做出解读。王选庆（2004）从制度层面将农地金融界定为与农业的资本主义经营或农业的企业化经营相配套的信用制度安排，将农地金融定位于服务农业生产的配套设施，在农业经营与金融制度间找到了交叉点。王少国（2011）、耿传辉（2016）等基于这一思想，在阐述农地金融相关概念时，纷纷关注农地制度、金融制度之间的交互作用，以及这一交互作用对农业生产经营发展的

---

① 资料来源：《罗剑朝：为破解农村金融难题奋力求索》，科学网，2014年12月16日。

效果。可见，国内的学者对农地金融的考虑更多遵循制度经济学的研究脉络，但并没有跳出间接融资的圈子，这导致了很多需求上的错配，以及对农地产权制度安排的过于苛责。

要从更为开放的角度定义金融，则本书所关注的农地金融问题可能无须拘泥于农地贷，可以从金融化深度的角度考虑金融需求、金融形式与金融主体间的匹配关系，如证券、保险、担保、基金、期货、租赁、信托等形式。既然选择农地金融化深度的动态视角，且金融化深度取决于农地资源禀赋异质性的预期收益，那么资源禀赋的异质性必然形成预期回报各异的资产，将预期回报各异的资产强行打包，捆绑成一种资本化形式并不是十分理性的行为。此外，如何遵循金融化深度的递进关系，将金融工具作为资产整合的中介工具，客观看待阶段性农地金融化的形式，也是科学界定农地金融的必要准备。

鉴于此，结合我国农地产权制度的阶段性设计意愿，广义维度下农地金融的概念可以理解为"三权分置"权属安排下的，以财产跨期交易的思想与有效供需匹配为前提的，将农地资产禀赋与农地金融形式嵌套进异质性资产的金融化框架中来探讨的农地资产金融化的过程，以此实现农地资源的优化配置，货币资金的调剂和分配。同时，考虑到中国农地的产权关系、产权规则与产权强度在制度变迁中的变化，有必要在剖析农地金融广义维度概念时始终坚持制度变迁的思想，并考虑产权关系、规则改善及强度提升带来的金融深化可能。

本书界定的狭义维度下农地金融的概念依然侧重于农地资产的抵押融资功能，但对农地资产产权的拥有者及可能的融资形式做出了更为明确的解释。

（1）农村承包地及宅基地的他物权拥有者，集体经营性建设用地所有者将农地经营权或所有权股份化，以获得分红收益，或向金融机构进行融资担保以获取资金支持。

（2）金融机构将以农地概念为融资担保的信贷资产组合作为基础资产，发行可交易证券。

基于研究背景及区域实践的现实情况，笔者将进一步界定综改区狭义维度下农地金融的研究范围，主要表现为银行信贷投放的间接融资形式，由抵押担保及保证担保两大类信贷产品作为支撑，代表产品为农地经营权抵押贷款及土地收益保证贷款。农村承包地的他物权拥有者将农地经营权或经营权收益作为抵押或保证，向金融机构提供融资担保以获取资金支持。

三、农地金融风险

本书基于农地金融广义与狭义两个维度的概念界定农地金融风险。第一，在广义维度下，从资产金融化的前提出发，遵循"资源资产化—资产资本化—资本证券化"的金融深化规律，鉴于农地经营权在不同产权关系时期的金融化形式，现阶段农地经营权的产权关系、产权规则与所处的市场化环境并不支持将农地经营权全部打包为农地经营权抵押贷款，可能会形成农地金融化形式与底层资产错配的风险。具体分析这一风险的成因可以发现，主要是由农地金融的现实孵化与制度意愿存在偏离、农地经营权的产权稳定性及预期回报率与其金融化深度不相匹配、农地金融服务供给与实际金融需求脱节导致的。可见，广义维度下农地金融风险的发生是由制度变迁或制度缺陷造成的，这种风险统称为制度性风险。第二，对于狭义维度下农地金融在试点区孵化的信贷工具——农地贷，其风险表现为风险补偿来源的不确定性，具体表现在第一还款来源——借款人还款表现、第二还款来源——农地经营权变现与第三还款来源——第三方风险补偿三个层面。

四、国家农村金融综合改革试验区

2015年12月，国务院批准了《吉林省农村金融综合改革试验方案》，将吉林省作为国家农村金融综合改革试验区，优先选取白城地区、梨树县及龙井市开展改革试验。力争用五年左右的时间，在试验地区形成多层次、广覆盖、可持续、竞争适度、风险可控的现代农村金融体系，使符合现代农业需求的金融产品和服务更加丰富，金融惠农的政策体系更加高效，农村金融可获得性进一步提高，金融服务满意度明显提升，试验地区的经济社会实现健康快速发展。

第三节　研究框架设计

基于对农地金融概念的认知与界定，以及拟遵循的理论框架，本书旨在依托制度变迁及金融深化理论，拓宽农地金融这一概念的研究边界，从而理顺农地金融风险形成的根本原因，并发掘具备可操作性的风险控制措施。具体操作过程中拟秉持"发现现实问题—提炼科学问题—形成具体认知—机理分析—实证检验—结论整合—启示与建议"的研究范式，确定如下研究框架的设计思路：

第一，结合农地金融诱致性制度变迁的历史进程及制度回应的具体安排，归纳总结农地金融的现实问题，阐述本书的研究背景及拟实现的目标。

第二，分别依据金融深化理论、制度变迁理论、信贷风险管理理论的概念厘定逻辑，提出将农地金融界定从广义和狭义两个维度进行的缘由，对广义及狭义维度下农地金融风险的形成原因进行分析，并指出农地金融化形式与底层资产错配的制度性风险可能是导致农地贷等农地金融工具信贷风险出现的根本原因，而农地经营权担保有效性对农地金融信贷风险的控制能力至关重要。

第三，基于综改区农地金融的运行经验，对农地金融风险控制能力进行测度。具体测度安排如下：农地贷信贷风险的测度应遵循信贷风险管理理念，从风险补偿来源的层面测度其风险补偿能力。以农地经营权担保有效性为切入视角，一是对农地金融信贷风险的第一还款来源——借款人还款表现进行风险控制能力的测度，检验农地经营权在事中约束阶段是否可以彰显其作为担保品的激励约束能力；二是以农地贷信贷风险因子相关性测度为基础，计算违约损失的严重程度；三是将信贷风险补偿的来源加以整合，从风险补偿的全视角检验农地金融的风险控制能力。一方面从直观的认知中提炼规律性特征，有助于农地金融试点放开后运行经验的推广；另一方面回应对广义维度下农地金融风险形成的质性分析结果，进一步证明本书有关农地金融广义维度下的风险形成及识别框架构建的科学性。

第四，基于信贷风险发生后的衍生效应，分析农地金融的衍生性社会风险。

第五，综合上述研究结果，提出构建农地金融风险控制体系的具体设计。

第三章

农地金融创新与发展

本章在对农地金融试点运行模式做简要介绍的基础上，重点对综改区农地金融的制度安排做了阐述，对其实施效果进行了简要评价，并总结了农地金融的风险保障安排。一方面比较综改区与其他试点区的不同之处，总结综改区农地金融模式的相对优劣势；另一方面客观地认识农地金融运行以来的效果，将其作为深入研究其风险控制的现实基础。

第一节　农地金融模式

党的十八届三中全会指出赋予农民对承包地承包经营权和集体资产股份抵押、担保的权能，为激活农村要素市场提供了重要的制度探索方向。2016 年中国人民银行等部门联合印发《农村承包土地的经营权抵押贷款试点暂行办法》，利用抵押的方式释放农村承包土地经营权的金融属性，标志着农村承包土地经营权的金融化正式破冰。

一、农地金融制度创新的必要性

继家庭联产承包责任制将土地经营权分至农户手中，形成农村地区最普遍存在的资产，农地的财产性权利在产权边界模糊与承载过多社会保障职能的制约下沉睡了多年后，随着农地产权制度的改革，农地经营权作为独立的用益物权得以彰显。这一农地产权制度变革是城镇化、农业现代化、农民市民化及社会保障日益完善化共同催生的。农地经营权的独立债权属性突破了农村正规金融机构对有效押品的"固执"与农户缺乏有效足值担保品的矛盾，从信贷设计机制的风险保障根基上使农村金融抑制的破解有了可能。前文已提及在诱致性制度变迁过程中各因素交互作用，农地金融的实施需要以系统性的制度创新为支持：建立市场性的农地交易机制，发挥农地的资产功能，同时要防范农民的权利被侵蚀；农地经营权的价值实现需要政府职能的介入，但又不能脱离市场化的可持续发展；农地经营权的流转与交易有利于实现土地财产性权益，但不能忽略离地农民的社会保障问题。

第一，降低产权管制强度，需要法律支持与政策保障。从产权强度看待我国农地产权的管制可以发现，从集体所有到"三权分置"，从国家所有到所有权、承包权与经营权三权分置，我国农地产权强度处于逐渐放松的趋势，产权管制日益放松。农地产权管制的放松降低了农地产权使用的专用性，从产权经济学的角度来看，有利于提升资产价值。但是产权管制的放松并非可通过约定俗成来实现，需要政府从法律或制度层面做出供给侧的回应，只有在顶层设计的角度将其规范化，才能完成制度的有效变迁。这一回应一方面是从权利边界明晰的角度给予参与主体稳定的投资预期；另一方面降低了参与主体谈判的成本，提高了资产的交易变现能力。原《中华人民共和国担保法》、《中华人民共和国土地管理法》及原《中华人民共和国物权法》对农地经营权的处置权的相关规定相对滞后，农村的耕地、宅基地、自留地和自留山等集体所有的农地使用权不得用于抵押。继"三权分置"改革之后，2017年《中华人民共和国农村土地承包法修正案（草案）》（以下简称《草案》）从法律层面肯定了第三方经营主体拥有对通过合法途径流转获得的农地经营权的处置权。对于农地经营权的担保权能，《草案》使用了"融资担保"的概念，包含了抵押和质押等多种情形，既解决了农民向金融机构融资缺少有效担保物的问题，又保持了与担保法等法律规定的一致性。《草案》规定，承包方可以用承包农地经营权向金融机构融资担保。第三方通过流转取得的土地经营权，经承包方或其委托代理人书面同意，可以向金融机构融资担保。

第二，分解农地复合性社会功能亟须流转制度创新。农地除了承载着国家粮食安全的使命，还背负了农民生存的社会保障功能。平衡资产市场化价值实现与复合性的社会功能，需要系统性的制度创新。一是为了保障粮食安全的战略目标，需要保证农地用于粮食耕种的比例，即农地资产的专用性需要严格管制；同时，农地经营权的债权权利若想有效变现，需要借助市场化运作的农地流转机制及平台，而农地资产的专用性越低，市场化机制越容易建立，由此形成矛盾一。二是为了稳定农业经营，农地经营权流转期限应与该农地的生产周期保持一致，或与转入农地经营权的经营主体的农业投资产出回报期相当，而农地经营权流转期限的长短与产出回报呈明显的正相关关系；农地同时背负了农民的社会保障功能，在农村社会保障体系尚未健全的条件下，农地经营权若抵押期限较长，当农户需要以农地经营权偿还贷款时，农地经营权将被长期流转，有可能伤害农民的生存与生活能力，引发社会动荡，由此形成矛盾二。可见，若要解决农地债权权益与复合性社会功能之间的两组矛盾，需要对流转制度进行创新。

第三，基于农地金融供给方风险控制的需求，农地经营权变现需要农地管理体制的创新。"三权分置"后农地经营权成为独立产权，具备用益物权的债权权利。这意味着农地经营权满足了金融机构对押品管理的相关要求，而其中最为重要的就是押品的变现。从押品变现的诸多影响因素来看，农地经营权作为农地资产的权利属性，富有特殊权利押品变现的非一般性。一是农地经营权的边界目前还不清晰，权利主体并不能清晰界定自己拥有的权益及获益预期，从而影响参与主体的交易意愿；二是农地缺少市场化运作的交易平台，受制于农地资产专用性，农地用途、流转期限、流转范围均受到严格管制，无法适用于市场化平台运作；三是农地经营权的价值评估缺乏统一的计算标准。我国农地资源禀赋状况各异，地块分散细碎化程度不一，农业生产具有多样性，农地价值的合理形成需要一个漫长的过程。目前，农村地区农地运营并没有统一的平台，为有效安排农地经营权与农民住房财产权融资的配套设施，《国务院关于开展农村承包土地的经营权和农民住房财产权抵押贷款试点的指导意见》明确提出，要建立完善农地产权的交易平台，配合金融机构在保护农户承包权的前提下，依法采取多种方式处置抵押物。

第四，农业生产经营的天然弱质性要求农地融资建立非金融风险的防范与保障机制。农地金融制度的出台表明可通过进一步挖掘农民普遍拥有的农地权益，破解农村地区长期存在的金融抑制，为农业生产经营提供资金供给。可见，农地融资机制与其设计意愿间存在互为因果的作用机制。一方面，农地融资是将借款人拥有的农地经营权作为抵押，将借款人从事农业生产经营的收入作为第一还款来源，以农地经营权押品为第二风险保障，某些地区还可将附加风险保障金作为第三风险保障，以此保障金融机构作为农地金融供给者的资金安全。按照信贷设计机制，金融机构最为关注的是第一还款来源现金流是否稳定可期,而不是将风险转嫁完全依赖于押品保障。因此,农业生产经营收入是否可满足还款需要是金融机构十分关注的,农业生产经营状况直接决定了农地金融是否面临风险。另一方面,农地金融主要为从事农业生产经营的农户、新型农业经营主体提供农业生产经营过程中所需的资金,作为农村地区最普遍的有效押品的金融形式,其运转情况将在很大程度上影响农村地区信贷配给问题的缓解程度、农业信贷资金的供给程度和农业现代化进程,若农地金融面临不可分散的风险隐患,势必将偏离这一制度设计意愿。从这一互为因果的交互作用机制来看,分散农地金融运行过程中可能面临的非金融风险十分必要,如何有效地分散农业天然弱质性带来的第一还款风险及由此引致的押品变现风险?现今,已有地区采用反担保、保证、信用保险、证券化等多种风险管理机制相结合的方式,旨在防范、分散和化解风险,在此基础上,考虑到我国农业生产总体量庞大、经营主体分散、风险扩散与客户风险承担能力不匹配的现状,有必要引入政府的风险补偿机制,设立风险基金,以防范系统性风险的发生。

二、中国农地金融试点情况

以中国人民银行、原中国银行业监督管理委员会、原中国保险监督管理委员会、财政部和原农业部联合印发的《农村承包土地的经营权抵押贷款试点暂行办法》(以下简称《办法》)为标志,以农地贷为主要形式的农地金融制度在全国试点区内陆续推进,基于各地迥异的资源禀赋状况和经济发展水平,衍生出多种农地贷模式,本书特选取主要试点区的农地贷模式加以比较。

从几个主要试点区来看,依托农地经营权抵押,综改区和山东枣庄还探索出了农地收益权质押的方式,并将农地收益权质押给物权管理公司,利用法人反担保的形式为借款人提供融资。此外,为有效发挥农地经营权的融资作用,试点区推崇使用农地经营权单独抵押授信,尤其是针对规模经营的新型农业经营主体,但不要求附加其他担保品。如此考虑一方面是为了不使农地经营权抵押流于形式,为其推广铺垫土壤;另一方面是将其建立在有效的风险分担机制之上。目前,对于抵押期限,一般限制在五年以内,也有部分试点区控制在三年以内,此举更多是为了保障还款及时,降低融资风险。但是考虑抵押期限的同时也应考虑担保品处理的时滞及其与生产经营周期的一致性。对于确定授信额度前的评估工作,科学合理地评估押品价值可以确保押品具备足值的风险保障能力,有利于金融机构在面临第一还款来源风险时,仍旧可以凭借押品获得本息损失的补偿。从试点区的运行情况来看,采用内部评估的金融机构多自行设定评估公式,以评估农地价值。例如,宁夏平罗县设定农地经营权评估价值=农地参考价格×耕地亩数×(经营权剩余年限−抵押贷款年限),在此基础上再乘以50%~70%的抵押率,即可得到拟授信额度。根据其农地流转价格的指导标准,内部评估也可做到客观公允,且操作简单方便,可以普遍得到金融机构及农户的认可。山东枣庄和山西新绛则是完全委托外部评估公司,评估费200~600元不等。大多数试点区采用的内外评估相结合的方式,不做特别规定。

目前,农地金融制度还处于逐步推进的阶段,与此配合的农地确权也未完全结束,各县市物权管理机构、农地评估机构的规范程度不一,在规范程度未完善的地区金融机构仍主要依靠内部评估的方式。如前文所述,各试点区是选择农地经营权单独授信还是选择组合授信,授信期限长短、利率高低除了与借款人的生产经营状况相关,也在很大程度上取决于农地金融风险分担机制的构建情况。按照《办法》规定,鼓励试点地区的政府设立农地贷风险补偿基金,用于分担地震、冰雹、严重旱涝等不可抗力造成的贷款损失,或根据地方财力对农地贷给予适当贴息,增强贷款人的放贷激励。因此,各试点区均设立由政府出资设立的风险补偿基金,另外综改区还要求借款人投保信用保证保险及种养殖财产保险。山西新绛建立物权收储公司收储金融机构暂时无法处置的农地经营权,并以事后处置资金优先偿还风险补偿基金及金融机构剩余欠款。湖北荆门采取不良资产 AMC 买断的形式保障金融机构的资金安全(见表3-1)。

表 3-1　中国农地金融试点模式的对比

	抵押标的	授信方式	抵押、质押比例	利率	期限	评估方式	农地运营平台
综改区模式	农地经营权、直接抵押物权平台法人反担保	独立授信、组合授信	40%~60%	不超过中国人民银行贷款基准利率上浮的30%	视生产周期而定,最多不超过5年	以内部评估为主,当地建立规范评估机制,也可外部评估	国有物权融资平台、国有农地流转中心

续表

	抵押标的	授信方式	抵押、质押比例	利率	期限	评估方式	农地运营平台
宁夏平罗、同心模式	农地经营权直接抵押、合作社反担保	独立授信	50%~70%	规定贷款利率最高上浮50%	不直接规定最长贷款期限	按照评估公式的内部评估	石嘴山市平罗县农村产权交易中心(同心县农村产权交易服务中心)
陕西高陵、平利模式	农地经营权直接抵押、融资担保有限公司反担保	独立授信、组合授信	30%	不超过中国人民银行贷款基准利率上浮的30%	1~5年	实行借款人、贷款人、承包户、村组、农业综合服务站、西安市高陵区农业农村和林业局(平利县农业农村局)"六位一体"式评估	陕西农村产权交易服务中心
山西新绛模式	农地收益权质押、农地使用权抵押	独立授信	30%~50%	贷款基准利率上浮50%	不超过2年	农村物权评估中心评估	山西农村产权交易服务中心
枣庄模式	入股合作社后的部分农地经营权抵押、收益权质押	独立授信	30%~50%	贷款基准利率上浮10%	不超过3年	枣庄市普惠农村土地资产评估事务所有限公司	枣庄农村产权交易服务中心
湖北武汉、荆门模式	仅面向规模经营主体的农地经营权抵押	组合授信	不超过50%	不超过中国人民银行贷款基准利率上浮的30%	不超过3年	以内部评估为主,当地建立规范评估机制,也可外部评估	武汉农村综合产权交易所(荆门农村产权交易服务中心)

注:各试点区农地金融模式等信息依据中国人民银行网站上农地金融跟踪调研的公开报告获得。

三、中国农地金融的主要模式

根据上述试点区农地金融的基本情况，梳理出我国农地金融目前主要表现为四种模式：农地经营权独立抵押模式、"收益权+反担保"模式、"信用、联保+抵押"模式、农地资产资本化质押模式。

(一) 农地经营权独立抵押模式

所谓的独立抵押模式是指农地经营权的所有者以拥有的农地经营权为抵押，在不附加任何其他担保方式的基础上，从金融机构获得融资支持的方式。这种农地贷模式是《办法》出台最直接促成的产品，但该模式的落地及可持续运行对配套设施的要求极高。无锡市惠山区倡导银行重点发展农地经营权单独抵押授信模式。惠山区自试点区设立至 2017 年 6 月末，累计发放农地贷 29392.1 万元，支持农业经营主体 41 户。惠山区农地金融试点工作的配套保障机制较为成熟。一是 2015 年底农地确权登记工作已基本完成，发放江苏省土地承包经营权证 1.1 万余份，登记农地面积 2.31 万亩①。二是建立健全了农村产权交易服务平台。立足原有的农地承包经营权流转服务中心，加强镇（街道）农村产权交易服务中心建设，并归当地的镇（街道）公共资源交易中心管理，接入江苏省农村产权交易信息服务平台，开展农村产权流转、交易、抵押、登记。三是建立完善的风险处置与分担补偿机制。一方面，建立了融资风险分担补偿机制，由区财政在中小企业信用保证基金项下，专项设立"惠农贷"风险补偿资金。另一方面，明确抵押物风险处置机制与流程，制定出台江苏省无锡市《惠山区农村土地经营权抵押登记管理办法（试行）》，明确抵押物可通过流转、变现、托管租赁、调解和诉讼五种途径进行处置（见图 3-1）。

惠山区试点在农地经营权权属清晰、农地评估价值公允可靠、农地交易流转平台相对完善、事后风险分担机制建设成熟等配套设置落实完善的基础上选择推行农地经营权单独抵押贷款，将农地经营权作为有效授信工具而非增信手段，可向更多之前被信贷配给排斥在外的经营主体提供融资

---

① 资料来源：《无锡市惠山区创新构建两权抵押试点"塔型"工作机制》，中国人民银行官网，2017 年 8 月 22 日。

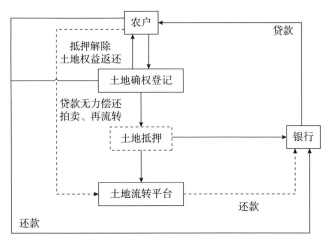

图 3-1　农地经营权独立抵押模式

支持，更符合《办法》设计的初衷。

（二）"收益权+反担保"模式

土地收益保证贷款是将土地预期收益作为还款保证的融资方式。在不改变现行土地承包经营制度和农地农业用途的前提下，借款人将一部分土地承包经营权流转给具有农业经营能力的物权融资农业发展有限公司（以下简称农业发展公司），并将该部分土地承包经营权流转的预期收益作为还款保证，同时农业发展公司向贷款人出具愿意承担连带保证责任的书面承诺，贷款人按照约定的贷款利率，向借款人提供贷款。从其基本做法可以发现，其实质是"收益权+反担保"模式，金融机构接受的是农业发展公司提供的法人担保，借款人的农地预期收益是农业发展公司法人担保的基础。看似迂回的担保方式实际上是基于当时中国农地承包权与经营权未分置的情况，为确保金融机构担保品有效的权宜之计。第三方担保大大降低了金融机构的贷款风险，农业发展公司作为独立的农地融资平台亦可借此规范激活农地流转市场，形成基于农地价值的有效变现形式（见图 3-2）。

该模式下第三方担保公司的担保及代偿能力至关重要，从各地的实践来看，第三方担保公司根据主导机构的不同可分为政府主导的农地融资平台和市场化农地融资平台两种。

综改区的农业发展公司即为政府主导的农地融资平台，由梨树县金融

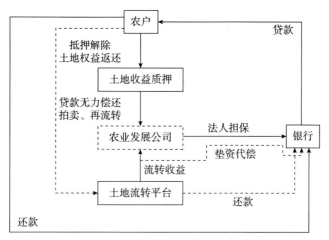

图 3-2   "收益权+反担保"模式

服务办公室发起,梨树县财政拨款 500 万元建立政府惠农保障金,当农地融资发生债务风险时,先由惠农保障金代偿,后经农业发展公司处置质押担保品后,扣除处置手续费等,将剩余资金补充回惠农保障金或返还给借款人。可见,在政府主导的融资平台充当担保人的模式中,政府是农地融资的实际风险承担人。约束机制更多依靠政府第三方监管,无论是物权平台还是金融机构,都不是风险的实际承担者,这可能导致风控建设不完善,不利于市场主体的培育,并可能产生政府或有负债。

山东枣庄的农村产权交易服务中心主要依照市场化原则运作,市级交易中心负责制定交易规则、调解纠纷、指导业务、监督审核,区县级交易中心具体进行交易行为,建立了包括农地承包经营权在内的 11 类产品的交易机制。当发生贷款违约风险时,产权交易服务所先行代偿违约需支付的本息,后通过农地交易平台流转处置预先获得质押权的农地收益权,补偿反担保支出;若出现处置困难,则由枣庄市政府财政出资 1 亿元建立的风险补偿基金补偿产权交易服务所的代偿支出,将质押权益转至政府出资成立的金农地担保公司处理①。虽然这种模式的最终买单人看似也是政府,但前期的市场化操作及具体的代偿比例还是对市场参与主体形成了一定的激励约束。在这种模式中,政府与市场的风险较为平衡,但该模式对预先质押

---

①   资料来源:《山东省省级再担保风险补偿资金管理暂行办法》(鲁财金〔2019〕33 号),山东省财政厅官网,2019 年 9 月 9 日。

的农地收益权益要求较高,只有在农地规模较大、剩余经营期限较长、农地租金已缴付的情况下才有可操作的余地。

(三)"信用、联保+抵押"模式

根据前文所提及的,按照是否完全将农地经营权或经营收益作为担保品可将农地融资分为独立抵押授信和组合担保授信两种。从各试点区的运行现状来看,自农地融资出台后,面向传统农户的小额贷款多在原信用贷款或联保贷款基础上附加农地经营权或收益权担保,农地担保更多地作为信用增信,通过组合担保的方式支持农民融资。具体的操作方式普遍分为两种:若为单独借款人,金融机构通过查询借款人在中国人民银行的信用征信记录,确定信用评级。然后根据所在行的信用授信评价机制确定授信额度。在此基础上,根据借款人所拥有的农地经营权确权情况,单独评估农地经营权的附加增信情况,最终建立"信用评级授信额度+农地评估价值"的组合担保,综合授信。若为多个借款人,一般由农户自行组成联保小组,具体授信模式与单独借款人授信模式相似。在"联保+抵押"的模式中,当单一借款人发生违约行为时,除执行借款人独立抵押品外,还可要求联保人代偿,这对金融机构贷款风险保障来说,比单独借款人多了一层风险保障。另外,农户自行组成的联保小组内部的约束机制比金融机构通过外部贷后管理追求的信息对称程度更富有约束力(见图3-3)。

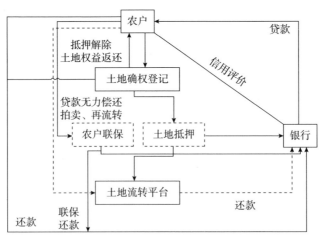

图3-3 "信用、联保+抵押"模式

（四）农地资产资本化质押模式

农地资产资本化质押模式是将农地的预期收益通过标准化收益核定公式转化为可以在二级市场上流通的票据形式，并以该票据进行担保融资的方式。农地资产资本化最大的好处在于突破农地位置固定、不可移动、不可分割等天然弱质性造成的流通性障碍，使其转化为可流动、可细分、易变现的金融资产，从而通过二级交易市场发挥资本的资金募集功能，解决农地金融开展中最根本的担保有效问题。陆磊（2014）提出农地金融的最高阶段是农地的证券化，证券化后的农地可以确保农产对农地永久的收益权，是可以破解农地抵押困境的方法；马义华（2011）也认为农地证券化是真正实现农地使用权自由流转的有效途径；张宇、陈功（2010）认为农地使用权的证券化不仅可以分散金融机构发放农地贷的风险，而且有利于农户获得中长期融资。

从实践情况来看，重庆的"地票"是该模式最具代表性的产品。所谓"地票"，是指包括农村宅基地及其附属设施用地、乡镇企业用地、农村公共设施和农村公益事业用地等农村集体建设用地，经过复垦并通过农地管理部门严格验收后所产生的指标，由市农地行政主管部门向农地使用权人发放相应面积的"地票"。"地票"实质上是一种指标交易，是使用城镇建设用地的"资格"和"权利"，不与具体的地块挂钩。重庆建立农地交易所，将不同地区的"地票"打包，组合后进行拍卖，按照面积分配拍卖收益，究其实质应是农地股份制的标准化衍生品。因地票价值变现更为容易，相较于农地实体而言，其是更易被金融机构接受的担保品。借款人将确权后的农地经复垦、验收确认后颁发的"地票"质押给金融机构，金融机构按照农地交易所评估的地票价格乘以抵押率确定授信额度。若借款人正常还款，借款期满，金融机构将地票解除质押后返还给借款人；若借款人未能正常还款，则金融机构委托农地交易所拍卖地票兑现收益，偿还贷款本息（见图3-4）。截至2016年5月上旬，重庆市累计交易地票17.7万亩，成交金额353.4亿元，亩均成交价为19.97万元[①]。截至2015年12月底，重庆市地票质押8354亩，质押金额12.23亿元。

目前地票的实施对象及主体仅适用于拆迁征用农地、农地转建设用地

[①] 资料来源：重庆农村土地交易所有限责任公司网站。

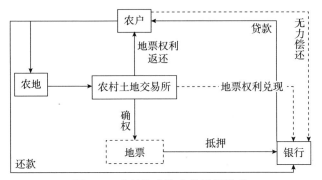

图 3-4　农地资产资本化质押模式

及城镇化后的离地农民。对于普通的农地，由于缺乏明确的需求主体及收益价差，难以通过资产资本化的方式形成标准化票据，该类农地也难以通过证券化成为有效担保品。

第二节　综改区农地金融制度安排

　　鉴于综改区在农村金融领域的前期探索，综改区的设立旨在进一步探索多层次、广覆盖、可持续、竞争适度、风险可控的现代农村金融体系，其中"开展农村资源资本化改革，扩大抵质押担保物范围"无疑剑指农地金融。综改区共有 15 个县（市、区）被列入农村"两权"抵押贷款试点名单，数量位居全国前列。截至 2018 年 3 月，试点地区试点以来累计发放农地贷（包含土地收益保证贷款）2.6 万笔，累计发放金额 14 亿元，抵押面积 81.3 万亩，余额为 9.02 亿元；试点地区从事种植业的新型农业经营主体达 16.8 万户，同比增长 54.7%，其中 2017 年新增新型农业经营主体 3802 个；农地流转面积 2366 万亩，占试点地区总耕地面积的 37.56%，有效促进了新型农业经营主体的培育和农地集约程度的提高，取得了不俗的成绩。①接下来，本节将从"三权分置"改革、农地流转、农地金融的顶层设计意

---

　　①　资料来源：根据吉林省地方金融监督管理局关于农村承包土地经营权抵押贷款试点工作访谈整理。

愿四个方面具体阐述综改区农地金融的制度安排。

一、"三权分置"改革的进展

（一）"三权分置"的要义解析

"三权分置"是继家庭联产承包责任制后中国农地制度的又一重大改革。党的十八届三中全会为改革定下基调后，中共中央、国务院印发《关于全面深化农村改革加快推进农业现代化的若干意见》对"稳定承包权、放活经营权"的农地"三权分置"改革进行了全面部署。家庭联产承包责任制确定了中国农地所有权与承包经营权分置的两权格局，而"三权分置"则进一步将承包经营权拆分为承包权与经营权，这是"三权分置"的核心要义。

要义制定的核心主要基于以下几点政策意图：第一，生产关系与发展的生产力匹配的制度保障。农业现代化发展，城镇化持续推进，人地关系的转变无不催生农地使用权拥有者对农地权益进一步细分的需求。基于种种意愿下的规模化农地经营权流转的现状，如何有效保障流转双方的权益，稳定农地流转市场，构建新型农业经营体系，发展多种形式、适度规模的经营，提高农地产出率、劳动生产率和资源利用率，建立适应现代化农业发展的农地制度是此次改革的首要考量。第二，规范农村集体经营性建设用地入市，推进征地制度改革，合理分享农地剩余价值，进一步明晰与确定农地产权结构。第三，释放农地权益带来的价值增值，提高农民财产性收入需要农地产权改革做保障。农地作为中国农民普遍拥有的资产具有资本属性，受其不可移动、难以分割、地块固化等天然属性的制约，农地的资本增值空间被长久搁置。"三权分置"后，农地经营权的明晰从用益物权的角度落实了农地抵押、担保融资的职能。以农地经营权流转变现为突破口，在农地债权属性上建立农地流转市场的价格发掘机制，有利于农地市场化价格的实现，逐步体现农地长久搁置的剩余价值，并借助"三权分置"的权利归属，实现农地增值收益的合理分配。

（二）综改区"三权分置"的落实情况

"三权分置"改革始于制度设计，落实于农地确权。从农地产权结构的角度将农地产权划分为所有权、承包权与经营权后，权利的落实与新一轮的改革实践要求权利边界明晰，主体归属明确。立足于《中共中央、国务院关于加大统筹城乡发展力度进一步夯实农业农村发展基础的若干意见》，结合原国土资源部、财政部、原农业部联合下发的《关于加快推进农村集体土地确权登记发证工作的通知》，2015 年中华人民共和国国务院办公厅发布了《关于加快转变农业发展方式的意见》，要求创新农业经营方式，延长农业产业链条，立足人均耕地面积位于全国前列的农业省情优势，发展适度规模经营，全面开展农地确权工作（见表3-2）。

表 3-2　综改区农地金融主要试点区农地确权情况

主要试点区	确权农地面积（万亩）	确权地块数（万块）	确权乡镇占比（%）	确权农户数（万户）	确权农户占比（%）
榆树市	44.83	11.70	100	25.97	94
农安县	518.74	89.33	100	22.40	100
永吉县	93.59	34.33	100	6.95	91
敦化市	131.77	18.18	100	4.94	96.70
四平市	677.20	155.60	100	36.54	97.20
柳河县	133.34	52.32	86.70	5.87	95.80
洮南市	177.84	30.38	100	7.10	100
东辽县	127.84	51.37	100	7.66	99
前郭县	305.75	37.14	100	10.55	100
抚松县	375.90	12.89	100	1.94	97
梅河口市	105.32	48.46	100	8.77	100
公主岭市	385.20	67.50	95.80	19.20	98.20
珲春市	27.92	5.05	90	1.54	86.50
龙井市	22.65	5.18	100	1.51	83.40
延吉市	22.04	4.94	100	1.15	73.70

资料来源：综改区农业经济技术服务管理总站。

（三）确权过程中面临的问题

农地经营权确权登记主要面临经费保障、技术支撑、历史遗留、农地边界不清、用途改变及承包关系变更等问题。第一，确权工作需要大量经费。按照吉林省测量标准，每亩地需经费 32.47 元，全省需确权耕地面积为

8301.90 万亩，共需确权经费 26.96 亿元。按照经费来源计算，每亩地省里及国家分别补贴 10 元，总计可补贴 16.6 亿元，地方财政仍需筹措 10.36 亿元的确权经费。① 第二，技术支撑不稳定。从目前全省的实测情况来看，确权实测工作多采用农林经济业务主干搭配技术公司的协调工作形式。以农林经济业务主干为主的地区，技术处理能力较为薄弱，内业处理难度较大；以技术公司为主的地区则存在内业工作结束，技术公司撤出后矛盾纠纷的再协调问题。第三，历史遗留问题。问题表现复杂多样是此次确权工作面临的主要障碍。一是权属争议。国家近年来鼓励培育新型农业经营主体，以合作社为主体的新型农业经营组织在集中连片农地过程中需要重新界定各农户承包地的位置、边界及面积，困难较大，认定分歧常导致农地权属争议。二是多地问题。实测工作中发现，多数地区的实测面积远超承包合同中的农地面积。这一情况产生的主要原因是农民为少缴纳税费，在 1988 年农地承包时瞒报了耕地面积。三是机动地及册外地。这部分集体经营性建设用地的违规、违纪，甚至违法的租售问题在此次确权中暴露无遗，这部分农地增值收益的分配直接关乎集体组织成员的切身利益。四是新增人口要地问题。在家庭联产承包责任制前两轮农地承包经营权分配后出生的新出生人口或因种种原因未能分配到承包经营权的农民借此次农地确权的机会，重新提出前期未能解决的问题，谋求自身权益。第四，农地边界不清、用途改变。部分农地因靠近林带、沟渠及道路，受到垦占或施工作业的影响，导致承包地出现边界不清、面积不准的问题。也有部分农户在承包地上植树造林，修建住房、厂房或其他非农设施，改变了农地的用途。第五，因原承包人迁移、死亡、下落不明导致实际承包主体发生变化，因亲属要求合并或单立承包合同导致原承包主体发生改变，为方便耕种私自串地、换地，以上情况均导致承包合同记录的主体与实际承包主体不同，此次确权工作需要厘清实际权益人。

（四）"三权分置"、农地确权与农地金融风险防控

"三权分置"作为一项社会实践倒逼制度变革的诱致性制度变迁，实际上从 20 世纪 80 年代农地流转后农地承包权与实际经营权主体分离那一刻开始就形成了农地"三权分置"的格局，由此可见"三权分置"并非历史舞

---

① 资料来源：根据吉林省农村土地确权颁证工作访谈整理。

台上的新鲜事物。但是实践中简单的形式分割导致了权益分割不清、权益流不稳定、农地隐含价值流失、不利于新型农业经营主体的培育及现代化农业发展等一系列问题。故而，以"三权分置"为核心的农地制度改革拉开帷幕，而此次改革工作推进的关键就是农地重新确权。从资源优化配置的角度出发，农地若想实现优化配置，需要依托市场化平等、竞争、法制和开放的特点。西方社会因为实行农地私有制，完整的农地产权结构决定了其具备市场化的条件。从我国国情出发，结合农地制度变迁的历程，诸多学者认为农地所有权的归属并非农地是否可通过市场化实现优化配置的根源，农地的产权结构、产权边界及产权主体的明晰才是重中之重（吴一恒等，2018；汪险生、郭忠兴，2017）。可见，农地确权是农地资源得以通过市场化实现优化配置的前提。此外，资产的资本化需要权利的明晰。一方面，资产权利结构的明晰可产生稳定可期的现金流，这是资本化的前提；另一方面，资本权利主体的明晰是资本化红利合理分配的基础。农地信托、农地债权、农地合作社均是农地资本化后用于直接融资谋求红利的方式，而农地金融间接融资的主要形式则是依托农地市场化配置后足值、有效、易变现的特点，将农地资本变身为金融机构可有效保障资金安全的风险补偿手段，从而完成金融机构对存在有效需求农户的授信，帮助农户获得现金流。

二、农地流转现状

（一）农地流转释放的信号

随着我国城镇化步伐的加快，农村劳动力大量向城镇转移，农业物质技术装备水平不断提高，农地流转速度明显加快。农地流转的现状释放了以下几个信号：

第一，从转出方来看，愿意流转出农地一方面说明农地承包权人的非农收入高于务农收入，使其愿意放弃务农的机会，转向回报更好的务工行业，这得益于城镇化的发展，另一方面农民离地情结不再深重，长久以来作为农民生存及生活保障的农地伴随着工业化、城镇化及农村保障事业的发展彰显出更多的经济价值。

第二，从转入方来看，这得益于国家培育职业农民、新型农业经营主体的多项惠农、强农措施，政策的倾向及稳定性给予有能力扩大生产经营的农民以积极的预期，从而愿意转入农地，尝试转向规模生产模式。此外，随着技术的植入，规模化生产的铺开，金融、保险等事前支持及事后保障措施的落实大大增加了农业规模生产的边际收益。

第三，从政府的角度来看，2018年中央一号文件《中共中央　国务院关于实施乡村振兴战略的意见》再次明确，要走中国特色社会主义乡村振兴道路，让农业成为有奔头的产业，让农民成为有吸引力的职业。这需要依靠规模农业的成熟、现代农业的发展、职业农民及新型农业经营主体的培育，而这一切的根本在于将农地流转起来，改变农地的分散化、细碎化局面，通过农地流转，促进农地适度连片规模经营。

第四，回归本书的研究视角，从金融机构的角度来看，作为强农惠农政策中资金的主要供给方，扩大广义农地金融服务覆盖范围、提高涉农贷款的发放比例、控制涉农业务的风险是国家对涉农金融机构提出的新要求。农地流转范围的扩大、规模的扩张、市场的繁荣有利于农地由资产向资本转变，从而提高其作为有效押品的变现能力，有利于金融机构风险补偿能力的提升。综改区农地流转现状如表3-3所示。

表3-3　综改区主要市州农地流转现状

市州	流转面积（亩）	占第二轮承包面积的比例（％）	流转户数（户）	农户自发流转面积（亩）	服务组织提供信息促进流转（亩）	委托乡村组织流转面积（亩）	农地流转服务组织	专业合作社及家庭农场数（个）	2016年合作社及家庭农场数（个）
长春市	7799610	52.20	318513	27419	24595	21499	市、乡两级	13269	14980
吉林市	2222543	32.63	152137	13874	7397	9866	市、乡两级	7007	3692
延边州	2396157	84.23	117619	77297	35391	4931	市、乡两级	6568	5228
四平市	3022780	49.64	153118	96374	41769	14975	市、乡两级	5744	4609
通化市	765724	37.26	64845	57034	1033	6778	市、乡两级	2165	2412
白城市	2255076	30.88	78275	73764	2916	1595	市、乡两级	25574	5376
辽源市	1064175	44.68	53773	37820	14386	1567	市、乡两级	1821	1389
松原市	4156103	37.09	142614	135883	2367	4364	市、乡两级	5677	6947
白山市	78036	11.29	9410	6565	567	2278	市、乡两级	764	532

资料来源：综改区农业经济技术服务管理总站。

(二) 综改区农地流转面临的主要问题

第一，个别农户不愿流转农地。从表 3-3 农地流转面积及其占第二轮承包面积的比例可知，部分地区的农地流转面积较少。从与农户的访谈中了解到，受传统农业思想观念的束缚，有的农民恋土情结较重，加之农业税全面取消，各项惠农政策的出台，扩大了农民增收的空间，较多的农民不愿将农地流转出去。有的农民担心通过村集体长期流转会丧失农地承包权，对农地流转持谨慎观望态度。有的地方第二、第三产业发展滞后，农户的打工机会少，当地人均农地面积较大，各户有一定的规模，所以农户不愿流转农地。有的地区因个别农户不同意流转，导致农地无法成方连片地流转，从而影响了规模经营。

第二，流转行为不规范。一是约定方式不规范。大多数地区农地流转的约定方式以口头约定为主，并不签订书面合同，农地流转为自发、无序、随意、分散的行为。二是约定合同不标准。自主选择签订的合同，其内容过于简单，对双方权利和义务及违约责任、承租农地上附着物处置、有关赔偿条款等缺乏明确具体的规定；约定的合同一般不经管理机构审查、签证或公证机关公证，当事人双方如果出现纠纷则很难解决。三是约定方式不合法。经了解，合同签订方式分为两种，一种是承包经营权人与拟转入农地经营权的主体签订流转合同，双方权益主体明晰，没有法律障碍；另一种是村集体或村农地股份合作社与拟转入农地经营权的主体签订流转合同，而实际拥有承包经营权的农民没有书面委托，这种情况会导致流转双方的主体资格不明确，不符合法律规定，一旦出现纠纷，受让主体的权益难以得到法律保障。

第三，农地供需信息不匹配。为调查农户在何种情况下会选择转出农地，田野调查在询问农户转出农地原因时，有 43% 的农户选择"劳动力不足"的选项；有 31% 的农户选择"生产经营不善"的选项；有 66% 的农户选择"外出务工"的选项；有 48% 的农户选择"迁往城镇"的选项。农地流转对象与范围选择余地小。受让方往往要求地块相对集中、面积足够大，有流转意愿的农户所承包的农地往往面积少、地块小，经常出现农户有转让农地的意向却找不到合适的受让方，而需要农地的人又找不到出让者的现象，即使实现了农地流转，也往往局限于村内，甚至是组内或亲朋之间，使农地效益得不到最大限度的发挥。

第四，流转价格的制定缺乏动态增长机制。这主要是缺乏对社会经济增长因素和转出农地农民长远利益的考虑，可能会影响农民的合理收入。2017年吉林省规模农地流转价格一般为每亩每年200~350元，这个价格就目前的粮食价格来看处于合理区间。若经营方一次性付清较长期限的经营权转让费，却并不约定农地流转价格的随行就市波动机制，则可能会影响农民的长远利益。

第五，农地流转市场和价值评估、维权机制尚未完善。综改区的农地确权、登记工作已基本于2017年末结束，农地确权工作在进行过程中出现了诸多问题，即使是已确权的农民也未必明晰自己拥有的农地承包经营权面积，仍存在农地承包经营权不明晰的情况，一旦发生农地纠纷，很难处理。对于金融机构而言，无证化的承包经营权导致农地承包经营权抵押贷款难以实施，当经营户出现贷款违约时，银行难以处置抵押的农地经营权，农地经营权难以变现，这是开展农村承包土地经营权抵押贷款业务的最大难题。

三、农地金融制度的顶层设计

吉林省作为中国省级金融综合改革试验区，根据《深化农村改革综合性实施方案》和《国务院办公厅关于金融服务"三农"发展的若干意见》（国办发〔2014〕17号）的设计意愿，吉林省农业农村厅制定《吉林省农村金融综合改革试验方案》（银发〔2015〕377号）（以下简称《方案》），并经国务院同意执行。《方案》旨在以提升金融支撑农业适度规模经营和相关产业转型升级能力为主线，加快活化农村各类资源，创新金融产品，破解制约金融服务"三农"发展的体制机制障碍，探索出一条操作性强、复制性广的普惠型农村金融发展之路。围于这一宗旨，《方案》于主要任务的第三点中提出要开展农村资源资本化改革，扩大抵质押担保物范围，于第五点中提出要加快多层次资本市场建设，提高涉农资产证券化水平，于第六点中提出要优化农业风险分担机制。

（一）开展农村资源资本化改革，扩大抵质押担保物范围

这一任务的提出意在承接历史，展望未来。综改区于2012年创新尝试了土地收益保证贷款，运作机制可以简单阐述为，借款人通过将所拥有的

农地经营权转让给第三方物权平台，同时以农地未来收益为保证，要求第三方物权平台以法人担保的方式向金融机构提供反担保，金融机构以此为借款人提供资金支持。这项创新融资产品首度释放了农地权益的资本功能，在梨树县试点运行期间迅速占领农村信贷市场，成为金融支农的拳头产品。2015 年 8 月《国务院关于开展农村承包土地的经营权和农民住房财产权抵押贷款试点的指导意见》（国发〔2015〕45 号）出台，提纲挈领地从制度上拉开了农村资源资本化改革的大幕，并提出在办法实施范围内，相关法条将陆续修订，农地经营权抵押融资获得了制度上的支持。因此，综改区在设计综改方案时，从历史的角度出发，力求在夯实土地收益保证贷款试点工作体系的基础上，稳步推进农地承包经营权确权登记颁证工作，推动土地收益保证贷款试点与农村承包土地的经营权抵押贷款试点衔接。

（二）加快多层次资本市场建设，提高涉农资产证券化水平

为降低融资成本，倡导农业企业采用直接债务融资模式。以土地收益保证贷款、农地贷、涉农企业应收账款及其他适宜涉农资产为基础资产开展证券化业务，鼓励金融机构参与信贷资产证券化试点。基于农地金融产品的运行体量、覆盖范围，探索由成熟的间接融资向创新金融衍生品的直接融资方式过渡。

（三）优化农业融资风险分担机制

第三次全国农业普查主要数据公报（第一号）显示，截至 2016 年末，我国共有 3.14 万名农业生产经营人员、耕地 134921 千公顷。若在全国范围内直接推广农地金融制度，则有可能触及农地目前仍然承载的多项保障功能，若借款人因违约暂时丧失农地经营权，失去生计手段，则可能引发社会动荡。因此，《国务院关于开展农村承包土地的经营权和农民住房财产权抵押贷款试点的指导意见》（国发〔2015〕45 号）的初衷在于选取适合的地区先行试点，总结经验教训，检验该制度的生命力及可操作性，在一定范围内控制可能引发的风险，从而判断农地金融制度是否具有推广至全国的可行性。因此，深入探索制度实施过程中出现的风险，并提出行之有效的控制手段，具有重要意义。《方案》在风控部分考虑通过政策性贴息、附加保证保险、建立风险补偿基金等手段建立健全农地金融的风险分担机制。

第三节　农地金融对信贷抑制的缓释作用

从农地收益保证贷款试点到农地贷上线，再到农地收益保证贷款向农地贷的过渡和衔接，综改区通过创新农地贷业务，力求逐步提高农地贷业务的覆盖率，从而提升覆盖程度指标，以缓解综改区的信贷抑制。

一、农地收益保证贷款创新

2012年，综改区创新推出农地收益保证贷款，并在六个乡镇开展试点工作。据统计，吉林省登记在册的耕地面积约8000万亩，有近4000万亩为册外地，每年可产粮食约700亿斤；按玉米每斤1元测算，吉林省耕地每年的收益为700亿元以上；按收益的70%放款，每年可增加约500亿元的"三农"融资量；以三年的未来收益贷款，每年最大的融资额可达1500亿元。尽管农地收益保证贷款在2015年末至2017年末属于运行上的停滞与归并期，但截至2018年3月，吉林省15个县（市、区）已完成土地收益保证贷款试点基础平台建设，累计为农户、林户、家庭农场和农民专业合作社发放贷款4.78万笔，合计约24.72亿元。2013年8月，农地收益保证贷款试点一年后，22个县（市、区）发放贷款2.96亿元，共7464笔。① 五年间，贷款存量余额拓展7.35倍。从试点县（市、区）来看（见图3-5），梨树县和延边朝鲜自治州各项指标均处于峰值，遥遥领先于其他试点地区。一方面是因为梨树县和延边朝鲜自治州自然条件较好，农产品商品率居全国前列，人均耕地面积大，农民种粮积极性较高，农地流转市场发育相对成熟；另一方面是因为其前期基础扎实，承包农地确权的全国试点区，其养殖业、棚膜经济处于全国领先地位。

---

① 资料来源：2013年8月25日"破题农村金融，首创吉林模式"土地收益保证贷款专题座谈会。

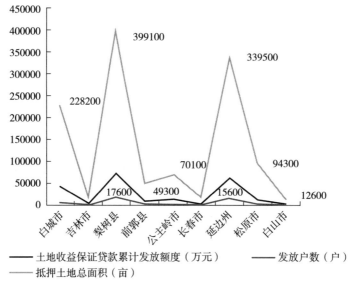

图 3-5　综改区土地收益保证贷款的覆盖情况

资料来源：根据吉林省地方金融监督管理局、吉林省县域经济网公布的相关数据整理绘制，数据截至 2018 年 3 月。

二、综改区农地贷试运行

2015 年 8 月，国务院发布《关于开展农村承包土地的经营权和农民住房财产权抵押贷款试点的指导意见》（国发〔2015〕45 号），同年 12 月，《吉林省农村金融综合改革试验方案》（银发〔2015〕377 号）（以下简称《综改方案》）获批，农地贷试点正式落地综改区。截至 2015 年末，综改区发放农地贷 1287 笔，贷款 4 亿多元，抵押农地 27.41 万亩。其中，中国农业银行吉林省分行发放 1180 笔，贷款 3.77 亿元，抵押农地 25.42 万亩；中国邮政储蓄银行吉林省分行发放 87 笔，贷款 1873 万元，抵押农地 1.99 万亩；吉林省农村信用社发放 20 笔，贷款 768 万元。截至 2018 年 2 月末，综改区 15 个试点县（市、区）累计发放农地贷 4389 笔，贷款金额 14 亿元，抵押面积 81.3 万亩①。截至 2018 年 8 月，借助银担合作增信为 550 余个新型农业经营主体提供了信贷支持，增加备春耕资金投入 3.49 亿元，占全部

---

① 资料来源：《活力动力增强　质量效益齐升》，吉林日报，2018 年 2 月 23 日。

备春耕贷款的60%以上。贷款总余额较试点初期增长2.3倍，且带动农户贷款利率大幅下降。据测算，2017 年备春耕时期平均贷款利率较 2016 年下降 0.5%[①]。

三、农地贷对综改区信贷抑制的缓释

既往研究大多从信贷覆盖广度（地区、农户分化类别、借款人个数）、覆盖深度（有效需求满足程度）、覆盖便利（金融服务可得性）及借贷成本（时间成本、利息成本）等方面来衡量某个地区的信贷抑制程度，若以上指标有所改善，则可视为该地区信贷抑制程度得到了一定程度的缓解。

第一，覆盖广度。截至 2018 年 3 月，农地贷业务已实现综改区主要农业县（市、区）全覆盖；农地贷主要遵循培育新型农业经营主体、促进农业规模经营的设计意愿，从农户分化的角度来看，农地贷更多倾向于向新型农业经营主体发放中长期贷款，具有申贷意愿的新型农业经营主体的贷款可得性有所提高；从农地贷业务的发放笔数来看，获贷人数更是呈现爆发式增长的趋势。

第二，覆盖深度。根据调研了解到的情况，基于农户分化程度，传统农户与新型农业经营主体的申贷意愿及满足程度有所不同。就传统农户来说，附加农地收益保证或农地经营权抵押后，信贷可获性有所提高，但授信额度与实际需求之间仍存在差额；就新型农业经营主体而言，相较于传统农户，其信用等级普遍较高，且具备其他资产作为担保，较少受到"拒贷"的信贷排斥。信贷抑制主要表现为不能有效满足实际融资需求。除农地股份合作社外，一般的新型农业经营主体较难通过农地独立担保方式获得大额融资。

第三，覆盖便利。2012 年为搭建土地收益保证贷款融资体系，综改区 42 个县（市、区）进行了土地收益保证贷款试点基础平台建设，自 2015 年起，在 15 个农地贷试点区依托农村经济管理站建立了物权服务平台。除此之外，在深化综改区金融改革的要求下，综改区以"针刺通达"方式打通

---

① 资料来源：《春耕迎来"及时雨"——吉林省金融助力春耕备耕》，中国人民银行，2018年4月27日。

了金融服务"三农"的最后一公里。① 2016 年，推动中国农业银行吉林省分行和中国邮政储蓄银行吉林省分行"三农"金融事业部改革；10 家农村信用社改制成为农村商业银行，总量达 38 家，改制率为 73%；新建六家村镇银行，总量达到 61 家，实现县域全覆盖；成立东北首家民营银行——吉林亿联银行，担当国家东北振兴战略任务；组建吉林九银金融租赁股份有限公司，丰富农村金融供给新渠道；推动金融服务电子终端网络向村一级延伸，覆盖 8692 个行政村，占行政村总数的 93.76%。

第四，借贷成本。一是时间成本。根据中国人民银行关于农地贷的实施细则，综改区结合土地收益保证贷款试点经验及前期基础，提纲挈领地制定了综改区农地贷业务实操细则。从各主办金融机构的相关管理办法及操作流程来看，从借款人提交申请到完成贷款发放一般不超过 15 个工作日。行内已建立信用档案的借款人、在信用白名单内的借款人或已完成预授信的借款人，一般可在 3 个工作日内完成信贷审批流程。规范化的操作规程及专项业务的绿色通道大大降低了借款人的时间成本。二是利息成本。受益于《综改方案》对农村金融运行关键指标实现"两增两降一突破"的目标和《国务院关于开展农村承包土地的经营权和农民住房财产权抵押贷款试点的指导意见》（国发〔2015〕45 号）中关于适当贴息以降低农地贷风险的指示，综改区中国人民银行灵活有效地运用各种货币政策工具，吉林省农村金融综合改革试验一年内累计释放"三农"领域流动性 1801.8 亿元。其中，对省内支农力度较大的 35 个地方法人金融机构和 17 家中国农业银行"三农"金融事业部实行优惠存款准备金利率，合计释放资金 67.5 亿元；累计发放支农再贷款 58.9 亿元，有力地支持了地方法人金融机构扩大涉农信贷投放，降低"三农"融资成本；支持吉林九台农村商业银行等三家农村商业银行发行二级资本债券 19 亿元，补充了附属资本，提高了信贷投放能力；支持地方法人金融机构发行大额存单 89.2 亿元，发行同业存单 1566.2 亿元，有效拓宽了低成本信贷资金来源，增强了地方法人金融机构的资金实力。此外，农地贷相关融资产品的利率上浮最多不超过中国人民银行同期贷款基准利率的 30%，对于资信优质的借款人，还建立了差别定价的机制。根据抽样测算，吉林省主要涉农金融机构涉农贷款加权平均利

① 资料来源：《吉林省农村金融综合改革试验成效初显》，吉林省人民政府网站，2016 年 8 月 30 日。

率较 2017 年年初下降 0.59 个百分点。由此可见，农地贷实施以来，综改区的信贷抑制程度得到了一定程度的缓解。①

第四节　农地金融对农户收入变化的影响

国内学者对农地贷的研究大多集中于参与意愿的衡量与测度方面，认为农地贷实施效果的差异可以由金融机构及农户对其接受意愿的不同来解释。上一节利用综改区农地贷覆盖度的各项指标简单说明了综改区农地贷供给层面的意愿，这一节拟基于调研样本中的需求方数据，解释综改区农户对农地贷的参与意愿及表现出差异性的原因，并测度农地贷参与者收入的变化情况。

一、综改区农地贷申请意愿及原因

2017 年 3 月到 2018 年 1 月，笔者先后三次对综改区五个试点县（市、区）进行了包括农户、主办金融机构及物权服务平台的实地调研。根据从农地贷主办金融机构及物权平台了解的基本情况，采用分层抽样的方法，以入村入户问卷提问结合访谈的形式获取第一手数据。在乡镇分层的基础上，从五个样本县（市、区）中抽取 22 个乡镇，每个乡镇随机抽取 1~2 个村庄，对村里 30~40 户农户进行调研，总计回收问卷 1322 份。考虑到信贷支持时滞，剔除生产周期小于还本付息周期的农户，以及不具备参与农地贷条件的农户，最终得到农户层面的问卷 927 份，其中传统农户 711 户，新型农业经营主体 216 户（包括种植大户 122 户，养殖大户 85 户，家庭农场9 户）。在 927 个农户中：未参与农地贷的农户 548 户；参与农地贷的农户 379户。其中，传统农户参与农地贷的比重为 43.04%，高于新型农业经营主体参与农地贷的比重（33.80%）。未参与农地贷的农户了解农地贷的运行机制及相关要求后，也有部分农户表示在资金短缺时愿意考虑参与农地贷；但也有部

① 资料来源：2017 年 5 月 17 日吉林省政府新闻办召开的吉林省农村金融综合改革试验一周年新闻发布会。

分农户表示无论如何都不愿通过抵押农地进行贷款。综合整体样本信息，综改区受访农户参与农地贷的意愿情况如图3-6所示。

参与了农地贷的传统农户表示金融机构主要依托农地抵押进行信用增信，一般需结合信用评级或联保等其他增信方式，可通过组合担保的方式获得融资支持。在未参与农地贷的传统农户中，有18.20%的农户表示害怕失去农地，从而失去生活保障；有9.10%的农户表示自身土地太少，银行并不会据此提供贷款（见图3-7）。

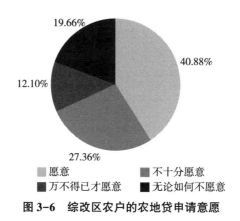

图3-6　综改区农户的农地贷申请意愿

种植大户一般依托农地抵押获得融资，若是合作社成员，可通过联保增信；养殖大户在农地抵押的基础上，还可附加奶牛活体抵押或保单质押；家庭农场具备法人资质，结合农场的种养结构，普遍采取"法人授信+农地抵押+农机具抵押"等组合担保方式。但是无论是哪种经营主体，在调研的试点地区农地贷一般都用于信用增信。借助农地抵押，传统农户可突破信用评级的授信额度，获得更多的融资支持；新型农业经营主体的信用授信额度往往早已封顶，增信后的提额效果不明显。绝大多数新型农业经营主体表示金融机构能够提供的信用额度远远不能满足自身的资金需求，因此不愿浪费时间和精力去申请贷款（见图3-8）。

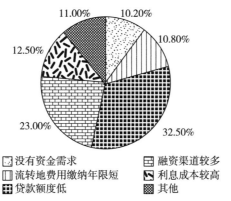

图3-8　综改区新型农业经营主体不愿参与农地贷的原因

二、异质性农户农地贷申请的影响因素及收入变化

农民收入主要包括生产经营性收入、工资性收入、财产性收入及转移性收入（张红宇等，2013），我国的农业发展存在边际替代率递减的规律，只有使用更多的物质资本替代劳动投入，才有可能在更高的边际投资收益率下获得更大产出（胡宗义等，2014）。融资支持可增加农户物质资本投入，扩大农业生产的可能性边界，从而实现生产经营性收入的提高及总收入的增长（刘艳华等，2015）。然而收入增长将激发农民进一步增加生产投入，形成资本积累的良性循环，资本积累的溢出效应，还有可能促进其财产性收入的增长。若进一步考虑农户的异质性，农地资产规模与兼业程度的异质性特征会导致这一作用机制不尽相同。传统农户凭借分散细碎化的农地，改善了因缺乏有效足值抵押品而被正规金融机构排斥的困境，但授信额度十分有限，转化的物质资本更多被用于季节性劳动力雇用或农机租赁等劳动力替代投入，以稳定农户的兼业经营，有利于形成多元化收入结

构而非农业生产经营性收入的规模化增长（于丽红等，2015）。新型农业经营主体利用集中连片化农地获得的融资规模相对可观，可用于改善技术或扩大经营规模，追求农业生产经营的集约化或规模化回报，表现为生产经营性收入的独峰增长态势（林乐芬、顾庆康，2015），因此有必要分别检验异质性农户融资后收入的变化情况（见图3-9）。

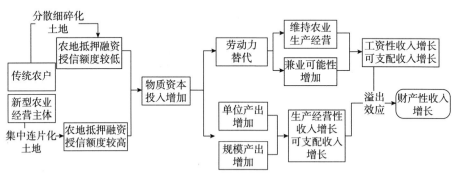

图 3-9　融资与收入增长的经济学解释

三、模型设定及变量选取

参考 Mincer 工资方程，并假定收入 Y_i 是解释变量 X_i 和是否参与农地贷 D_i 的线性函数，则收入模型可描述为：

$$Y_i = \alpha X_i + \beta D_i + u_i \tag{1}$$

在模型（1）中，被解释变量 Y_i 表示农户家庭 i 的收入，由户均生产经营性收入、户均工资性收入和户均财产性收入构成（见表3-4）。

表 3-4　异质性家庭的农户收入比较　　　　　　单位：万元

收入类型	户均可支配收入		户均生产经营性收入		户均工资性收入		户均财产性收入	
农户类型	参与农地贷	未参与农地贷	参与农地贷	未参与农地贷	参与农地贷	未参与农地贷	参与农地贷	未参与农地贷
传统农户	5.1023	2.7189	3.3446	1.4580	1.3822	0.3376	0.3788	0.5233
新型农业经营主体	20.0959	24.2518	15.3014	17.7203	0.8356	1.1329	1.0137	4.4755

资料来源：调研整理所得。

X_i 为可以观测到的影响农户家庭收入的外生解释变量。借鉴现有文献，根据信贷配给理论及单因素 Wald 检验确定八个变量，选取性别、年龄及是否参与职业技能培训来表示农户个体特征；选取劳动人口比重、家庭总资产（包括房屋、农地、生产设备、原材料、农用机械、农作物等）与兼业程度来表示农户生产特征；选取正式社会资本与非正式社会资本来表示农户家庭的社会资本状况。D_i 是一个二值选择变量，表示农户家庭 i 是否参与农地贷。α 与 β 是待估计系数向量。u_i 是随机误差项。考虑样本数据涉及综改区 5 个县（市、区），本章还控制了地区虚拟变量 R_i。变量定义、赋值及描述性统计结果如表 3-5 所示。

表 3-5　变量定义及描述性统计

变量		问题及赋值	传统农户		新型农业经营主体	
			均值	标准差	均值	标准差
户均可支配收入		农户家庭可支配收入	3.1798	1.6032	22.6343	10.0294
户均生产经营性收入		农户家庭农业生产经营性收入	2.2726	1.4889	16.3241	7.0612
户均工资性收入		农户家庭外出务工收入	0.7886	1.4232	1.0944	0.7819
户均财产性收入		农户家庭财产性收入	0.4199	0.5497	2.5852	1.2964
是否参与农地贷		参与=1；未参与=0	0.4318	0.4957	0.3380	0.4741
农户个体特征	性别	男性=1；女性=0	0.9522	0.2135	0.9444	0.2296
	年龄	受访者年龄：20~29 岁=1；30~39 岁=2；40~49 岁=3；50~59 岁=4；60 岁及以上=5	3.0731	0.8914	2.9583	0.8803
	培训	是否有成员接受过职业技能培训：是=1，否=0	0.0366	0.1878	0.4537	0.4990
农户生产特征	劳动力占比	劳动人口占家庭总人口的比重是否大于 2/3：是=1，否=0	0.7508	0.2298	0.7976	0.2226
	总资产	总资产估值	35.3643	10.1225	200.2130	57.1127
	兼业程度	农业生产经营性收入≥50%，赋值为0；农业生产经营性收入<50%，赋值为1	0.6765	0.4681	0.4259	0.1956

续表

变量		问题及赋值	传统农户		新型农业经营主体	
			均值	标准差	均值	标准差
农户社会资本状况	非正式社会资本	每年礼金支出是否占总收入的1/3以上：是＝1，否＝0	0.0309	0.1733	0.0694	0.2548
	正式社会资本	家庭成员中是否有公职人员或在涉农金融机构工作：是＝1，否＝0	0.0774	0.2673	0.0648	0.2468

如果反映农户家庭是否参与农地贷的变量 D_i 是外生的，则可以直接使用普通最小二乘法（OLS）对模型（1）进行估计。但是，农户参与农地贷并不是随机的，而是一种基于自身禀赋及收入预期的自选择行为，使用 OLS 估计可能存在的偏误。倾向得分匹配（PSM）方法被广泛应用于解决因自选择引发的有偏估计问题。然而，PSM 方法在处理选择性偏差及变量内生性问题时，会忽略不可观测因素的作用（Dehejia and Wahba，2002）。此外，参与农地贷与农户收入之间还存在一定的因果关系。选择参与农地贷的农户势必对其未来收入有更高的预期，反过来，收入较高的农户更易通过农地贷获得信贷支持。PSM 方法同样无法规避变量互为因果导致的内生性问题。

因此，本章依据 Maddala（1983）提出的处理效应模型（TEM）来处理变量内生性问题。假定农户家庭都是理性的（追求效用最大化），在面对是否参与农地贷决策时，农户家庭会比较参与和不参与所产生的预期效用。令参与农地金融的预期效用为 U_A，不参与农地金融的预期效用为 U_N，当且仅当 $U_A-U_N>0$ 时，农户家庭才会参与农地贷。

在现实中，由于农户家庭参与或不参与农地贷的预期效用都是主观的，因此无法观测农户家庭的预期效用差 U_i，但农户家庭是否参与农地贷可以用可观测变量来表示。借助示性函数，可得模型：

$$U_i = \gamma Z_i + \varepsilon_i \tag{2}$$

在模型（2）中，U_i 为不可观测的预期效用差。使用调查问卷，可以观测到农户家庭的选择行为，如果农户家庭参与农地贷，则 $D_i=1$；如果农户家庭未参与农地贷，则 $D_i=0$。Z_i 为反映农户家庭特征的解释变量。γ 为待估计系数向量。ε_i 为随机误差项，表示无法观测的影响因素。

为了识别模型，选择方程至少需要一个有效的工具变量（IV）。模型（1）中 X_i 的变量与模型（2）中 Z_i 的变量可重叠，但 Z_i 中必须至少有一个变量不在 X_i 中，若 Z_{1i} 通过且仅通过选择变量 D_i 间接影响被解释变量 Y_i，即 $Cov(Z_{1i}, u_i) = 0$，可将 Z_{1i} 视为 D_i 的一个工具变量。考虑到模型（1）中的随机误差项 u_i 及模型（2）中的随机误差项 ε_i 包含不可观测因素，令 ρ 为两者的相关系数。若 $\rho = 0$，则可以认为不存在内生性；若 $\rho \neq 0$，则说明存在由不可观测因素导致的估计误差。进一步地，若 $\rho > 0$，表示存在正向选择性偏误，说明收入高于平均水平的农户家庭更愿意参与农地贷；反之亦然。

综上，本章拟定分析步骤如下：第一，通过两阶段最小二乘法（2SLS）第一阶段回归结果考察农户家庭是否参与农地贷的决定因素，同时验证工具变量的有效性；第二，通过最大似然估计（MLE）的估计结果，考察农户家庭的农地贷参与行为对收入的影响；第三，利用 TEM 估计系数，进一步计算参与农地贷对农户家庭收入影响的平均处理效应（ATE），考察融资参与对农户家庭收入的整体影响。

四、结果与分析

（一）OLS 估计

如果不考虑选择性偏误与内生性问题，直接对前文构建的模型进行 OLS 估计会发现，与未参与农地贷的农户家庭相比，参与农地贷的传统农户家庭的各项收入水平均有所增长，但新型农业经营主体的生产经营性收入及工资性收入未通过给定水平的显著性检验。如前文所述，该结果可能存在偏误。因此，考虑引入工具变量（IV）并重新估计结果（见表3-6）。

表3-6　参与农地贷对农户家庭收入影响的 OLS 估计结果

变量	传统农户				新型农业经营主体			
	可支配收入	生产经营性收入	工资性收入	财产性收入	可支配收入	生产经营性收入	工资性收入	财产性收入
是否参与	0.7993 *** (0.0251)	0.5914 *** (0.0425)	0.3823 *** (0.0417)	0.3499 *** (0.0437)	0.1472 * (0.0797)	0.0799 (0.0836)	−0.4832 (0.1286)	0.5479 *** (0.1588)

续表

变量	传统农户				新型农业经营主体			
	可支配收入	生产经营性收入	工资性收入	财产性收入	可支配收入	生产经营性收入	工资性收入	财产性收入
常数项	0.9727 *** (0.1104)	0.8434 *** (0.1739)	-0.4063 ** (0.2038)	-0.2722 (0.1691)	1.7652 *** (0.3434)	1.6089 *** (0.3755)	-0.1328 (0.5470)	-1.0185 (0.6848)

注：＊、＊＊、＊＊＊分别表示在 10%、5%、1%的水平上显著，括号内数字为稳健标准误；受限于篇幅，控制变量未呈现。

（二）方法适用性检验

运用 TEM 模型进行估计，需要为农户是否参与农地贷找到合适的工具变量。本章将"农户参与意愿"作为工具变量（见表 3-7）。

表 3-7　异质性农户参与农地贷的意愿

变量	传统农户		新型农业经营主体		最小值	最大值
	均值	标准差	均值	标准差		
是否愿意参与农地贷	0.26	0.35	0.77	0.56	0	1

使用工具变量的前提是存在内生解释变量。为此进行 Hausman 检验，表 3-6 中的八个收入方程的结果显示均可以在 10%的显著性水平上拒绝"所有解释变量都是外生的"原假设，即可认为 D_i 是内生解释变量。TEM 模型依赖于对结构方程的正确设定，如果 Z_i 不是有效工具变量，则会导致估计偏误。为了稳健，需要对所选择的工具变量进行有效性检验。有效工具变量须具备的两个条件为相关性与外生性。先检验工具变量与内生解释变量的相关性。运用两阶段最小二乘法，第一阶段回归结果的稳健 F 统计值大于通用临界值 10；在名义显著性水平为 5%的 Wald 检验中，最小特征值统计量大于 LIML 统计量的临界值 8.68。因此，有理由认为不存在弱工具变量。农地贷是农村金融的创新型工具，农户的参与意愿将通过影响农户参与融资的决策作用于收入水平，但农户的参与意愿并非可直接转化为促进收入增长的生产力。因此，可以认为本章所选择的工具变量对被解释变量产生影响的唯一渠道是通过内生变量，而内生变量已被包括在方程中，因

此工具变量不会出现在被解释变量的扰动项中，即满足"排他性约束"条件。谨慎起见，通过过度识别检验，卡方检验的 P 值显示均可接受"工具变量都是外生的"原假设，不存在过度识别问题。

（三）TEM 估计结果分析

运用 Stata 15.1 软件对模型进行估计，通过与 OLS 估计结果比较可知，解释变量"是否参与农地贷"的估计结果具有显著差异。收入方程的 LR 检验结果在 1% 的显著水平上拒绝了"选择方程与收入方程相互独立"的原假设，残差相关性与残差协方差均显著，表明样本存在自选择，进一步说明了考虑模型内生性及样本可能存在的自选择问题是必要的，进而证明了选用 TEM 模型的适用性。就传统农户而言，收入方程①~④的估计结果显示，与未参与农地贷的农户相比，参与农地贷的农户各项收入的边际增长水平更高，但生产经营性收入与财产性收入未在统计量上呈现显著性（见表 3-8）。

表 3-8　参与农地贷对传统农户家庭收入影响的 TEM 估计结果

变量		传统农户				
		选择方程①	收入方程①	收入方程②	收入方程③	收入方程④
是否参与农地贷		—	0.6591 ***	0.3622	0.5677 ***	0.2679
			(0.0267)	(0.0561)	(0.0519)	(0.0534)
农户个体特征	性别	−0.0381	0.0446	0.0956	0.0183	0.0128
		(0.0519)	(0.0526)	(0.0896)	(0.0844)	(0.0877)
	年龄	−0.0277 *	−0.0170	−0.0219	−0.0007	0.0082
		(0.0165)	(0.0127)	(0.0217)	(0.0208)	(0.0216)
	培训	−0.2861 ***	−0.1054 *	−0.1659 **	0.0767	−0.1067
		(0.0985)	(0.0583)	(0.1024)	(0.1001)	(0.1033)
农户生产特征	劳动力占比	−0.1370 **	0.0438	0.0341	0.1072	−0.0036
		(0.0624)	(0.0496)	(0.0851)	(0.0807)	(0.0836)
	总资产状况	0.0425 ***	0.0121 **	0.0514 ***	0.0191	0.0033
		(0.0124)	(0.0106)	(0.0182)	(0.0174)	(0.0181)
	兼业程度	−0.0200	0.0406	−0.2493 *	0.0179 ***	0.3353
		(0.0289)	(0.0255)	(0.0436)	(0.0415)	(0.0429)

续表

变量		传统农户				
		选择方程①	收入方程①	收入方程②	收入方程③	收入方程④
社会资本	非正式	0.0043 (0.0616)	−0.0066 (0.0629)	0.0626 (0.1073)	0.1713 * (0.1025)	−0.1346 (0.1061)
	正式	0.1112 ** (0.0449)	−0.0165 (0.0344)	−0.0781 (0.0587)	0.0043 (0.0568)	−0.0027 (0.0587)
常数项		0.1241 (0.1208)	1.0288 *** (0.1015)	0.9094 *** (0.1739)	−0.4016 ** (0.1649)	−0.2465 (0.1712)
参与意愿		0.5743 *** (0.0516)	—	—	—	—
残差协方差		—	−1.1645 *** (0.0284)	−0.6509 *** (0.0292)	−0.7626 *** (0.0266)	−0.7135 *** (0.0272)
LR test of indep. eqns.		—	117.17 ***	39.41 ***	22.38 ***	11.29 ***
豪斯曼检验		—	69.85 ***	38.70 ***	5.52 **	14.17 **
稳健 F 统计量		38.634	—	—	—	—
最小特征根统计量		35.841	—	—	—	—
过度识别检验		—	0.2594 (0.6105)	1.2895 (0.2561)	0.0257 (0.8726)	0.1049 (0.7460)
样本数		711				

注：选择方程①的数值为两阶段最小二乘法（2SLS）第一阶段回归结果，收入方程①为可支配收入方程，收入方程②为农业生产经营性收入方程，收入方程③为工资性收入方程，收入方程④为财产性收入方程。两者的数值均为最大似然估计法（MLE）对 TEM 模型的回归结果；* 、** 、*** 分别表示在 10%、5%、1% 的水平上显著，括号内数字为稳健标准误。

就新型农业经营主体而言，收入方程⑤~⑧的估计结果显示，与未参与农地贷的经营主体相比，除工资性收入呈下降趋势且统计量水平不显著外，参与农地贷的新型农业经营主体的其他收入均获得了更高的边际增长，且均在 10% 及以上的水平上显著。由此可见，参与农地贷能给农户家庭的收入带来正向影响，但对异质性农户的收入变化的边际效应不一（见表 3-9）。

表 3-9　参与农地贷对新型农业经营主体家庭收入影响的 TEM 估计结果

变量		新型农业经营主体				
		选择方程②	收入方程⑤	收入方程⑥	收入方程⑦	收入方程⑧
是否参与农地贷		—	0.0177 ** (0.2191)	0.4461 * (0.2749)	−0.4333 (0.4184)	0.0403 *** (0.4713)
农户 个体 特征	性别	−0.0394 (0.1065)	−0.1294 ** (0.1102)	−0.1451 ** (0.1173)	0.1014 (0.2002)	−0.1477 (0.2431)
	年龄	0.0141 * (0.0334)	0.0399 * (0.0289)	0.0168 (0.0307)	−0.0764 (0.0525)	−0.0489 (0.0637)
	培训	0.1389 ** (0.0678)	0.5749 *** (0.0611)	0.5813 *** (0.0664)	0.2351 ** (0.1105)	0.1308 (0.1321)
农户 生产 特征	劳动力 占比	0.1862 * (0.1172)	0.0621 (0.1172)	0.0898 (0.1248)	−0.0519 (0.2131)	0.0643 (0.2586)
	总资产 状况	0.0276 ** (0.0288)	−0.0316 (0.0242)	−0.0069 (0.0258)	−0.0473 (0.0439)	−0.0949 * (0.0534)
	兼业 程度	0.0876 (0.0598)	0.0181 (0.0554)	−0.1344 (0.0590)	0.0039 *** (0.1008)	0.4139 (0.1222)
社会 资本	正式	−0.0408 * (0.1091)	0.2681 *** (0.0952)	0.3106 *** (0.1014)	−0.1351 (0.1732)	−0.1449 (0.2100)
	非正式	0.3429 *** (0.0709)	0.0335 (0.0639)	0.1103 (0.0681)	−0.2036 * (0.1162)	−0.1630 (0.1430)
常数项		0.3272 (0.3130)	1.8109 *** (0.3917)	1.6535 *** (0.4203)	−0.0406 (0.7161)	−0.9798 (0.8649)
参与意愿		−0.0605 ** (0.0722)	—	—	—	—
残差相关性		—	−0.2247 ** (0.3609)	−0.2058 * (0.4333)	−0.2395 * (0.3841)	−0.0847 * (0.3511)
残差协方差		—	−1.0381 *** (0.0674)	−0.9775 *** (0.0706)	−0.4381 *** (0.0716)	−0.2591 *** (0.0513)
Log likelihood		—	−215.3292	−228.9782	−344.5521	−386.3812
LR test of indep. eqns.		—	11.27 ***	8.01 ***	14.22 ***	16.17 ***
豪斯曼检验		—	2.92 *	3.52 *	4.11 **	9.17 **
稳健 F 统计量		16.861	—		—	—

续表

变量	新型农业经营主体				
	选择方程②	收入方程⑤	收入方程⑥	收入方程⑦	收入方程⑧
最小特征根统计量	14.390	—	—	—	—
过度识别检验	—	0.0106 (0.9180)	0.0016 (0.9677)	0.0125 (0.9111)	0.0323 (0.8574)
样本数	216				

注：选择方程②的数值为两阶段最小二乘法（2SLS）第一阶段回归结果，收入方程⑤为可支配收入方程，收入方程⑥为农业生产经营性收入方程，收入方程⑦为工资性收入方程，收入方程⑧为财产性收入方程。两者的数值均为最大似然估计法（MLE）对 TEM 模型的回归结果；*、**、***分别表示在10%、5%、1%的水平上显著，括号内数字为稳健标准误。

（四）基于 TEM 估计的 ATE

TEM 的估计结果反映了参与农地贷对农户家庭各项收入影响的边际效应，即农地贷的参与意愿从 0~1 表示农户各项收入的变化情况。基于 TEM 估计，可以预测出参与农地贷与未参与农地贷农户的户均收入水平，进而测算参与农地贷的平均处理效应，结果如表 3-10 所示。

表 3-10　参与农地贷对农户家庭收入影响的 ATE 估计结果

收入类型	农户类型	是否参与农地贷		ATE	变化（%）
		参与	未参与		
户均可支配收入	传统农户	1.8622 (0.2573)	1.6463 (0.2545)	0.2159*** (0.1398)	13.11
	新型农业经营主体	3.2104 (0.5884)	3.0642 (0.5896)	0.1462*** (0.0028)	4.77
户均生产经营性收入	传统农户	1.3044 (0.3848)	1.2815 (0.3829)	0.0230*** (0.1868)	1.79
	新型农业经营主体	1.0173 (0.6132)	0.7699 (0.6143)	0.2474*** (0.0027)	32.13
户均工资性收入	传统农户	0.3624 (0.1061)	0.2190 (0.1077)	0.3034*** (0.0209)	65.48
	新型农业经营主体	0.3811 (0.3301)	0.5654 (0.3306)	-0.1843 (0.0052)	-32.60

收入类型	农户类型	是否参与农地贷		ATE	变化（%）
		参与	未参与		
户均财产性收入	传统农户	0.2831 (0.3104)	0.3137 (0.2975)	−0.0306 (0.0970)	−9.75
	新型农业经营主体	2.9711 (0.6301)	2.4918 (0.6303)	0.4793 *** (0.0022)	19.24

注：*、**、***分别表示在10%、5%、1%的水平上显著，括号内数字为稳健标准误。

1. 异质性农户参与农地贷的平均处理效应

将收入取自然对数，传统农户中参与农地贷与未参与农地贷的可支配收入分别为1.8622和1.6463，参与农地贷对其收入影响的ATE为0.2159，从户均收入的变化来看，在控制可观测因素和不可观测因素的情况下，参与农地贷可使传统农户的可支配收入水平增长13.11%；工资性收入的贡献最为突出，参与农地贷的传统农户的工资性收入预计可增长65.48%，两者均在1%的水平上显著，但财产性收入未通过统计量检验。新型农业经营主体中参与农地贷的农户家庭的可支配收入预计可实现4.77%的增长。其中，生产经营性收入的增长水平最高，达32.13%，财产性收入的贡献度为19.24%，两者均在1%的水平上显著，但工资性收入未通过统计量检验。ATE平均处理效应的估计结果进一步验证了TEM计算的边际效应，且与图3-9中构建的融资与收入增长的经济学解释一致。

2. 异质性农户参与农地贷后务农与非农收入的变化及原因

从务农收入来看，参与农地贷的新型农业经营主体的生产经营性收入可增长32.13%，但参与农地贷对传统农户生产经营性收入的促进作用仅为1.79%，且未呈现统计量上的显著性，这与综改区的农地资产禀赋状况有关。综改区是我国现代农业综合配套改革的先行试验区，2017年吉林省土地适度规模经营比重为37.6%[①]；2017年末适度规模经营面积已达31.7万亩，农地流转面积约占二次承包地总面积的75%[②]；农地资本分化为集中连片化与分散细碎化两种禀赋特征。将农户的单块农地面积（单块农

---

① 资料来源：《2017年全省农业现代化发展水平初步考核情况通报》，吉林省率先办，2018年6月29日。

② 资料来源：原吉林省农业委员会2018年发布的数据。

地面积=农户拥有经营权的农地面积/地块数）与贷款金额进行简单回归，发现单块农地面积每增加一亩，贷款额度提升 0.37 万元，这说明农地集中连片的程度越高，越容易获得更高的授信。新型农业经营主体有机会借助集中连片农地的有效担保突破二级信贷配给①（调研地区金融机构对新型农业经营主体的授信额度一般不设上限），将信贷资金转化为物质资本投入，通过打破技术壁垒或扩大经营规模突破生产边界，从而获得可观的规模报酬，因此参与农地贷对新型农业经营主体生产经营性收入增长的平均处理效应明显。传统农户拥有的农地经营权多呈分散细碎化特征，尽管农户可凭借其突破一级信贷配给的门槛，但授信额度相对有限（调研地区一般将最高额度设置为 10 万元）。获贷农户多将资金用于劳动力替代性投入，以维持现有的经营规模。因此，传统农户的生产经营性收入虽有一定的增长，但未呈规律性。

从非农收入来看，参与农地贷对传统农户工资性收入的贡献达65.48%，但财产性收入不显著；参与农地贷对新型农业经营主体的财产性收入的促进作用为 19.24%，但工资性收入不显著，这与 TEM 估计的边际效应趋势一致，说明农地贷对异质性农户的非农收入各项构成的作用并不一致。这一现象产生的根本原因在于异质性农户的兼业程度。据调研统计数据，在参与农地贷的传统农户中，兼业程度赋值为 1 的农户占比 28.34%，有 71.66% 的传统农户更多地依赖于非农收入，在 TEM 估计中，农户的兼业程度与工资性收入在统计量上呈显著的正相关性。如前文所述，传统农户的获贷资金更多用于劳动力替代，以保障农户兼业经营的稳定，从而帮助其实现工资性收入的进一步增长，这与曹瓅等（2014）的研究结论基本一致。

新型农业经营主体财产性收入的增长可视为对资本积累溢出效应的验证。新型农业经营主体兼业程度赋值为 1 的均值为 0.4259，说明非农业收入是新型农业经营主体的主导性收入来源，其资金出现缺口主要来自非农业生产的需要。我国给予农业生产者耕地动力保护补贴与生产者补贴（部分地区），但从地区的实际运行情况来看，无论补贴支持的是农地承包权

---

① 信贷配给分为一级信贷配给与二级信贷配给两种情况。一级信贷配给是指借款人无法跨越授信门槛，被拒绝提供贷款支持；二级信贷配给是指借款人虽可获得授信，但授信额度低于实际需求。

人，还是农地经营权人，都将体现在农地流转费用中，归农地承包权人所有。因此，尽管新型农业经营主体的部分获贷资金可能用于农地流转费用的后续补贴，但其并不会从中获得农地经营规模扩大后的财产性增值，可见农地资本的流动性并未给新型农业经营主体带来财产性收入。这说明财产性收入并非直接受益于融资，而更有可能源自"物质资本投入—生产规模报酬提升—收入提高—资本积累—周期性闲置资本配置—财产性收入提升"这一资本循环链条，故而农地贷对新型农业经营主体财产性收入的平均处理效用也十分明显。此外，TEM 模型对新型农业经营主体劳动力占比估计不显著的结果体现出新型农业经营主体的劳动力分配结构较为固定，农业生产经营规模的变动并不取决于家庭劳动力的供给，且多采用季节性雇用劳动力的方式，即农地贷并不会改变新型农业经营主体家庭劳动力的既有安排，因此新型农业经营主体的工资性收入并没有通过统计量检验（见表3–10）。

第五节　综改区农地金融风险控制

从前文的实证分析结果可见，农地金融试点运行在一定程度上缓解了综改区的信贷抑制困境，并可有效提高农民收入水平。但是受制于农业发展水平与生产结构，农村土地承包经营权的流动性不足，加之权能的分离与残缺，农地金融的开展仍面临风险隐患，主要表现在两个方面：一是原《中华人民共和国物权法》、《中华人民共和国农村土地承包法》、原《中华人民共和国担保法》等法律明确规定农地承包经营权不得抵押；二是金融机构不具有处置农地经营权变现的能力。在法律框架内探索农地经营权资本属性的设计机制是亟待解决的问题。为推动农地金融运行的可持续性，综改区在农地金融风险保障方面做出了具体安排。

一、土地收益保证贷款的风险控制

2012 年 8 月 20 日，吉林省在全国率先提出在产粮大县梨树县进行土地收益保证贷款试点。在当时农地承包经营制度和担保法律制度的框架内，在不改变农地所有权性质和农地农业用途的前提下，农民可将土地承包经营权流转给具有农业经营能力的政策性农业发展公司，由该公司向金融机构做还款保证，金融机构向有资金需求的农业经营主体提供贷款。其运行原理是：借款人将其农地经营权流转给物权融资公司并向金融机构借款后，农地仍旧由借款人经营，如借款人按期偿还贷款，经过回转登记，借款人立即恢复经营权所有人的身份；当借款人不能如约偿还贷款时，物权融资公司会将一定期限内的农地经营权挂牌转包，并以转包收益或政府还贷周转金垫偿金融机构贷款，待新的农地转包人转包期限届满，经营权将再度回归借款人，具体操作流程如图3-10所示。

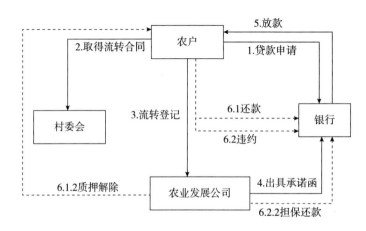

图3-10　综改区农地收益保证贷款的操作流程

资料来源：根据《梨树县农村土地收益保证贷款融资操作细则》绘制。

这一融资方式基于《中华人民共和国农村土地承包法》中关于"允许农地承包经营权转让、转包、出租、互换"的规定，以法人担保融资取代物权担保融资，不涉及将农地权益作为债权抵押而产生的合法性问题，创新性处理了原《中华人民共和国物权法》、原《中华人民共和国担保法》和《中华人民共和国农村土地承包法》中关于农地承包经营权抵押融资的禁止性规定。此外，土地收益保证贷款发挥了具有一定增信能力的第三方农地资产处置平台的作用，解决了因农地经营权的流转处置成本高、障碍多而难以普遍推广贷款的问题。

从运行机制及操作流程的设计来看，综改区的土地收益保证贷款为信贷补偿设置了两层风险控制措施。

第一，农户第一还款来源。第一还款来源是否可以保证取决于农户个人的资信条件及贷款产品设计的合理性。在对农户个人资信条件的考察中，农户向金融机构提交贷款申请，金融机构进行贷前调查。金融机构关注借款人既往信用状况及贷款用途是否符合产业发展前景，考察将农户生产经营性收入作为第一还款来源是否存在不可预期的风险。从贷款产品设计上来看：一是利率水平。农地收益保证贷款的利率在中国人民银行同期同档次贷款基准利率基础上统一上浮30%，执行浮动利率。除政府补贴贷款及扶贫贷款外，该利率定价在其他涉农信贷产品中具有竞争力。二是还款期限。综合考虑授信额度、贷款用途、偿债能力、生产经营周期和农村土地承包经营权证剩余承包期限等因素，与借款人协商确定，原则上为1~3年，最多不超过5年，可有效避免因生产周期与还款周期不匹配而导致的还款障碍。三是还款方式。依据贷款期限，一年期以内一般采用利随本清、定期结息、到期（分期）还本的方式；贷款期限在一年以上的一般采取按月等额本金（息）还款的方式，避免给借款人造成更多还款压力，同时可有效监督借款人。

第二，农业发展公司的连带还款责任。《梨树县农村土地收益保证贷款融资操作细则》中要求农地收益保证贷款采取保证方式发放，农业发展公司作为借款人的保证人需在贷款人处开立保证金账户，保证金账户余额不得低于所保证贷款余额的10%，并向贷款人出具还款连带责任的承诺函。当借款人出现还款不畅或违约的情况，金融机构通过扣除农业发展公司保证金账户中保证金的方式来弥补贷款本息的损失，保障资金安全。农业发展公司则通过两种方式弥补预先垫付的资金：一种方式是农业发展公司可将已流转登记到其名下的农地转包，用转包收益弥补垫付资金后将剩余部分返还借款人；另一种方式是若短期内无法转包农地，则可通过政府设立的风险保障基金弥补垫付资金，后期通过转包收益偿还保障基金的预先支出。可见，第二还款来源的风险保障根本在于农地转包收益。因此，农业发展公司在其提供保证前的调查中会重点考察借款人拟流转登记的农地是否可以接受，借款人在预留出口粮田外拟用于收益保证的农地权属是否存在争议，地块质量、农地面积是否易于流转变现等，以此确定是否为借款人提供连带责任的还款承诺。

二、农地贷的风险控制

按照党的十八大和党的十八届三中、四中全会对土地所有权、承包权、经营权"三权分置"和经营权流转的要求，尊重社会实践对农地用益物权的探索，国务院发布了《关于开展农村承包土地的经营权和农民住房财产权抵押贷款试点的指导意见》（国发〔2015〕45号），随后中国人民银行联合原中国银行业监督管理委员会、原中国保险监督管理委员会、财政部和原农业部印发了《农村承包土地的经营权抵押贷款试点暂行办法》，明确了国家出台相关指导意见和暂行办法的设计意愿、追求的政策效果、具体操作细则及试点区域。农地贷试点出台最深切的意义在于从法律及制度层面落实了农地的用益物权属性，打通了前期社会实践中的法律障碍，释放了有效盘活农村资源、资金、资产的信号，通过有效破解农村地区长久以来面临的金融抑制及金融排斥，依托逐渐扩大农村地区有效担保物范围的方式，增加农业生产中长期和规模化经营的资金投入，促进农民增收致富和农业现代化发展。

综改区共有15个县（市、区）在试点名单之内，农业银行、农村信用社、农村商业银行、村镇银行及农地银行均为试点区农地贷承办行。为此各主办金融机构均出台了农地贷管理办法、操作流程及产品说明书。以综改区农村信用社为例，具体内容如表3-11所示。

表3-11 综改区农村信用社农地贷产品说明书

贷款要件	主要内容
贷款界定	向符合准入条件的借款人发放的，将借款人家庭承包或合法流转取得的农地经营权作为抵押担保，满足"三农"生产经营需要的一种经营类贷款
适用对象	从事生产经营的农户和新型农业经营主体
除抵押贷款一般性条件外需满足的条件	是否从事农地经营两年以上
	是否持有被金融机构认可的权属清晰的农地经营权相关证明文件
	对于转包获得农地经营权的，还需出具农地流转合作协议及缴纳不低于本次贷款2倍以上的流转费用
	生产经营自有资金比例不低于30%
	已办理人身保险及财产保险的享有优先受理权

续表

贷款要件	主要内容
贷款方式	农地经营权抵押担保，不支持循环使用
贷款利率	根据市场化原则自主协商定价，实行差别利率，分为固定利率及浮动利率两种方式
贷款期限	根据贷款用途、生产周期、还款能力和农地经营权剩余年限综合确定，一般不得超过 12 个月，最长不得超过 36 个月
还款方式	1 年（含）以下的，可采取利随本清、定期结息到期（分期）还本方式 1 年以上的，可采取定期结息，按季（年）分期还本方式或按月等额还款方式

从产品定位来看，农地贷与土地收益保证贷款的适用对象与贷款用途基本一致，从还款设计来看，贷款方式、期限及还款方式基本类似，不同之处主要表现在对借款人的要求及产品利率方面。为有效控制风险，农地贷对借款人的要求更为严苛，对第一还款来源的安全性更为关注。此外，由于金融机构直接将农地经营权这一押品作为风险补偿的第二还款来源，为了保障押品的足值、有效，避免处置障碍，金融机构会对拟接收的农地经营权做额外的规定。可见，相较于土地收益保证贷款实际操作上的农业发展公司的法人担保，当农地经营权作为担保品直接被金融机构接收时，两大还款来源的真实性、可靠性、有效性则在产品设计中被体现得尤为突出。此外，两大产品的利率定价机制不完全一致，虽然都采取了市场利率定价方式，但农地贷强调差别利率，这意味着更好的资信条件可享受更优惠的利率，体现了金融机构对借款人本身资信条件评价的重视。

如前文所述，依托"两权"融资试点的契机，与国内试点区类似，综改区农地金融的现实孵化模式同样以农地贷为代表，土地收益保证贷款虽为综改区首创，但自《农村承包土地的经营权抵押贷款试点暂行办法》出台后被并入农地贷管理。因此，接下来的量化证据均基于综改区狭义的农地金融概念得出。

第六节 综改区农地金融发展概要

本章对农地金融试点运行模式、综改区农地金融的制度安排及其实施效果进行了简要评价，并具体介绍了农地金融的风险控制现状，得到如下结论：

第一，综改区的获批是吉林省多年深耕农村金融领域的结果，并以试点的方式被寄予进一步扩大和深入探索资产资本化的厚望。综改区农地金融运行有序，在基础配套设施建设、开办机构、覆盖程度等方面均有所建树。

第二，农地贷在综改区的试点运行从信贷可获性及可获成本两方面降低了信贷配给的门槛，综改区信贷抑制情况得到了缓解。但是异质性农户参与农地贷的意愿存在差异性，对于传统农户来说，增信提额效果不显著，附加多重担保是制约其参与意愿的主要原因；新型农业经营主体则更多是因为农地贷的授信额度有限，无法满足其信贷需求。新型农业经营主体可能存在其他非正规金融机构的融资渠道，对农地贷的参与意愿形成挤占。

第三，通过模型检验发现，若不考虑模型内生性，则会导致样本选择性偏差，高估参与农地贷对各项收入的影响。引入工具变量后，TEM 模型的计量结果表明，参与农地贷对异质性农户的可支配收入和生产经营性收入均有显著的正向边际效用；基于 TEM 模型的 ATE 计算结果显示，这一趋势在平均处理效应下仍然成立，且对传统农户的工资性收入和新型农业经营主体的生产经营性收入的平均处理效应尤为突出。农地贷对传统农户存在政策倒逼效果，将促使传统农户进一步分化。占比 77.16% 的传统农户未来可能在保留农地承包权的前提下流转出农地，发挥人力资本优势，获得更为可观的工资性收入；具备生产经营优势的传统农户则可借助农地贷的边际促进效应实现资本积累，实现向职业农户、新型农业经营主体的转变。农地贷将显著提高新型农业经营主体的财产性收入，平均处理效应可达19.24%。得益于资本投入后规模扩张、技术投入增加带来的衍生效应，"机械租赁"将成为新型农业经营主体未来非生产性收入的一大主要来源。

第四，为有效控制风险，综改区土地收益保证贷款的开展主要从第一还款来源及农业发展公司的连带还款责任两个方面设置风险控制措施；农地贷在更为严苛的借款人资质审查的前提下，更重视用于抵押的农地经营权的担保效力。

由上述结论得到几点启示：

第一，综改区开展农地贷的实践证明，农地贷具备缓解农村地区信贷约束，促进农民增收的政策效果。试点区应坚持农地贷支持农业中长期投资的指导理念，引导农业生产性产出的持续性边际增长，促进农民基于自身资源禀赋状况的自然分化及农业生产结构性调整。

第二，持续完善农地贷制度设计，探索农地股权质押等多种间融产品，鼓励具有"离地"趋势的传统农户的农地流转。传统农户兼业化生产经营模式已极为普遍，工资性收入占比持续攀升是不可忽视的趋势。计量结果反复验证，传统农户参与农地贷对工资性收入增长的效应大于生产经营性收入。从控制变量来看，这部分农户同时具备较高的人力资本能力，在非农收入持续增长的刺激下，"离地"趋势可能进一步加剧。农地经营权流转出去后，无论是股权化红利抑或是政策性补贴红利，承包权剩余价值仍可挖掘，农地贷制度可探索农地承包权资本化的可能形式，以满足农地经营权转出农户的金融需求。

第三，应进一步完善农业补贴机制。农地贷将促使农地价格逐渐回归市场，市场化价格可引导国家各项补贴政策切实补贴"所有权人"。由此释放的生产者补贴及农机补贴将进一步提升新型农业经营主体的收入增长水平，拓展资产的资本性增值空间，促进农业中长期投资的资本积累。

第四，除延续当前农地贷在试点区的推进思路外，还应针对农地细碎化现状寻求"地随权动"的流转方案。通过在一定区域内赋值的标准化价值计算，促进地块互换，农地规模连片集中。"三权分置"后，在农地占有权及使用权适度放松的情况下，农地经营权的风险保障能力提升，有利于放松银行机构对农地经营权单独抵押的顾虑。脱离信用额度的限制，新型农业经营主体可通过抵押合法流转取得的农地经营权获得较为可观的融资支持，缩小信贷配给额度与资金需求间的缺口，提高新型农业经营主体参与农地贷的意愿与收入水平，发挥农地贷红利的作用，合理引导农户回归农村正规信贷，有效缓解农村地区的信贷抑制。

第四章

农地金融制度性风险的形成机理

本章立足于农地金融广义维度下的概念，以农地经营权这一底层资产属性是否具备金融化的前提为切入点，遵循"资源资产化—资产资本化—资本证券化"的金融深化规律，基于农地经营权在不同产权关系时期所应表现出的金融化形式，提出现阶段农地经营权的产权关系、产权规则与所处的市场化环境并不支持将农地经营权全部打包为农地经营权抵押贷款，可能存在农地金融化形式与底层资产错配的制度性风险。具体表现为现实孵化情况与制度意愿背离或偏离导致的制度性风险、产权关系模糊时期不具备金融化基础导致的制度性风险、农地金融供给与实际金融需求脱节导致的制度性风险。对广义维度下农地金融制度性风险发生逻辑的分析有助于把握狭义维度下农地金融信贷风险形成的全貌，进而构建农地金融风险控制能力测度及控制体系的基础。因此，本章将通过历史演绎及逻辑推理的方式尽量把握农地金融制度性风险形成的逻辑框架，对广义维度下农地金融制度性风险的成因进行一一识别，为后文分析狭义维度下农地金融的风险形成提供依据。

第一节　农地金融制度性风险

一、文献回顾

出于尊重既有研究成果、寻求研究基础、挖掘可能的创新点的考虑，第一章已对农地金融风险的研究做了系统的梳理。本章将更有针对性地从广义的农地金融视角与国内外相关研究做简单比对，从相似之处寻求借鉴，从迥异之处自我突破。从国外关于农地金融的研究来看，Field 等（2006）指出私有制下的碎片化农地尽管不存在权属上的分歧，但也不能引起金融机构信用供给的回应，因为小规模农地的所有者在获取授信后会拥有更为强烈的投机动机。国内关于农地金融风险的研究多围绕狭义信贷的可持续性展开。一是对农地贷供给响应方面制度配套的研究（如法律、农地产权制度、风险分散措施）。国内对农地金融风险最为关注的方面与国外关注的焦点存在异曲同工之处，家庭联产承包责任制同样造成了国内农地经营权的分散化及细碎化，这样的农地经营权也不具备资本化的优势，高昂的交易成本和实际处置上的障碍直接阻碍了金融机构授信的热情。但是中国农地经营权产权风险不只因为经营权的分散，产权边界的模糊是中国农地资本化最原始的障碍，农地经营权未从承包经营权分离之前，并不具备物权权益，为广大经济学家所诟病。二是对农地贷风险弥散效应的担忧，这主要是农地承担保障功能的缘故。三是从农地抵押融资的信用风险角度，分析贷款到期无法偿还的影响因素及供给方可能面临的风险。

与既往研究对比发现，中国农地产权结构衍生了国外相关研究之外的关注点，且深受诟病。第一，国内相关研究将农地金融风险定义为农地信贷违约风险，但在分析脉络上，却选择了从制度风险到信用风险简单分层的测度形式，无论从逻辑的构架还是从实证设计的安排上来考虑，都不甚清晰。第二，直接从狭义农地金融的概念出发进行的分析忽略了农地金融诱致性变迁过程中农地资源、资产、资本化形成的背景、原因及其他诱致性过程中衍生的金融形式，导致对当前农地金融供需失去合理性判断，无法形成对农地金融风险的全面性把握，可能对农地金融的制度安排缺乏科学的认识，无法提出有效的风险控制措施。第三，若将农地金融作为间融工具考察其资产撬动与整合的意义，那么需要建立一定的风险容忍度，并提供风险分担或转移的保障措施，但财政性担保缺位、担保能力不足、代偿手续烦琐及代偿后处置能力欠缺等现象在一定程度上削弱了金融服务供给者对风险容忍度的认知。可见，我国农地金融风险的形成并非集中于其狭义概念下信贷工具风险发生的范围，如何客观、合理地认识农地金融风险，为识别其风险点构建科学的分析范式，可能是本书应该进一步探索的方向。

二、农地金融制度性风险的厘定

如前文所述，区别于狭义维度下农地金融工具的根本考量在于还原金融的本质，从底层资产特性分析其金融化的发展历程是否符合金融深化的发展规律，突破金融工具的框架看待农地金融发展的应有之义，是本书所关注的所谓的"广义"维度。

从农地金融载体的角度出发，应回归到农地产权改革及其资本化的设计意愿上。农地金融风险并非一般意义上的金融风险，这一金融活动的载体是农地，按照《国务院关于开展农村承包土地的经营权和农民住房财产权抵押贷款试点的指导意见》（国发〔2015〕45号文件），是农村承包土地（指耕地）。根据顶层意愿，农地金融是深化农村金融改革的创新型工具，在"三权分置"和经营权流转的农地产权制度改革配合下，以落实农地的用益物权、赋予农民更多财产权利为出发点，为有效盘活农村资源、资金、资产，增加农业生产中长期和规模化经营的资金投入，为稳步推进农地制度改革提供经验和模式，促进农民增收致富和农业现代化发展。可见，这一金融创新工具附加了国计民生的政策意图，且金融创新的载体要坚守土地公有制性质不改变、耕地红线不突破、农民利益不受损的底线。因此，从一般意义上分析这一农地金融，进而阐释其风险，可能会因为人为地剥离其他因素导致对其风险源的忽略及后果的忽视。

综上，本书将广义维度下农地金融的风险定义为由于制度变迁及制度缺陷导致现阶段农地经营权的产权关系、产权规则与所处的市场化环境，并不支持将农地经营权全部打包为农地经营权抵押贷款这一金融工具，从而引发的农地金融化形式与底层资产错配的制度性风险。依据对历史使命、资产特性及发展愿景的综合考量，广义维度下农地金融制度性风险的成因具体表现为农地金融的运行实践与制度意愿偏离、农地经营权产权关系模糊时期不具备金融化基础及农地金融服务供给与实际金融需求脱节。据此展开对广义维度下农地金融制度性风险形成机理的分析。首先，基于农地金融诱致性制度变迁的历程，剖析农地金融制度出台的顶层设计意愿，以综改区农地金融的运行实践为例，阐述由运行实践与制度意愿偏离导致的制度性风险；其次，基于农地经营权制度变迁历程与资产金融化的关系，阐释农地经营权产权关系不具备金融化基础所导致的制度性风险；最后，以综改区金融供需的微观调研数据为依据，探究农地金融供给与农村金融需求脱节导致的制度性风险，以期更为客观、合理地认识农地金融制度性风险，构建广义维度下农地金融制度性风险形成机理的分析范式。下面三节将分别探讨广义维度下农地金融制度性风险的成因。

第二节　农地金融运行偏离制度意愿的制度性风险

一、农地金融诱致性制度的变迁历程

农地金融源于欧洲，是发达国家支持农业发展的重要制度安排，中国台湾地区借鉴了相关经验，其遵循的经验是：农地金融制度与农地制度改革同时进行；明晰地权关系，建立流转市场；建立农地金融制度，主要用于解决农业发展的资金"瓶颈"；遵循政府支持、合作信用原则；经济、金融越发达，商业银行越要为农业服务；需要稳定的社会条件做支持。中国的农地金融制度最初是诱致性变迁的结果。农地金融最早可以追溯到 1988 年贵州省湄潭县土地金融公司的试办，后期促成了农地银行的成立，旨在支持县域非耕地资源的开发、扶植县域国有企业及乡镇企业，推动基础设施建设。但是由于资金来源不足、政府干预过深和贷款回收风险过大，1997 年湄潭县的农地金融以失败告终，共亏损 550 万元。自 2007 年以来，以农村承包土地的经营权抵押为重要内容的放宽农村产权抵押贷款条件的试点工作在福建三明、重庆开县（2016 年改为重庆开州）、辽宁法库、山东寿光及浙江宁波等地逐步展开。在耕地资源相对丰富的东北三省最早可从 2012 年的信贷台账中见到农地经营权抵押的数据。党的十八届三中全会提出要探索农民增加财产性收入渠道，2015 年《关于开展农村承包土地的经营权和农民住房财产权抵押贷款试点的指导意见》出台，提出要稳妥有序开展"两权"抵押贷款业务，有效盘活农村资源、资金、资产，增加农业生产中长期和规模化经营的资金投入，2016 年 3 月中国人民银行、中国银行业监督管理委员会、中国保险监督管理委员会、财政部和农业部等部门印发了《农村承包土地的经营权抵押贷款试点暂行办法》，为农村金融机构开展农

地经营权抵押贷款提供了操作依据。从诱致性制度变迁的前提来看：①农村资产增值。根据王兴稳、纪月清（2007）的测算，农地价值大于某个阈值后，金融机构就开始愿意接受农地作为贷款抵押物，这是资本化的客观前提。②农地保障功能的替代。农村社会保障制度的建立与农户多元化收入渠道的挖掘。③产权制度改革将外部利润内部化。④所有权表达和流转以及政府的风险补偿机制。可见，农地金融已具备制度变迁的前提条件，2015 年国家从制度供给的角度给予回应，正式完成了农地金融的制度变迁。

二、农地金融制度意愿的剖析

针对制度变迁的前提条件，即经济发展过程中利用外部利润内部化的诱因来拆解制度供给的意愿是具备合理性的，以《国务院关于开展农村承包土地的经营权和居民住房财产权抵押贷款试点的指导意见》的指导思想为制度设计意愿逐项进行分析。第一，进一步深化农村金融改革创新，加大对"三农"的金融支持力度，提纲挈领地为农地金融的创新定下了基调，"三农"是农村、农业、农民，三者缺一不可，这一金融工具的出台牵一发而动全身，利益波及越广，风险弥散得越快。第二，按照"三权分置"和经营权流转有关要求，引导农地经营权有序流转，以落实农地的用益物权、赋予农民更多财产权利为出发点，一方面强调农地经营权配套改革要完成农地确权，并厘清农地产权的边界，降低契约摩擦；另一方面农地经营权用益物权在于使用和收益，剥离"承包权"附着的农民集体成员权（管洪彦，2017）的含义，更符合市场化规则，从而为财产性收入的来源拓展想象空间。第三，有效盘活农村资源、资金、资产，"有效"在于选择合理并具备可行性的盘活手段，"盘活"则意味着要将沉睡的资产属性唤醒，让固定的农地流动起来，形成稳定的现金流。稳定的现金流要么直接形成农民收入渠道多元化的来源，要么作为资产资本化的基础。第四，增加农业生产中长期和规模化经营的资金投入，顶层设计意愿注重的不是破解传统农耕的信贷抑制门槛。第五，稳步推进农地制度改革凸显了金融实质上的财产跨期交易机制，一方面激发农地资产整合后的收益分配，具体表现为资本红利、资产担保等形式，进一步促进资本在农地上的积累，农地价值提升，资本进一步集聚，形成良性循环的闭环；另一方面可能性违约行为也是农地资产碎片化整合的供给源之一，因此所谓的"政策指向性试错"并非完全背离初衷。由此可见，借助金融针对农地资产的跨期交易，资金富有者与农地资产拥有者之间基于良性的交换机制或非良性的违约交换机制都是农地制度改革的契机。从预判的角度来讲，下一步农地制度改革的方向可能为，农地入市、同权同价——征地、农村集体经营性建设用地、耕地都存在这一问题。出租、入股、转让后，形成的财产如何落实到集体经济组织中的每一个农户或财产权转出农户的身上，即农村集体资产股份合作制改革和农地资产资本化的问题，从目前的经验看，构建农村社区股份合作社可能是唯一的出路。农地相对集中连片的自然特征，农村社区的地缘、亲缘关系纽带，信息相对透明度三方面的优势决定了在农村集体经济组织的框架下建立农村社区股份合作社是交易成本最低、优势最明显的农地制度改革的中介机构。

三、农地金融运行偏离制度意愿的制度性风险

对将试点情况与解读的设计意愿进行匹配梳理：第一，依据德·索托在《资本的秘密》一书中所倡导的，以产权改革为背景，激活农村资产的资本属性是破解金融抑制问题的有效途径。在诱致性制度变迁前提具备的条件下，通过"三权分置"改革释放农地资本属性，以此深化农村金融改革创新是学习先进经验的结果。但是农地资源禀赋的异质性（不同地区的耕地质量、连片程度、人均耕地面积、种植结构、是否有具备谈判能力的中介组织）决定了现金流的稳定程度、预期收益贴现能力，不同资产禀赋的农地资本化程度不一，这就决定了不能将异质性资源禀赋的农地经营权开发为同质性的金融工具。当各试点区在运行农地金融时，并没有从资产金融化异质性的维度考量异质性农地经营权的问题，而是将异质性农地经营权全部打包在农地经营权抵押贷款的框架内寻求其担保有效性的解决方式，这不是解决问题的高效途径，同时会造成异质性资源禀赋的农地与同质性金融产品错配的风险。第二，强调在"三权分置"的农地产权制度改革背景下进一步促进农地经营权流转，以落实农地的用益物权，赋予农民更多财产权利，更多针对的是传统农户手中碎片化的承包经营权，家庭联产承包责任制均分农地的政治和经济背景已然发生了改变，借助金融工具的市场化手段，重新整合农地是一种必然。财产权利更多指的是农地经营权的租赁收益、信托收益、股金红利等表现形式，而非间接融资形式（宁

夏、黑龙江和吉林等地均采取了依托碎片化经营权的抵押融资模式），真正的潜在借贷者是规模农业经营主体、农业产业融合投资方等。第三，有效盘活农村资源、资金、资产，金融可以通过财产的跨期交易吸引资本集聚，同时金融也可以间接地实现要素的整合，达到 1 加 1 远远大于 2 的增值效应。农地经营权抵押试点遍布全国 232 个地区，用全国耕地流转趋势大致代表试点区耕地流转情况，自 2015 年"两权"指导意见落地以来，截至 2017 年末，全国耕地流转面积占家庭承包地的比重连续两年呈增长趋势，延续了 2011 年以来耕地流转的增长趋势，但增长率并没有显著提高，即农地金融的要素盘活情况尚未显现。2016 年农林牧渔业总产值（亿元）的增长率为 4.7%，2017 年为 2.3%，从农林牧渔业总产值增长率呈下降趋势。① 第四，试点区农地金融给予了新型农业经营主体跨越二级信贷配给门槛的绝佳机会，从农户分化的角度，依据 2018 年吉林省农村信用社和中国农业银行吉林省分行的贷款投放明细表，农地经营权抵押贷款的当期余额已出现负增长的情况，依据不同贷款的用途及担保方式进行描述性比较，对于小农户来说，农地经营权无论是自有承包地还是流转地，都没有单独抵押的可能，而是作为增信手段（合作社内的联保或用入股证抵押，或直接采取自发形成的联保小组、互保小组或小额信用增信）。对于规模主体而言，多以直接抵押或反担保为主，一般不附加其他增信方式。从跨越信贷配给的门槛角度来看，小农户拥有信用授信额度，依据各行的授信评级表，每三年对农户信用等级进行一次评定，每个信用等级有固定授信额度（信用评级表包括农户信用总体情况 70 分、农户综合素质 25 分、信用环境 5 分，分为 AAA、AA、A、B 四个等级）。小农户若不能通过信用评级获得授信，则更不会通过农地经营权抵押获得授信，因此寄希望于农地经营权可以帮助小农户跨越一级信贷门槛的想法有些想当然了。农地经营权抵押可以在原信用评级的基础上增加授信额度，但一般不会突破农村信用社省级联社或省分行制定的信用授信的最高额度。也就是说，可以帮助小农户跨越二级信贷门槛，但力度有限。新型农业经营主体拥有集中规模连片的农地经营权，若这个经营权是一年一流转的租赁农地，经营权实为债权，是无法担保的；若农地是入股、转让或预付了几年的经营权租金的农地，这个经营权就是物权，具备抵押权利。但是在农地经营权不可抵押前，这个经营权

① 资料来源：国家统计局网站。

也是无用的，除发挥生产性职能外，无法作为将资源资产化、资本化或金融化的载体。虽然新型农业经营主体与传统农户一样，可以通过信用评级获得一部分授信，或依靠农机、担保公司等获得授信，但大部分新型农业经济主体并不会选择通过金融机构获得不高于5万元或10万元的授信。他们更多是通过亲戚朋友等非正规借贷渠道获得流动资金。更多想要扩大生产经营规模或跟随国家政策进行科技农业、设施农业、农地整理开发的主体因无法依靠手中拥有的农地经营权贷款，浪费了重要的授信载体，从而无法获得大规模融资支持，限制了农业生产经营的发展。当农地经营权可以贷款，新型农业经营主体凭借取得实际物权权益的经营权可获得评估价值50%~70%的贷款额度，综改区对新型农业经营主体发放的农村土地整治贷款最高额度为2800万元。农地经营权提额增信效果十分明显。第五，试点区均设立县（市、区）三级农地流转平台，通过信息发布、政策指导、价格发现等功能推进农地价值的市场化实现机制建立；物权管理平台等农村资产性管理组织的价值评估、农地集中、整理、收储功能还发挥了保障农地流转市场供需平衡的职能。此外，此类平台一般为市场化运转的政策性机构，在试点区还同时担任农地金融担保人的角色，促使农地资产向资本转化。从农业进一步分工、农户分化、城镇化进程稳步推进、农村新增劳动力持续下降及农村社会保障体系完善的角度来看，促进农地逐步集中、完善承包地退出农户补偿及保障机制、降低农业生产性用地门槛是下一步农地制度改革的方向，也是农地金融可持续发展的保障。

综上可见，根据《国务院关于开展农村承包土地的经营权和农民住房财产权抵押贷款试点的指导意见》，将农地金融制度的设计意愿拆分为五点，将各试点区发展现状与意愿的解读进行对比，发现第一、第三点与制度设计意愿存在背离，第二、第四点存在偏离情形，第五点在与设计意愿相符的基础上存在一些不完善，与制度意愿存在的背离、偏离及不完善之处则蕴含着可能的风险曝露点。

第三节　农地弱产权金融化导致的制度性风险

由广义维度下的农地金融风险概念厘定可知，农地经营权作为底层资产的特性是否具备金融化的基础是农地金融制度性风险形成的重要根源。中国的农地经营权在未与承包权分置前，存在产权关系模糊、产权负载社会使命、产权主体虚置、产权红利尚待释放及产权权益缺失等不适宜金融化的弊端，这一时期民间对农地金融的自发性探索面临农地产权关系与产权规则不支持金融化的风险。

一、农地弱产权的风险

家庭联产承包责任制下的农地产权在公共领域内的滞留、产权的残缺及剩余权利的存在均影响产权强度（罗必良，2011）。因此，"三权分置"改革推行了"明晰所有权、稳定承包权、放活经营权"的改革方针。其中的"放活经营权"演变为农地资产资本化的法律载体，构成农地金融诱致性变迁中的基础制度供给。

二、产权附加社会使命的风险

对社会保障的理解大致分为以下三种观点：第一，社会保障与社会保险无异；第二，社会保障实质上是一种分配关系；第三，社会保障是一种安全保障制度。在我国，社会保障主要包括社会保险、社会救助、社会优抚和社会福利等内容。由于城乡二元结构导致以上社会保障内容实施的主要范围是城市地区，过去长期以来农村地区并未真正建立起社会保障制度，农民的基本生活、医疗、养老等基本问题均需依赖农地的保障作用。当农民没有实现足够的财富积累时，农地是供给基础生活资料和生活保障的渠道；当农民从事非农生产遭遇挫折时，农地是农民的失业保障，农地不仅是农民生存的保障，更是其精神的支撑。杜润生曾指出，对农民来说，农地不仅是当前生产的主要依据，而且还被当作以后家庭的福利保险。可见，农地在一定时期内确实承担了社会保障的功能。若农民将赖以生存的农地抵押后因无法按时还款失去一定年限的农地经营权，则意味着农民将丧失生存的保障，从而引发社会风险，这是阻碍农地资产资本化的社会原因之一。

三、产权主体虚置的风险

家庭联产承包责任制是来自农民对生存及潜在权益渴望的自下而上的诱致性制度变迁，这在调动农民的积极性、释放农业生产力方面的确取得了很大的成就。随着市场经济的发展，家庭联产承包责任制本身的局限性也逐步显现出来。

四、产权红利尚待释放的风险

中国农业生产经营的模式已由传统农业向现代农业转变。从农业生产的家庭核算基础来看，农业的家庭经营制度具有不可替代性，但在产权细分与农业分工的背景下，家庭经营具有广泛的适应性。单纯地依赖于农地流转来谋求农业的规模经营可能存在操作上的困境与政策上的偏差，但如果将家庭经营卷入分工活动，农业的规模经营就可以通过农地规模经济与服务规模经济两个路径来实现。"盘活农地经营权、扩展家庭经营空间"将成为基本的制度主线，以农地"集体所有、家庭承包、管住用途、产权细分、多元经营、分工深化"（可简述为"集体所有、家庭承包、多元经营"）为主线的制度内核，将成为我国新型农业经营制度的基本架构。在这一主线下，农地作为农业生产经营的主要生产资料将经历从碎片化到规模化的整合过程，单块农地所需的劳动力将随着农地的连片规模化程度的提升而被机械化逐步取代，在社会保障制度和城镇化务工机会的"输血式"和"造血式"双重保障下，允许大量滞留在农地上的具有多元化收入渠道的农民脱离农地的束缚，人地关系的紧张程度得以缓解。当土地的社会保障功能从农地这一收益性资产中剥离出来后，无论是农地上通过社会化服务手段深耕的边际收益还是资产的资本溢价都将获得表现机会，农地制度、现代农业及城镇化发展进程中的红利效应尚待"时间换空间"的方式释放。

五、产权权益缺失的风险

民间自发性的农地金融探索之所以根基薄弱，除上述原因外，农地经营权缺失用益物权下的抵押权也会导致农地金融面临"无根之木、无源之水"的先行探索风险。以梨树市农地收益保障贷款为案例，可详细拆解产权权益缺失导致的农地金融面临的制度性风险。

（一）梨树市创新农地收益保证贷款的背景

综改区于 2012 年对梨树县 3046 户农民进行入户调查，结果发现：第一，农民户均融资需求为 3.5 万元左右，其中最低为 2400 元，最高达几十万元；第二，农民融资主要用于发展先进的养殖业、种植业、棚膜经济以及商贸、流通和消费领域；第三，农民融资的平均成本在 24% 左右，如果将农民未告知的高利贷因素考虑进去，这个数字还应上调。据此估算，吉林省 400 万农户按照户均 3.5 万元的融资需求计算，农村融资缺口就是 1400 亿元，如果再将农业龙头企业、合作社的融资需求考虑进来，这个数字将超过 2500 亿元，这与现阶段全省涉农贷款 2600 亿元基本持平[1]。要解决农民增收、粮食增产的问题，需先解决农民融资难、融资贵的问题，这推动了农地收益保证贷款这一金融工具的创新。综改区于 2012 年推出农地收益保证贷款，这是用农地预期收益作为还款根本保证的融资方式。在不改变现行农地承包经营制度和农地农业用途的前提下，借款人将一部分农地承包经营权流转给具有农业经营能力的农业发展有限公司，并用该部分农地承包经营权的预期收益作为还款保证，同时农业发展公司向贷款人出具愿意承担连带保证责任的书面承诺，贷款人按照约定的贷款利率，向借款人提供贷款。从其基本做法可以发现，其实质是"收益权+反担保"的模式，金融机构接受的是农业发展公司提供的法人担保，借款人的农地预期收益是农业发展公司法人担保的基础。看似迂回的担保方式实际上是基于当时中国的农地制度，是确保金融机构担保品有效的权宜之计。第三方担保不仅大大降低了金融机构的贷款风险，农业发展公司作为独立的农地融资平台亦可借此规范和激活农地流转市场，形成基于农地价值的有效变现形式。

（二）试点区制度性风险的剖析

农地收益保证贷款得以开展的原因在于反担保机制的畅通。洮南市、大安市及通榆县三个试点区分别建立了农业发展公司。相较于 2013 年 8 月，

---

[1] 资料来源：2012 年 12 月 6 日吉林省金融工作办公室在全省农地收益保证贷款试点推进工作会议上的讲话的整理稿。

农村土地收益保证贷款试点一年后，22 个县（市、区）发放贷款 2.96 亿元，共 7464 笔。截至 2018 年 3 月，贷款存量余额拓展 7.35 倍，贷款覆盖借款人基数增长 6.4 倍，可见，综改区土地收益保证贷款存量呈增长态势①。

土地收益保证贷款的快速发展一方面说明了综改区梨树县农村金融抑制程度，另一方面暴露出了风险规避蕴含的风险。作为贷款类的金融创新工具，其风险表现为损失风险与收益风险。按照正常、关注、次级、可疑及损失五级分类标准，后三种为不良贷款，即发生贷款风险，其原因一般为不能正常还贷（不能还贷指商业银行在贷款款项拨出后，在采取所有可能的法律措施和一切必要的法律程序之后其本息仍然无法收回或只能收回极少的一部分）；抵押不能变现（即抵押权不能实现，指当抵押财产所担保的债权已届清偿期而债务人未履行债务时，由于抵押物的损坏、严重缺失、债务人的违法行为致使抵押物被收缴或征用，抵押设定无效或被撤销等原因，导致抵押权无法行使）；质押不能实现（质押不能实现是指债权已届清偿期而未获清偿，因质押物的损坏，灭失或已返还质物人，致使债权人无法行使质权或质权消灭）；保证虚置（保证是由债务人以外的第三人向债权人承诺，当债务人不履行债务时，由其代为履行或承担连带责任的担保方式。保证虚置是因为保证人资格不适格，使保证不成立，或因保证人没有充分的财产保证当债务人未履行债务时由其代为履行等因素，致使保证流于形式）；担保无效（担保无效是指因担保人的主体资格不适格或担保内容违法等原因，致使担保失去法律效力或被权力机关撤销）。因此，从风险规避的金融工具设计、运行的角度关注那些会导致以上风险发生的因素是必要的。

从设计思路上看，第一，农业发展公司的出资、政府支持给予其代偿能力及政府信用，具备提供担保及保证的能力；第二，当农业发展公司获得借款人流转的农地承包经营权后，转包给借款人后的预期农地收益具备现金流贴现的操作可能，农业发展公司具备提供保证的依据；第三，预留的部分口粮田降低了农地社会保障功能丧失的风险；第四，以流转收益评估价值的 70% 确定最大授信额度，为风险补偿预留出处置空间；第五，农业发展公司通过转入借款人的农地承包经营权，从而具备农地承包经营权

---

① 资料来源：吉林农村金融研究中心编的《吉林农村金融发展报告》。

权利人的法律地位。根据 2016 年 6 月 29 日农业部印发的《农村土地经营权流转交易市场运行规范（试行）》，农地经营权流转交易的流出方必须是产权权利人，或者受产权权利人委托的组织或个人，可见，农业发展公司具备农地经营权的处置权利。综上所述，从金融工具创新的设计思路来看，土地收益保证贷款较为合理。从贷款授信依据的角度来看，除要求农地承包经营权权属清晰外，其他授信依据与抵押类贷款授信依据一致，且要避免盲目投资和过度消费。从贷款参与主体的角度来看，土地收益保证贷款的运行有赖于农业发展公司、金融机构与可提供有效反担保品的借款人三方的共同参与。从授信风险承担的角色来看，农业发展公司的担保能力决定了土地收益保证贷款的可持续力，而该产品的生命力则与金融工具设计上的激励约束机制、贷前审核、贷后管理及保证的可持续性相关。可见，农业发展公司的代偿能力（杨利峰、湖滨，2016）、授信额度与押品价值的动态匹配管理、还款周期与贷款用途的匹配管理及农业发展公司对农地经营权的处置能力是风险管理需要关注的方面。从农地经营权产权关系不具备金融化基础的历史阶段来看，农地产权经历了由附加社会功能的保障性资产向经济性资产过渡的发展历程，农地金融也由不存在社会基础过渡到民间自发探索。从收益或损失的不确定性角度来考虑，附加社会功能的保障性农地资产注定需要承担外部利润的损失，只不过是基于农地资产禀赋及所处经济环境的异质性，外部利润损失的额度难以明晰。当农地资产由保障性资产向经济性资产转变时，民间自发性探索农地金融的可能形式才会浮出水面。当然，这些探索的根基注定薄弱：第一，资产资本化的载体没有法律依据；第二，资本化现金流的稳定性缺乏制度保障；第三，现金流的挖掘程度较浅，资本化形式单薄，缺乏风险对冲机制；第四，探索成果需要时间的打磨，短期内难以客观评价。因此，民间自发性探索的农地金融注定面临"时机未至"所导致的风险。

第四节　农地金融供需脱节的制度性风险

《国务院关于开展农村承包土地的经营权和农民住房财产权抵押贷款试点的指导意见》的出台为农地担保职能的突破打了一剂强心针，综改区在

《吉林省农村金融综合改革试验方案》中明确提出，要开展农村资源资本化改革，扩大抵质押担保物范围。在农村金融多年抑制的催化剂作用下，综改区展开了农地经营权试点范围内全面展开的态势，也正是这种大刀阔斧的态势，试点范围内的农地金融活动出现了与设计意愿背离及偏离的情况，而农地金融服务供给与实际金融需求脱节导致了制度性风险的发生。

一、异质性农地资产与同质性金融工具

耕地质量、地块整合度及种植结构的差异决定了农地普遍呈现的异质性特征。①耕地质量差距较大。综改区整体耕地质量位于中国耕地质量评估的中等地区域，截至 2015 年末，没有耕地符合 1~5 等耕地质量要求，5~8 等耕地 247.94 万亩，9~12 等耕地 9470.1 万亩，13~15 等耕地 4696.73 万亩①。按该划分标准，综改区耕地质量最优与最劣间相差 10 个等级；②地块相对分散。由于农地流转期限短、规模小，综改区农地地块相对分散。调查表明，吉林省农地流转期绝大多数为 1 年和 2~5 年，短期流转行为不利于集体经营和对农地的投入养护，造成地力下降，影响产出率。以吉林为例，截至 2015 年末，流转期限为 1 年的有 15526 户，面积为 14940 公顷，占耕地流转面积的 41.5%；流转期限为 2~5 年的有 10919 户，面积为 10922 公顷，占耕地流转面积的 30.4%；流转期限为 6~10 年的有 4809 户，面积为 4353 公顷，占耕地流转面积的 12.1%；流转期限在 10 年以上的有 7249 户，面积为 5754 公顷，占耕地流转面积的 16.0%。从流转规模来看，农地流转绝大多数限于亲邻之间，农地流转面积小且分散，没有集中连片形成规模。由于农地承包时地块好坏搭配，致使不少农户有多处小块田地，整体效能不高，制约了农地流转的规模。同样以吉林省为例，流转规模达 2~10 公顷的农户有 4200 户，面积 12012 公顷，占耕地流转面积的 33.4%；流转规模达 11~50 公顷的农户有 21 户，面积 306 公顷，占耕地流转面积的 0.85%。白城市仅有 2.19 万户进行过农地流转，占总户数的 7.6%。② ③种植结构不同。综改区东部为绿色转型发展区，持续推进退耕还林、退粮还

---

① 资料来源：原国土资源部办公厅依据《农用地质量分等规程（GB/T 28407-2012）》对 2015 年全国耕地质量等别更新评价的主要成果。

② 资料来源：《关于吉林省农村土地流转问题及建议》，土流网，2015 年 7 月 16 日。

特，积极发展人参、中药材、林蛙、食用菌和休闲旅游、生态养生产业，构建特色型种植业结构。中部为创新转型核心区，立足优势玉米、水稻产业带，构建玉米、水稻主粮型种植业结构。西部为生态经济区，旨在调减耗水、耗肥量大作物，因地制宜地发展杂粮、杂豆、油料及饲料作物，构建生态适应型种植业结构。城郊主要突出蔬菜、水果、花卉等高效园艺生产，构建设施高效型种植业结构。不同种植结构地区的耕地补贴与产值均不同，意味着耕地的内在价值存在差异，体现为流转价格不同。

耕地资源禀赋的异质性决定了现金流的稳定程度、预期收益的贴现能力，应根据不同资产禀赋的农地进行资本化程度不一的金融化操作。综改区目前基于农地资产的金融化行为仅有租赁及担保两种形式，金融化程度较低，其中农地租赁是基于农地流转的较为普遍的金融化行为，租赁双方一般会根据农地资源的禀赋特征对现金流的稳定程度及收益的预期贴现能力达成一致性的定价，虽然仍有部分绩效损失及红利的外溢，但实际参与门槛较低，覆盖度较好；担保职能是为了实现农地的间接融资功能，主要是作为抵押贷款的担保品。可见，综改区基于农地经营权的金融化形式还停留在较为初级的水平。

农地抵押在实际操作中除权属问题外，仅对权益的实际处置空间有门槛式的规定，即要求农地经营权剩余年限在 3 年以上。在如此单一的门槛基础上，农地抵押的实际绩效却并不尽如人意。截至 2016 年 11 月末，15 个试点县（市）承包土地经营权抵押贷款余额达 10 亿元，年内累计发放 1.7 万笔，金额合计 6.8 亿元。[①] 2017 年末为农地贷两年试点运行截止期，贷款产品生命周期未完成等原因会影响试点绩效的评估。2017 年 12 月 27 日第十二届全国人大常委会第三十一次会议决定，农地贷试点期限延长至 2018 年 12 月 31 日。截至 2018 年 11 月，从综改区农地金融主办机构之一的中国农业银行吉林省分行了解到，2018 年农地贷新增 519 笔，总计 1.73 亿元，同比少投放 147 笔，共计 0.76 亿元。其下降原因总结为以下三点：第一，农地贷出现逾期情况，逾期的押品处置缺乏流转平台，农地经营权变现困难，促使各行开办时更加审慎；第二，农地收储制度改革以后，农地流转价格大幅下跌，贷后管理中的押品价值与贷款授信额度比例不匹配，押品价值补充困难，同时拟抵押农地估值较低，2018 年初，公主岭市每公顷农

---

① 资料来源：《吉林省推进农村承包土地经营权抵押贷款试点工作》，2016 年 12 月 20 日。

地流转价格从 1 万元跌至 3000 元，授信额度有限；第三，金融机构信贷产品铺设导向发生变化，中国农业银行 2018 年主打涉农产品"惠农 e 贷"等业务，是一款依托互联网大数据技术，专门为农民设计的线上化、批量化、便捷化、普惠化的贷款产品，主要面向从事特色产业经营、农村电商购销、农业产业链供销，以及在中国农业银行有金融资产或信贷关系的客户，贷款可用于生产经营和消费，起点额度为 3000 元，最高额度根据客户资产、收入、担保等情况核定，授信额度有效期最长为 5 年。从贷款设计上来看，"惠农 e 贷"以信用担保为主要授信方式的设计理念是对农村地区一直以来运行的预授信农户互保、农户联保等信用贷款的升级，"惠农 e 贷"的客户群体指向明确，信用评估更加准确，贷款用途不再仅限为生产经营性用途，将在很大程度上挤占其他贷款产品，包括关系主导型农地贷的小额贷款层面的授信额度增长，直接体现为贷款新增笔数下降。此外，"惠农 e 贷"在授信额度的确定上明确指出将根据客户的资产、收入、担保等情况核定，意味着"惠农 e 贷"就此打破了信用类贷款小额、短期的呆板印象，对借款人信用的授信也可作为大额长期贷款的基础，因此形成对农地贷新增额度的挤占。此外，农业银行取消了两年试点期内对农地经营权抵押贷款的专项激励，激励机制取消后新增额度的下降也在一定程度上暴露出了农地贷风险增加的问题。

在抵押形式的金融化之外，债券、基金、期货、信托等需要在农地整合基础上再操作的衍生化金融活动在综改区没有体现，而这种包容性较强的金融衍生品从供给方的接收体量、风险承受度及需求方的多元化金融需求的角度来看能够更好地适应农地资产禀赋的异质性。

综改区农地贷自试点起其"大刀阔斧"的运行模式所暴露出的"异质—同质"对应问题、担保类型挤占问题引发了以下思考：现阶段农地资产禀赋的金融化形式是否应止步于直接抵押？相较于农地收益保证的中介机构反担保形式，中介机构的存在是否必须？中介机构是应为碎片化农地增信并进行整合，还是应更关注规模农地的增信工作？因为综改区一度的基调是将农地收益保证作为曲线救国的工具，当农地能够直接抵押后，倡导将土地收益保证贷款与农地经营权抵押贷款合并。对于这一问题，以上现状及问题的分析已经解答疑惑，供给是否有效还要基于需求端的诉求，接下来就综改区的农村金融需求情况考察供需的匹配性，以得出相对科学、客观的结论。

二、综改区农村金融的供求失衡

农村金融始终存在供需失衡的现象，而通常用于描述这一现象的两个概念是金融抑制与信贷配给。金融抑制是指政府通过对金融活动和金融体系的过多干预来抑制金融体系的发展，而金融体系的发展滞后又会阻碍经济的发展，从而造成金融抑制和经济落后的恶性循环。信贷配给是指在固定利率的条件下，面对超额的资金需求，银行因无法或不愿提高利率而采取一些非利率的贷款条件，使部分资金需求者退出银行借款市场，以消除超额需求并达到平衡。中国农村地区存在金融抑制与信贷配给是学界较为一致的结论。对于农村地区的金融抑制的确是无争议的，但信贷配给的情况各地的表现尚存在一定的异质性特征。第三章以农地金融对信贷抑制的破解效果为评价标准之一，客观描述了农地金融的实施效果，得出农地金融的开展对信贷抑制具备一定的破解作用。本节将从农户的需求端与金融机构的供给端的调查结果出发，比对综改区农村金融的供需匹配情况，从信贷抑制破解深度的角度进一步进行论证。

三、综改区农村金融需求状况的分析

2017 年 3 月到 2018 年 4 月，课题组选取综改区的梨树县（位于"黄金玉米带"）、龙井市（肉牛养殖基地）、延吉市（肉牛养殖基地）、榆树市（商品粮重要生产基地）及农安县，先后三次进行包括农户、主办金融机构及物权服务平台在内的问卷实地调研。

2017 年，吉林省农村常住居民人均可支配收入达到 12950 元，增长6.8%；农村常住居民人均消费支出为 10279 元，增长 8.0%。[1] 从 2018 年 4月反馈的调研数据来看，进一步跟踪综改区农村居民的户均收入与支出水平，传统农户的户均可支配收入为 3.1798 万元，户均支出为 2.0721 万元；新型农业经营主体的户均可支配收入为 22.6343 万元，户均支出为 15.0721万元。从支出结构来看，传统农户和新型农业经营主体的生产性支出约占总支出的 27%，生活性支出的占比约为 71%。其中教育支出约占总支出的

---

[1] 资料来源：《吉林省 2017 年国民经济和社会发展统计公报》，吉林省统计局。

33%，医疗和人情支出的占比在 10% 左右。绝大多数农户的金融需求来自存款、贷款及保险。农村金融机构所提供的存款和汇兑结算等金融服务基本覆盖了 90% 以上的行政村，相对来讲，农户的存款需求基本得到满足。调查表明，近一半的农户选择的是定期存款，存款额度在 2 万~5 万元不等。这说明农户存款并不主要用于应付短期支付。农户存款有多种用途，其中供子女上学是最普遍的用途，建房、婚丧嫁娶和养老等用途也占较大比重，90.13% 的农户表示存款并不是为生产性支出做准备的。因为农业保险的缴纳有政府财政资金补贴，所以从事养殖类生产经营的农户对农业保险的需求非常强烈，种植户的需求相对较弱。

（一）农户的借贷状况

非正规渠道借款是农户消费类和突发应急类需求的主要渠道，包括亲友之间的借贷、向民间金融组织借贷等，非正规渠道借款的特点是借贷笔数较多，但金额不高。调研地区的农户从非正规渠道借款的笔数均值为 7.9 笔，最高达 200 多笔；借款额度最低为 20 元，最高达 76 万元。2017 年 4 月至 2018 年 4 月有借贷需求的农户占比为 54%，其中获得借款的农户占 31%。从借款渠道来看，向非正规渠道借款的笔数占全部借款笔数的 45.81%，其中亲友借款占 73.9%，而向民间金融组织借款的比例非常小；向正规金融机构贷款的笔数占全部借款笔数的 54.19%，其中信用社的贷款占比 71.49%，邮政储蓄银行的贷款占比 12.7%，从农业银行获得贷款的占比 9.43%，从其他农村正规金融组织贷款的占比 6.38%。农户的生产性需求一般首先诉诸正规金融渠道，只有当贷款额度大幅小于实际用款需求时才会转向非正规渠道借款。

（二）农户借款趋势

调查中农户单笔借款平均为 15311 元。农户借款以小额为主，3000~5000 元的单笔借款数量占所有借款笔数的 52.3%；1 万~2 万元的借款笔数占 24.6%；2 万~5 万元的借款笔数占 18.1%；5 万元以上的借款笔数仅占 5%。

（三）农户借款以短期为主

农户借款的平均期限为 14.5 个月，有 70.3% 的借款是在 1 年以内，

90%以上从正规金融渠道借款的期限小于 12 个月。虽然大部分非正规渠道的亲友借款的期限与正规金融机构的贷款期限相当，但亲友借款一般对期限有很大的灵活性。

（四）不同类型农户的借贷需求存在差异性

随着农业产业分工、农村产业结构的不断调整，农户类型发生分化，传统农户可以分为纯农户、兼业 1 型农户和兼业 2 型农户（郭庆海，2018）。调研样本中大部分农户是兼业型农户，纯农户只占 24%。其中兼业 2 型农户占比 41.7%，个体工商户占比 19.5%，专业种养大户占比 6.1%。不同类型农户对资金的需求不同，纯农户、个体工商户和种养大户的借款主要用于生产性用途，对生产性资金投入的需求越来越大，68.9%的务农型农户希望更高的授信额度。兼业型农户尤其是兼业 2 型农户的借贷需求更多是消费性的，所需的借款金额一般在 2 万元以内。从收入情况来看，高收入农户具有更多的生产性借贷，而低收入农户具有更多的生活性借贷；低收入农户更倾向于从非正规渠道借款，而高收入农户更多采用正规渠道借款。

综上所述，依据农户生产类型及结构，农村金融需求呈现异质性特征。从收入类金融工具来看，农户仅对定期存款有参与，但参与的目的并非资产增值，更多是为了积累和防盗；从风险补偿类金融工具来看，农业保险在政府财政补贴的支持下覆盖率逐年提高，财产公司农业保险保费收入和农业保险赔款及给付呈现增长趋势；从对融资类金融工具的需求来看，农村地区基本还是依靠金融中介机构开展间接融资活动，但务农型农户中的个体工商户、种植大户在贷款需求方面呈现出授信金额增加、期限进一步延长的生产性投资需求；而兼业 2 型的务工型农户更多体现出消费类贷款需求，贷款期限普遍较短、金额较小。

（五）综改区农村信贷供给情况的分析

以 2017 年末吉林省农村信用社的信贷数据为例，对农村信贷供给情况展开说明。2017 年吉林省农村信用社联合社主要投向占比与调研了解到的情况基本一致，抛开企业法人与涉农其他用途贷款，占比最高的为授信给工商户的农副产品流通；其次是大田种植，即所有贷款用于种植业；再次是涉农消费，一般该用途的统计口径为农村居民的消费类贷款；而后是养殖类贷款；最后是以农地经营权为载体的农地整理开发类贷款，其中包括农地的整理开发和流转租金使用（见表4-1）。

表4-1 吉林省农村信用社涉农贷款投向

贷款用途	涉农贷款	涉农企业一般流动资金	农副产品流通	大田种植	涉农消费	养殖	农地整理	其他特色农业	农业机械化	涉农固定资产投入	设施农业	棚室	城镇建设相关工作	涉农其他用途
笔均（万元）	8	597	73	8	2.20	15	29	106	8.64	33.74	100	86	22.22	34
占比（%）	1	17.69	10.11	8.04	4.20	4.04	1.16	0.81	0.66	0.35	0.25	0.25	0.1	7.03

从担保方式的划分来看，担保公司仍是强大的授信担保主体，颇受各类金融机构的青睐，居授信额度榜首；其次是资源抵押，含农地（耕地）经营权、四荒地、草原、水面等，单笔授信额度的均值为48万元；再次是厂房、场地抵押；最后是农户互保，笔均授信额度达7.47万元，是农户小额贷款授信额度的3倍（见表4-2）。

表4-2 吉林省农村信用社涉农贷款担保投向

担保方式	涉农贷款	担保公司	资源抵押	厂房、场地抵押	农户互保	农户小额信用	企业保证（公司+农户）	林权抵押	活体抵押	农机具抵押	农户住宅抵押	动产抵押
笔均（万元）	25.03	503.83	48	411.04	7.47	4	792.69	87.50	277.93	5.69	8.80	71.59
占比（%）	1	18	15.14	7.75	5.75	1.19	4.73	0.04	1.98	0.05	1.57	1.53

从投放主体来看，其他涉农自然人是涉农贷款投放的主要对象，这里的其他涉农自然人包括通过取得农地（耕地）经营权，开展农业生产经营活动的个人，还包括从事农村个体工商业经营的非集体经济组织中从事农业经营的成员（自然人），其次投放的主体是一般农户，再次是农业企业，

最后是合作社（见表4-3）。

表4-3 吉林省农村信用社涉农贷款主体投向

贷款主体	一般农户	种植大户	养殖大户	涉农个体工商户	其他涉农自然人	家庭农场	合作社	农业企业
笔均（万元）	5.44	41.23	30.60	63.85	46.76	90	319	490.64
占比（%）	8.17	1.55	0.24	2.04	9.08	—	2.91	3.64

将三个表格做横向对比，农村正规金融机构的信贷供给保持以为农业生产经营提供资金支持为主导，考虑到需求端的涉农消费需求增长强劲，涉农消费余额占比仅居大田种植投放之后，位于农业整理开发性（农地整理开发）工作之前。从笔均授信额度来看，具备企业资质、规模经营、农副产品流通等规模报酬较高或边际效率仍处于上升阶段的农业生产经营模式相较于其他贷款投向确实能够获得更高的授信额度；由于大田种植与养殖并未剥离纯农户、兼业户及新型农业经营主体，因此授信额度高于需求端调研中了解到的需求额度；消费类贷款笔均授信额度与需求端相当。

从担保方式的笔均投放量来看，担保公司或企业法人的贷款笔均授信额度较高，远远高于其他担保方式，资源抵押的授信额度也相对可观。

将担保方式与投放主体做对比，投放主体中将农户群体进行拆分，一般农户的授信额度笔均5.44万元，高于采用农户小额信用贷款的笔均授信额度（4万元）。一般农户即传统农户，可见传统农户的最终授信额度是在农户小额信用担保的基础上增信的结果。

再将投放主体与贷款投向做对比，发现种植大户和养殖大户的笔均授信额度远远高于大田种植和养殖的笔均授信额度，说明种植大户和养殖大户在实际获得贷款后不一定全部用于种植或养殖的直接生产经营性投入。

从综改区农村信贷需求与供给的比对情形可以发现，农村金融供需间整体呈匹配均衡的状态，信贷工具创新性较好，规模经营主体并非丧失抵押能力，资源类资产、动产、农机具，甚至奶牛活体等都具备抵押权能，且授信额度较高，可解规模经营的资金缺乏问题。一般农户的信贷需求与供给的对接情况仍然存在匹配度上的问题，若考虑农地经营权的异质性禀赋因素，其承载金融活动的使命更不可一概而论。

以上信贷数据与调研数据的比对可能还存在对接不完善之处，为此还走访了主办农地金融的信贷员。从信贷员在预授信及贷前调查阶段掌握的情况来看，未脱离农业生产经营的农户的生产经营能力、家庭结构、家庭负担决定了其收入结构。生产经营能力较强的农户，一般正值青壮年，处于4—2—2的家庭结构，家庭支出较多。若为职业农民、纯农户，适度扩大生产规模是其生产经营的阶段性目标。若通过农户小额信用担保的方式授信，笔均授信额度为4万元；若能够附加其他农户组成互保小组，则可将授信额度提至7.47万元；若农户附加设施农业、购买农机具、整理农地等非直接生产投入的需求，则农户需要附加其他的增信方式，这时农地经营权可以起到适度增信的作用。当然，在这一授信意向达成的过程中，金融机构关注的实际上是借款人的实际经营能力、贷款用途投向等预判性因素，即金融机构关注更多的是预期的现金流，而非完全从抵押品风险补偿的角度考虑的授信额度。

因此，是否可以得到这样一个结论，即农户分化导致的有效需求异质性决定了供给层面需对应改革。从农村信贷的供需情况来看，对于原本只具备有效的消费性借款需求的农户，农地金融并不能帮助其进一步突破信贷额度，其授信额度仍被规范在小额信用担保的授信额度范围之内，若有超出的借款需求，则需寻求非正规渠道的帮助。对于具备有效生产性需求的农户，如兼业1型农户和大部分仍在自我培育中的纯农户而言，小额的生产性需求及资本的积累方式，以及后续的金融需求不尽相同。兼业1型农户凭借自身的生产技能，在农业生产领域内寻求劳务性的农业生产报酬，这类农户中的多数会向着兼业2型农户分化。因为在资源禀赋的限制下，收入增量主要源于非农领域，尤其是工资性收入，其结果必然是农业收入下降、非农收入增加。但是，并不排除兼业1型农户有向规模经营农户转化的可能，虽然这种可能性很小。在兼业2型农户群体扩大的同时，必然伴随着农业经营行为弱化的趋势，特别是在农业经营的机会成本越来越高的情境下。兼业1型农户未来也会演变为消费需求，从消费类与生产类的授信依据、现金流回环稳定性角度考虑，兼业1型农户未来的授信额度可能会上升，但不会突破信用授信的最高门槛。然而纯农户则不然，这类农户虽然相对规模主体而言处于弱势地位，但其劳动力禀赋、生产经验及外部培育的要素将帮扶这类农户跨越从全职小农户到职业农民、新型农业经营主体的门槛，其中势必有部分农户会不断扩大规模，成长为新型农业经营主体。这部分农户生产性的金融需求将不断提升，并在授信依据中被确认为有效信贷需求，除其他资源类资产、动产、设施农业和农机具等抵质押品外，农地经营权可在其生产规模持续扩大的进程中，从生产资料演变为可融资性资本，从提额增信的角度形成资本积累的良性循环（见图4-1）。

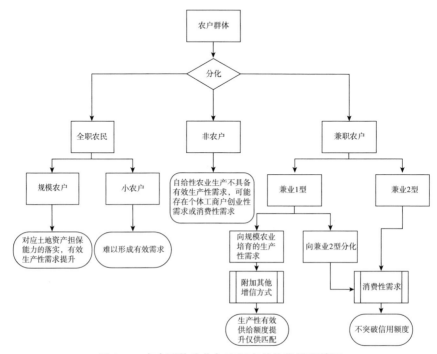

图4-1　农户群体分化与实际有效信贷供需情况

然而问题是兼业2型农户及大部分兼业1型农户在自我分化的过程中，农地撂荒概率增长，农地并不能成为有效的资本积累工具，对于能获得比较丰厚工资性收入的农户来说，农地仅代表并不丰厚的生产性回报和农村集体成员权的潜在收益。由于缺乏农地整理、深耕、整合和集中经营等集约式社会化服务手段，尽管农地流转在政策推动下更趋向于市场化的价格形成机制，但实际上农地租金还是严重依赖于粮食价格，粮食价格是政府价格扶持政策和产业调整政策下的产物，因此农地流转价格的形成仍由外部收益向内部收益转化。这部分外部收益向内部转变的机制设计并非完全可依靠农地经营权抵押这一间接融资产品来激活。

新型农业经营主体的生产性需求可通过农地经营权授信得到飞跃式的增长，前文已通过数据直观展现，不再赘述。

（六）农地金融供需的脱节

延续上文对农户分化可能及其金融需求的分析，金融需求及供给端的有效需求及可能供给都将发生变化，农地金融这种以农地经营权未来收益贴现为基础的资金需求端的农地经营权与资金供给端的闲置资金间的财产交换若还需附加担保有效性等要求的束缚，其对破解金融抑制的作用并不能得到一定的发挥，存在与农村地区实际金融需求脱节的风险。从波兰、秘鲁、泰国农地经营权抵押后的情况来看，仍分别有 45%、49%、85%的农户遭受信贷配给，农村地区仍然存在金融抑制的问题（张龙耀、褚保金，2010），而农地流转信托、农地股份合作等形式是否更适合作为改善金融抑制的途径值得商榷（姜岩，2015）。

四、综改区农地金融演进的导向

综改区经历了规避农地经营权不具备用益物权法律地位风险的迂回保全的农地收益保证贷款时期后，进入 2016 年 3 月至 2017 年 12 月的"两权试点"下的农地经营权抵押贷款时期，倡导将农地收益保证贷款暂时搁置，农地收益保证贷款向农地经营权抵押转变。自 2017 年末农地经营权抵押贷款首期试点告一段落后再度延期，综改区再度转向农地收益贷款保证贷款。看似两个阶段，但农地收益保证贷款的形式并未发生改变，综改区在进入制度供给优化期后重新倡导土地收益保证贷款释放出对试点情况进行改造的意图。作为土地收益保证贷款的直接倡导人，物权平台存在的制度含义、政策含义、市场含义等均发生了变化。

（一）制度含义的变化

"两权"指导意见指出，原《中华人民共和国物权法》、原《中华人民共和国担保法》等法条与指导意见相冲突的地方在试点区内暂停运行。该意见相当于赋予了农地经营权在试点区内直接抵押的担保物权地位，为规避农地抵押约束研发的农地收益保证贷款不再具备制度上的意义。2018 年，吉林省农村信用社、中国农业银行吉林省分行等农地金融主办机构纷纷与物权平台展开合作，再度推行土地收益保证贷款，这一改变的发生在"农地可抵押"及"农地经营权抵押试点两年后"这两个时点上。这说明试点中可能暴露的问题需要再度通过物权平台这一中介机构解决，其中最关键的考量因素是交易成本。

（二）政策含义的变化

面对不同农地经营权取得方式下产权稳定性、变现率和经营价值的差异（罗兴、马九杰，2017），不同农地资源禀赋下资产变现的差异（陈锡文，2001），物权平台旨在降低契约订立与执行时的摩擦成本。物权平台并没有放弃使农村居民（尤其是兼业2型农户）的小额信贷需求通过农地收益保证方式来解决的设想，对短期成本攀升的容忍可能是为了给农地流转整合的绩效做前期的费用贴现，为适应短期内兼业2型农户既不敢放弃承包权，又想获得工资性比较收益的考量。物权平台可依赖其农地整合、收储及社会化服务的职能，帮助该部分农户获得稳定的生产经营性收益，同时防范小额授信抵押后不可处置的问题。

（三）市场含义的变化

物权平台依据农地经营权的资产异质性禀赋构建了产权交易的规则与非规则框架。一方面，物权平台取得受让权后，脱离了金融机构直接抵押时属于他项权人却不享有农地经营权处置权的尴尬地位，物权平台通过受让人权利可直接处置农地经营权，避免了在司法程序招拍挂时不具备法律权属的尴尬情况；另一方面，物权平台的信息发布、资质核实、流转后监管等职能可以促进规模化农地在市场化规则下实现变现。对于碎片化农地，物权平台与村集体合作，寻求人情框架下非规则的"回购"，或在接受前期交易费用的前提下，通过农地整合、收储等方式进一步集中农地经营权，通过社会化服务的方式进行集约式农业经营，构建现金流回环，从而在农地经营权处置的规则与非规则间打造一个平衡的局面。

第五节　农地金融制度性风险的底层逻辑

本章从广义维度下农地金融的概念切入，厘定了农地金融制度性风险的定义，由制度变迁及制度缺陷导致的现阶段农地经营权的产权关系、产权规则与所处的市场化环境，并不支持将农地经营权全部打包为农地经营权抵押贷款这一金融工具，从而形成农地金融化形式与底层资产错配的制度性风险。依据对历史使命、资产特性及发展愿景的综合考量，农地金融制度性风险的成因具体呈现为农地金融的运行实践与制度意愿偏离、农地经营权产权关系模糊时期不具备金融化基础及农地金融服务供给与实际金融需求脱节三个方面。基于农地金融诱致性制度变迁的历史演进脉络，通过将综改区农地金融运转的实际与制度供给侧回应的设计意愿进行比对，将农地产权制度演进历程与金融化探索比对，将农地金融现阶段的孵化情况与综改区实际金融需求比对，逐一明晰农地金融制度性风险的根源及发生逻辑，发现综改区农地金融经历了民间自发探索期"不合时宜"的风险、政府主导探索期实际风险承担主体"不完备"的风险及制度供给回应期"异同质—同质脱节"的风险，最终向制度内完善期"参与主体各司其职的供需匹配导向"演进。

本章对广义维度下农地金融制度性风险形成机理的剖析揭示了农地经营权作为底层资产的金融化规律，结合案例的定性分析对其诱致性制度变迁的历史进行深入演绎，形成广义维度下农地金融风险识别、形成逻辑的基本导向，同时为狭义维度下农地金融信贷风险形成机理的分析奠定制度性因素的根源。

第五章
农地金融信贷风险形成机理的分析

本章将狭义维度下农地金融的风险界定为以农地贷为代表的农地金融工具风险补偿来源的不确定性，具体表现为借款人第一还款来源——借款人还款表现、第二还款来源——农地经营权变现与第三还款来源——第三方风险补偿三个层面是否完备的信贷风险。由《农村承包土地的经营权抵押贷款试点暂行办法》可知，农地经营权的担保有效性对农地贷三方面风险补偿来源的确定性具有决定性的作用。农地经营权的担保有效性通过其变现能力在事前筛选、事中约束与事后补偿三个方面发挥激励约束作用。在事前筛选阶段，可将不能提供变现的农地经营权的借款人排除在贷款申请人之外；在事中约束阶段，农地经营权变现能力越强，借款人对于违约后的或然损失预期越高，有利于约束借款人的违约动机；在事后补偿阶段，农地经营权变现能力越强，商业银行越有可能通过变现农地经营权来补偿剩余贷款损失。因此，本章构建"产权管制与农地经营权变现—农地经营权变现的影响因素—农地金融信贷风险"的分析范式，以期厘清农地金融信贷风险的形成机理。基于第四章对于广义维度下农地金融制度性风险形成机理的研究可以发现，对于农地经营权担保有效性的探讨不能脱离中国农地制度改革的演进历程中农地经营权产权关系及产权规则的变动独立存在。因此，本章将产权管制逐步放松的制度供给变动内嵌于农地金融的诱致性制度变迁历程当中，阐述农地产权管制放松与农地经营权变现之间的关系，对农地经营权变现能力的影响因素逐一进行分析，进而在综改区农地金融运行背景下阐明农地经营权变现的影响因素可能导致的信贷风险。

第一节　文献回顾与分析范式

诺斯（2009）曾指出若现有的制度安排无法满足相对价格改变下潜在利益的实现，行为者对潜在利益的渴望将激发对新制度安排的需求，制度将发生变迁。费尼认为需求诱致虽是必要前提，但制度供给才是导致变迁的充分条件。只有当组织在产权关系与产权规则两维度下做出更为先进的供给安排时，行为人对制度绩效的需求才会得到反馈。只有当制度供给的有效性得到验证时，新的制度才能完成替代（Ostrom et al.，1988）。中国农地产权制度经历了从国家全面管制到部分产权管制的变迁，农地产权制度安排呈现出产权关系逐渐明晰、产权规则不适度缓解的产权管制放松特征，激发了产权主体对产权关系变化后潜在收益的渴望，具体表现为农地产权资本属性的释放。以农地经营权为担保标的的农地贷，改善了农村地区因长期有效抵押而受到金融抑制的现状，成为农村正规金融机构涉农支农的突破口。

众学者对农地贷演进过程中以上两维度的供给安排是否有效的认知并未达成一致。从产权关系来看，罗剑朝（2005）指出中国的农地金融制度存在特殊性，农地金融的抵押物是农地使用权而非所有权，农地使用权的债权属性是农地金融诞生的基础，受到家庭联产承包责任制及原《中华人民共和国物权法》等的约束，农地金融制度演进存在障碍；Hagmann（2015）在对非洲农地产权制度分析时阐明，产权边界模糊将抑制资产迸发资本属性；张曙光、程炼（2012）提出复杂产权论，认为农地的复杂产权导致产权中次权利的有效性受到质疑，无法承载农地的担保属性。从产权规则来看，既定法律秩序下的产权关系模糊和产权实现途径的匮乏无法保障农地产权关系的有效实现（王海全、李乔漳，2016；苏岚岚等，2017）。综上可见，农地产权中子权利的运用仍存在限制，是农地贷开展效果不彰的症结。其问题是，诱发农地贷的制度供给是否有效？放松产权管制是不是制度供给优化的方向？产权管制放松可否保障农地贷的可持续运行？对此，鲜有学者给出回答。郭忠兴等（2014）从制度环境与治理结构两个维度对农地贷的机制设计做出较为深入的分析，但该研究专注于农地产权管制时期，且更多聚焦于机制设计的合理性，忽略了对其可持续性的把握。2014年"三权分置"改革拉开了新一轮农地产权制度变革，将农地产权关系的实现置于市场体制中，使其进入农地产权管制的较弱阶段，因此有必要对关于诱发农地贷制度供给的有效性问题进行再度探讨。

本章试图构建"制度供给变迁—产权管制放松—农地经营权变现—农地贷风险形成"的分析范式，基于农地产权制度供给在产权关系及产权规则两维度下的优化安排，以农地贷的担保标的农地经营权变现能力为核心阐述农地贷可持续的逻辑。第一，基于农地产权制度改革中农地产权管制逐步放松的制度供给安排，交代农地贷诱致性制度变迁的演进历程；第二，基于农地贷的风险补偿，从押品变现能力的角度阐述制度供给的有效性；第三，基于押品变现流程，分析市场体制下的产权管制影响农地经营权变现的因素；第四，配合综改区配套设施建设情况，分析农地贷可能面临的风险。

第二节　产权管制放松与农地经营权变现

抵押是我国原《中华人民共和国物权法》和原《中华人民共和国民法通则》确定的物权担保的基本形式。抵押担保业务的可持续性来自第一还款来源及处置抵押物对风险的补偿能力。当借款人不能依照借贷合同正常还款且综合评估状况不支持贷款展期的情况下，押品就成为信贷风险的唯一补偿。押品是指债务人或第三者提供的经法律认定、贷款人认可、能够作为贷款保证的财产。有效押品的估值合理且易于处置变现，可用来防范信息不对称、控制违约风险和减少违约损失，是金融机构最主要的风险缓释工具，具有较好的债权保障作用。押品变现意味着需要将押品进行交易，除要关注影响押品变现能力的因素外，押品本身的固有属性也不容忽略。农地经营权是农地产权权利的子权利，也是农地贷中用作担保的权利。相对于所有权，农地经营权的产权结构面临一定的约束，表现为对占有、使用、收益及处置的权利结构的管制，体现在交易过程中，会显著提高交易费用，从而影响农地经营权的产权价值。因此，产权管制构成农地经营权产权关系实现的障碍，广为学界所诟病。Y. 巴泽尔（1997）曾提出，产权管制成功与否取决于约束条件下所能采用的最低成本是否低于公共领域的遗留价值；若产权管制导致停留在公共领域的权益过大，则意味着产权管制失败（罗必良，2014）；何一鸣、罗必良（2009）使用生产函数方法估计了中国农地生产函数，从租金耗散及运行成本的角度得出了产权管制放松可提高农地产权制度绩效的结论。为了进一步下放权益，农地经营权从农地承包经营权中分离出来形成独立产权后，国家从法制层面进行制度优化，进一步探索了放活农地经营权的可操作性，从占有权及使用权的产权结构方面适度放松了管制，农地经营权的交易及变现面临新形势。

一、放松占有权与农地经营权变现

2017年末，《中华人民共和国农村土地承包法修正案（草案）》（以下简称《草案》）提请第十二届全国人大常务委员会第三十次会议审议，针对"三权分置"下农地产权的权利结构、权利内容及权属划分做了全新探索。第一，《草案》利用法律秩序再次肯定了"两权指导意见"中关于农地权利结构的安排，明确了农地经营权抵押的合法化；第二，《草案》明晰了农地经营权人在一定期限内占有、生产、处置及取得相应收益的权利，农地经营权的产权逐渐完整；第三，虽然农地承包权仍严格限制于集体经济组织成员，但农地经营权可以通过农地流转依法获得。这意味着国家放松了对农地经营权的管制，农地经营权流转范围的扩大优化了产权规则，有利于农地经营权产权关系的实现，变现能力存在增强的预期。

二、放松使用权与农地经营权变现

为鼓励多元资本进入农业生产，优化农业产业结构，降低农业天然的高风险性，从保障农村产业融合用地的角度，2017年，原国土资源部印发了《关于深入推进农业供给侧结构性改革做好农村产业融合发展用地保障的通知》（以下简称《通知》），明确提出鼓励农地复合利用。允许在不破坏农地耕作层的前提下，发展旅游、教育等服务型农业，拓展农地使用功能，为农村新产业新业态发展提供产权保障。至此，一直以来受到严格管制的农地用途得以放宽，允许农地从生产型农业向适度发展服务型农业过渡，在占有权利门槛下放的前提下，农地用途的适度放松将进一步刺激市场化需求，农地经营权价值增长潜力得以释放。

农地流转范围扩大、农地用途拓宽等产权规则的优化实现了农地占有权及使用权的管制放松，农地经营权的交易将从"薄市场"向"厚市场"过渡，农地经营权作为权利押品的变现能力存在增强的预期。基于此，当农地经营权具备市场化下的处置变现能力后，农地经营权作为押品的价值实现是否还存在障碍，这需要结合押品变现的影响因素来寻找答案。

第三节 农地经营权变现的影响因素

押品变现能力主要反映在时间尺度（变现时间的长短）和价值尺度（变现的折扣程度）上，若押品变现时间短、变现率高，则表明该押品的变现能力强，农地金融风险的形成概率低，农地金融的风险控制能力强。变现价值用公式可以表示为：变现价值＝评估价值×变现率－法定优先受偿权－拍卖处置税、费；变现率＝变现价值/评估价值。因此，变现价值主要与变现率、法定优先受偿权及拍卖处置税费三个因素有关。假设第一受偿人权利清晰，拍卖处置税、费率固定，则影响变现率的因素是重点需要关注的，主要表现在农地流转平台的成熟度、市场条件差异、市场行情变化、押品的通用性、押品的独立使用性与押品的可控性六个方面。

一、农地流转平台的成熟度

农地占有权仍受管制时，农地承包经营主体仅为集体经济组织成员，村民几乎不需要成本便可获取农地资源信息，口头协商并约定流转价格即完成农地流转。农地占有权管制放松前，流转并非农地实现其经济价值的必要手段。产权的管制放松促使农地流转规模化，农地流转平台应运而生。对于农地流转平台的产生，学界看法不一。一种观点认为农地流转平台是连接农地流入主体与流出主体的服务体系，内生于农地流转的过程，具有沟通与桥梁作用（罗必良，2014；何一鸣、罗必良，2009）。另一种观点则认为农地流转平台是市场化的产物，适用于规模化农地流转下的信息提供与交易服务（黄宝连等，2012）。就具体职能来看，王志章、兰剑（2010）

认为构建供需双方的信息沟通桥梁、预测农地流转价格走势、维护正常的交易秩序是农地流转平台的主要使命；邹伟、孙良媛（2011）从交易费用角度提出，农地流转平台可降低交易过程中的费用及成本，从而促进农地适度规模集中。可见，虽然学者对农地流转市场的产生路径看法不一，但对农地流转平台的职能看法基本一致，即农地流转平台可通过节省信息不对称成本，规范和畅通交易行为，防范交易风险，借助市场机制促进农地资源在较大范围内实现优化配置。

农地流转的交易成本主要包括信息搜寻成本、合同起草成本、谈判成本和机会主义成本（罗必良，2016）。农地流转平台集地源、客源于一体构建在线农地服务平台或线下农地服务中心，可降低供需双方的信息搜寻成本；标准化合同起草及签订可节约契约成本；第三方市场化的农地价格评估可节约双方谈判成本；他项登记及公示则可节约风险成本。可见，成熟的农地流转平台将有效降低农地经营权的交易成本，实现权利押品的变现。

二、市场条件差异

评估价值是一种公开市场条件下的价格体现，市场上交易双方的交易目的在于最大限度地追求经济利益，利用掌握的必要市场信息，在较为充裕的时间进行交易。在这种交易条件下交易对象是否具备必要的专业知识，交易条件是否公开且不具有排他性。变现价值是一种拍卖市场条件下的价值，"拍卖处置市场"与"公开市场"截然不同，要求快速变现；留给交易的时间较短，市场参与者有限，竞争不充分；对估价对象了解不够，信息不对称。这两种市场条件不同，所能实现的价值自然存在差异。

押品变现是典型的拍卖市场，农地经营权作为押品进入处置环节后，在不存在法律纠纷的情况下，金融机构一般委托农地流转平台，通过招标、挂牌、拍卖流程完成押品处置。若存在法律纠纷或优先受偿权模糊的情况，将通过司法拍卖流程来保障本息安全。无论是哪种处置方式，都是基于薄市场条件下的非完全市场化行为，变现价值一般低于公开市场条件下的评估价值。

三、市场行情变化

市场行情变化又称为市场的敏感性，表现为押品随行就市下的价值波动幅度。评估价值发生在贷款发放前，是押品在公开市场的价值；变现价值则是在贷款发放后，是押品在拍卖市场的价值。两者的交易时点不同，市场敏感性越强的押品，变现的风险就越高。

农地经营权流转价格一般受农作物价格、农地位置、农地面积、农地质量和剩余承包年限五方面因素的影响（吴学兵等，2016）。后四者属于农地天然属性，一般较为稳定，因此农地经营权变现价值的市场敏感度主要来自农作物价格的变化。农地经营收益取决于农作物市场价格，无论是粮食作物抑或是经济作物，其价格的高低直接影响农地经营的年收益，从而间接影响农地需求主体愿意支付的流转费用。基于农作物价格变化的农地经营权市场敏感度较高，存在一定程度的变现风险。

四、押品的通用性

押品是资产抵押后的债务属性，押品通用性来自资产通用性，资产通用性是相对于资产专用性的概念，考察的是资产的流动性和可转换能力，流动性和可转换能力越强的资产通用性越强（Williamson，2000）。一般依据是否由特定经济主体拥有或通过特定用途来判断。考察农地经营权的通用性也可从这两点出发。第一，产权管制放松后，任何经济主体都可以通过依法流转农地来获得农地经营权，明晰的产权关系保障了农地经营权子权利的实现，稳定了经营者的投资预期，农地经营权主体特定化趋势减弱；第二，农地非生产性用途放开，农村服务业发展的潜在增长红利将吸引多元资本涉入，农地用途在"大农业"产业范围内得到放松。

五、押品的独立使用性

押品的独立使用性也称为可分割转让性。农地天然的位置固定性与我国家庭联产承包责任导致我国农地可分割转让的主要影响因素为农地的体量。押品交易一般都有最小交易单位，如农地的最小计量单位为亩，流转过程中一般以公顷为计量单位。我国土地资源的基本国情表现为土地资源总量多，人均占有量少，优质耕地少，耕地后备资源少（即一多三少）。人均耕地面积不足 1.35 亩，以五口之家为例，家庭平均耕地面积不足 7 亩，这意味着原始承包份额基础上的农地分割转让能力令人质疑。农地经营权作为权利押品的信用增信能力更多体现在规模经营主体上。"两权"指导意见表明，通过"三权分置"，赋予农地经营权抵押担保能力，提高金融机构中长期涉农信贷支持能力，支持新型农业经营主体及农业适度规模经营发展。可见，当讨论的对象为规模经营的农地时，可减少对农地体量这一分割前提的顾虑。

六、押品的可控性

在押品进行抵押登记后，银行取得了对押品的控制权（抵押权），为保障押品足值的风险补偿能力，在贷后管理中会严格监管押品的使用，掌握押品的自然性和功能性损耗。农地作为不动产具有天然的不可移动性，对农地经营权押品的监管只需关注农地用途是否出现非农趋势的改变，可控性相对较强。

第四节　农地经营权变现与农地金融信贷风险的形成

农地经营权变现能力决定了农地经营权担保有效性在农地贷三个风险补偿来源方面具有激励约束作用，与农地金融风险形成概率呈反向变化。从农地经营权变现的影响因素来看，农地经营权变现市场的条件差异与押品通用性将农地经营权作为押品的变现置于无差异环境中，其他方面的特征会随配套设施建设情况、农地经营权资产禀赋状况、农业生产情况、农户发育程度等因素表现出显著的异质性，而异质性的存在可能导致风险的发生，具体情况结合综改区农地金融试点运行经验展开分析。

第一，农地流转平台成熟度欠缺可能会导致农地金融事前筛选、事中约束及事后补偿的风险。农地流转平台的职能成熟度主要参考农地流转平台网点覆盖度、集散信息覆盖度、服务媒介的便利程度、服务流程完整度及评估价格公允度几个指标。依据从综改区经济发展办公室了解到的情况：①综改区内各试点区建立了乡镇村两级或市县乡三级农村产权交易服务平台，平台通过线上网站配合线下网点的方式覆盖综改区所有农地流转信息，其与土流网合作的端口信息可同时跟踪全国土地流转情况；②综改区农地流转平台目前配备了信息发布、组织交易、价格评估、合同签订四项职能，服务流程基本满足农地流转所需，价格反馈的监督机制可以反映交易期的市场公允价格（见图5-1）。若交易后的信息公示、担保、收储等资产后期整合功能仍有所缺失，则不利于资产整合与资本转化信息的对接及资本化后期的整理工作，可能会引发农地金融事前信息不对称风险、事中难以形成"或然损失"预期的风险及事后风险补偿难以为继的风险。

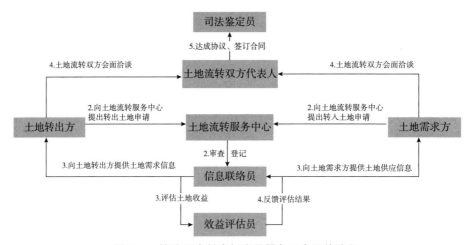

图5-1　综改区农村产权交易服务平台职能流程

第二，农地流转市场行情波动较大，可能会导致农地金融事后风险补偿能力下降。综改区农地流转市场行情主要指农地流转每年的价格波动情况。如前文所述，农地经营权流转价格一般受农作物价格、农地位置、农地面积、农地质量和剩余承包年限五方面因素的影响。综改区作为我国重要的商品粮基地，主要农作物有玉米、大豆和水稻。农作物价格随行就市，玉米与大豆享受国家目标价格补贴政策，水稻受最低收购价格政策的保护。尽管综改区粮食作物的价格因享受政策保护而避免了价格的剧烈波动，但当面临政策调整时，仍无法规避政策导向调整时市场行情的波动。例如，2016年初，玉米的价格保护政策由临储制度向目标价格补贴政策过渡时曾出现市场价格腰斩的情况，导致当年农地流转价格断崖式下跌，若金融机构以政策调整前农地流转评估价格为授信依据接受农地经营权担保，则面临担保品价值严重低于授信额度的风险，难以控制押品的事后风险补偿能力。此外，依据《农用地质量分等规程》（GB/T 28407-2012），全国耕地评定为 15 个等别，1 等耕地质量最好，15 等耕地质量最差，综改区耕地质量位于 5~15 等，跨度较大，金融机构应注意不同质量等级耕地的评估价格，避免过度或浪费授信造成的事后风险补偿风险。

第三，押品独立使用性相对较高。综改区人均耕地面积为 3.5 亩，高于全国平均水平。从事种植业的新型农业经营主体达 16.8 万户，拥有农地经营权的面积占试点地区总耕地面积的 37.56%。可见，相较于全国平均水平，综改区押品的独立使用性相对较高。

第四，押品可控性较强，但金融机构缺乏对农地经营权押品流转入市的权利，可能会导致事中约束及事后补偿出现风险。农地经营权作为押品，其抵押期内对押品的监管只需关注农地用途是否出现非农趋势的改变，可控性相对较强。但是根据《农村土地经营权流转交易市场运行规范（试行）》，农村土地经营权流转交易中的流出方必须是产权权利人，或者受产权权利人委托的组织或个人，但并未明确指出依法办理抵押登记的金融机构在行使抵押权的过程中如何入市流转，仅建议地方在形成具体操作细则或者规范性制度的时候，可考虑由法院委托入市交易。这无形中削弱了金融机构债权人权益的执行力度及对押品可控程度的预期，可能会影响借款人事中还款的表现及农地经营权事后风险补偿能力。

第五节　农地金融信贷风险的底层逻辑

本章在产权关系及产权规则优化的背景下阐释了借助农地经营权变现彰显出的农地经营权担保有效性对农地金融信贷风险的作用机理。可以看到，产权关系明晰及产权规则优化是农地贷产生的必要条件，而受益于农地占有权及使用权管制放松的农地经营权变现才是农地贷可持续的有效保障。

因此，在农地产权管制进入市场体制的背景下再度探讨农地经营权的变现能力具有现实意义，关乎农地贷风险的形成与控制。从农地经营权变现的影响因素来看，农地占有权和使用权的放松有利于市场化农地流转平台的建立，降低农地经营权流转价格的市场敏感度，提高农地经营权通用性和独立使用性，从而提升农地经营权的变现能力。但是不可回避的是，权利押品基于拍卖市场的市场条件差异是押品处置的固有特征，仍需客观面对。结合农地经营权变现的影响因素，考察综改区配套设施建设、农地经营权资产禀赋、农业生产、农户发育等对农地经营权变现的影响是否会导致农地金融风险形成。从分析结果可见，影响综改区农地经营权变现的因素主要表现在农地流转平台的成熟度、市场行情的变化及押品的可控性三个方面，可能会导致农地金融事前筛选、事中约束及事后补偿的风险。

　　基于对农地金融信贷风险形成机理的分析，下文将借助综改区农地金融的试点运行经验及数据实证检验农地金融信贷风险的控制能力。考虑实际操作的可量化性及可操作性，选取借款人的还款表现来衡量农地金融事中约束阶段的风险控制能力；考虑农地贷试点期内额外附加的政策性担保等第三方风险补偿来源，综合上述三大风险补偿来源，进一步在制度供给优化的背景下全面测度农地金融信贷风险的控制能力。

第六章

农地金融信用风险因子的测度

基于第五章对狭义维度下农地金融信贷风险形成机理的分析，本章首先检验农地贷第一还款来源风险的控制情况，即借款人的还款表现。依据担保设置的情况，农地贷在综改区分为资产主导型与关系主导型两种模式，两种模式下农地经营权资产禀赋与借款人个人禀赋条件均存在较为明显的异质性，因此，本章将对两种模式分别展开讨论，并对风险控制能力进行测度，检验农地贷担保有效性的设置对借款人还款表现的影响。

第一节　文献回顾及研究拓展

经验表明，担保作为信用风险缓释工具是保障信贷资产安全乃至影响金融机构生命力的重要因素（Bester，1985；Park and Kahn，2019）。为解决我国农村地区普遍缺乏担保的问题，我国提出开展农地经营权抵押贷款试点工作，打破农地经营权有效担保的藩篱，以摆脱农村金融市场"贷款难"与"难贷款"的双重困境。借助担保，金融机构可实现事前筛选的有效信贷需求、事中约束的借款人还款表现及事后的风险补偿，从而保障金融活动的可持续开展（Akerlof，1970；Barro，1976）。

作为以押品为担保的农地经营权抵押贷款，关于农地经营权"赋权还能"后是否担保有效的讨论尚存争议。汪险生、郭忠兴（2014）基于农地变现能力的不同，提出集中连片农地的经营权可独立抵押，形成资产主导型模式，而细碎分散农地的经营权需要附加群体信用来增信，形成关系主导型模式；罗兴、马九杰（2017）剖析了不同农地流转模式下农地经营权抵押属性对再处置的影响，认为农地权益的稳定性是担保有效的决定性因素；黄惠春、徐霁月（2016）对关系主导型模式做出进一步阐释，认为细碎化农地面临的实际抵押困境①是农地经营权独立担保的障碍。可见，农地经营权在处置阶段的变现能力是众学者对其担保有效性争论的焦点。为此，在争论中寻找可能的出口，回归农地经营权抵押贷款出台的设计意愿可以发现，一方面，通过农村金融改革创新，增加农业生产中长期和规模化经营的资金投入；另一方面，引导农地经营权有序流转，有效盘活农村资源、资金、资产。也就是说，农地经营权的资产资本化意图并非完全局限于抵押担保的资金撬动，以金融工具为杠杆的资源、资产整合可能是更为长远的打算。鉴于此，有必要对综改区农地贷的资产主导型与关系主导型模式分别进行讨论及测度，旨在得到更为客观、科学的结论。

第二节　资产主导型农地贷信用风险因子的测度

无论是金融机构还是学术研究机构，其对抵押型信贷工具风险的测度往往基于押品的事后风险补偿能力，忽略了对借款人还款表现即担保的事中约束能力的考察。借款人还款表现是优先于担保代偿的第一还款来源，也是信贷资产安全的第一道防线。孙光林等（2017）和苏治、胡迪（2014）在检验借款人还款表现的影响因素时，将借款人是否违约作为代理变量，但这种衡量方式涵盖的信息较为单一，无法诠释借款人的全部还款表现。此外，以信贷合同到期日的还款情况来判定是否出现第一还款来源风险，忽略了借款人在押品处置期前的还款努力，可能会高估第一还款来源风险，影响对担保有效性的判断。据此，尝试对既有研究做出以下拓展和补充：第一，聚焦于"资产主导型"模式下农地经营权担保的事中约束能力，通过借款人的还款表现来验证集中连片农地经营权的担保有效性；第二，为了更为全面地阐释担保有效性对借款人还款表现的影响，从借款人是否还款、借款人是否如期还款及延迟还款天数三个方面考察借款人的还款表现；第三，回应有关产权因素对农地经营权担保有效性的探讨，检验农地经营

---

① 抵押困境分为名誉抵押困境与实际抵押困境两种情况。名誉抵押困境是指押品不具备物权上的抵押担保权益，无法被纳入正规金融机构担保池，从而导致无法抵押的困境；实际抵押困境是指押品虽具备抵押权益，但处置难度使正规金融机构不愿接受其为担保品，从而导致无法抵押的困境。

权稳定性、押品变现能力交互项对借款人还款表现的影响。

一、理论依据与研究假说

（一）担保有效性理论

担保有效性概念源于信贷融资担保理论中有关担保作用的阐述，Akerlof（1970）利用旧车市场模型说明担保是消除信息不对称的有效机制。Barro（1976）提出信贷融资担保理论模型，认为担保从两个阶段保障了贷款合约的执行：一是担保价值的或然损失可激励借款人按期归还贷款；二是贷款人对担保品的追索权可弥补借款人违约造成的损失，而且贷款人仍然愿意提供贷款。Stiglitz、Weiss（1981）在事中约束阶段基础上增加了逆向选择的考量，贷款人可通过设置担保达到筛选借款人的目的。可见，担保有效性在事前筛选、事中约束与事后补偿三个阶段均有体现。本章选择已获得农地经营权抵押贷款的借款人作为研究对象，认为样本个体已通过事前筛选。事后补偿作为信贷风险的第二道防线是风险分散的必要准备，借款人第一还款来源是信贷安全的首要保障。因此，从借款人还款表现的角度综合考察担保有效性的事中约束机制，由于存在交易成本及担保品自身价值的波动，担保的事中风险约束机制取决于担保品的变现能力（Berger et al.，2016）。

（二）资产主导型农地贷的担保有效性

农地经营权作为具有实物载体的权利押品，其担保有效性需要从押品变现能力与权利界定两个角度来衡量（Berger et al.，2016）。第一，押品变现能力是指押品在市场上交易的难易程度，一般通过变现时间和变现率两个指标来衡量，押品变现所需的时间短、变现率高，意味着该押品变现能力较强[1]。较强的变现能力促使借款人形成担保品或然损失率高的预期，基于不愿损失押品的禀赋效应[2]，借款人归还贷款的努力程度将增强。第二，

---

[1]　参见《中国银监会关于印发商业银行押品管理指引的通知》（银监发〔2017〕16 号）。

[2]　禀赋效应是 1980 年 Richard Thaler 在代币券试验中发现的现象，后期发展为金融学中的"损失厌恶"理论，是指个人一旦拥有某项物品，那么他将付出超出市场均衡价格的代价避免失去这项物品。

权利界定分为产权内容的界定与产权权益的界定，从产权内容来看，产权边界及权属的明晰是产权处置的基础（王士海、王秀丽，2018）；从产权权益来看，具备用益物权是产权处置的保障（李伟伟、张云华，2011）。细化到担保物权的角度，则要求农地经营权是被提前占有的、具有使用价值的、稳定性的物权①。可见，产权内容明晰的稳定性物权具备较强的担保能力。据此提出以下假说：

假说一：集中连片农地的经营权变现时间越短、变现率越高，担保有效性越强，借款人还款表现越好。

假说二：稳定的农地经营权担保有效性较强，可激励借款人按时还款。

二、数据与模型

（一）数据来源

为检验综改区资产主导型农地贷（见表6-1）的担保有效性，采用三次田野调查的数据，包括农户、主办金融机构及物权服务平台在内的三套问卷。结合从农地经营权抵押贷款主办金融机构及物权服务平台了解到的基本情况，采用分层抽样的方法，以入村、入户问卷调查结合访谈的形式获取第一手数据。为保障数据具有较好的典型性和代表性，首先从15个样本区中抽取开展了农地融资的71个乡镇；其次在乡镇经济发展水平等客观因素差异分层的基础上抽取1~2个村庄；最后根据村庄规模，在每个村庄随机选择20~30户农户进行调研，总计回收问卷3196份。在此基础上，排除无效样本，获得有效样本2910个，样本有效率为91.05%。

表6-1 综改区资产主导型农地贷模式

	资产主导型
贷款对象	种养大户、家庭农场、合作社等新型农业经营主体
担保方式	依法取得并登记确认的集中连片的农地经营权

---

① 参见中国法制出版社出版的《中华人民共和国物权法释义》第八十条关于土地抵押的限制性规定。

资产主导型	
贷款期限	依借款人生产经营周期而定，同时短于农地承包或流转合同剩余年限 3 年（含）以上；采用分期缴付租金方式的，同时应短于已缴清租金的剩余使用年限 1 年（含）以上，最长不超过 5 年
贷款额度	根据借款人实际资金需求、承贷能力以及抵押物的评估价值确定，同时不超过贷款期间借款人农业生产经营收入现金流的 50%，单个借款人的授信上限不超过 1000 万元
违约偿还	农地经营权流转

资料来源：根据《吉林省农村金融综合改革试验方案》《吉林省农村土地经营权抵押贷款试点工作方案（试行）的通知》等文件整理所得。

需要特别说明的是，为有效识别资产主导型农地贷农户违约的影响因素，需要排除在调查期内未获得贷款或未通过抵押农地经营权获得融资的农户。通过向农户提问"您在银行贷过款吗？"将 720 名回答"否"的农户剔除出样本；通过向农户提问"您是否通过抵押农地获得贷款以及是否附加其他担保？"将 1660 名回答"从未通过农地抵押获得贷款"的农户剔除出样本，得到拟采用农户样本 688 户。考虑到入户调查数据可能因农户隐瞒或戒备有所缺失或失真，从而影响信贷违约的识别结果，将拟采用的样本数据与合作金融机构提供的评价期以来的农地贷信贷记录进行交叉比对，剔除调研结果与信贷相关记载存在明显偏差的农户 37 户，最终获得可采用的 651 户农户样本。李庆海等（2018）对于违约样本的确定特别考虑了同一借款人存在多笔贷款的问题，忽略了不同贷款间的相关性将影响结论的稳健性。结合访谈与信贷记录的比对结果，651 户农户样本共确定贷款 1376 笔。

（二）模型构建与变量选择

1. 是否农地经营权的变现能力越强，借款人的还款表现越好

假说一表明，农地经营权担保有效性的事中约束能力体现为可有效激励约束借款人的还款表现，农地经营权的变现能力越高强，借款人的还款表现就越好。将核心解释变量确定为农地经营权的变现能力，依据《商业银行押品管理指引》，参考 Berger 等（2016）、朱晓强（2008）对押品变现能力的考量，拟选取农地经营权流转所需时间及农地经营权变现率作为衡

量农地经营权变现能力的指标。从实地调研中发现，无论是集中连片农地还是细碎化农地，集中流转期均为当年年末至第二年备春耕前，农地流转所需时间差异并不明显，因此本章采用农地经营权变现率作为解释农地变现能力的核心解释变量。农地经营权变现率=农地经营权实际处置价格/农地经营权评估价格，只有当农地经营权作为押品处置后才可得到真实数据。为保障研究的可行性与科学性，假设农地经营权押品处置费率及司法折扣一定①，以借款人每次还款时点所处年份的农地经营权流转价格来代替农地经营权实际处置价格，从而得到"农地经营权变现能力=农地经营权流转价格/农地经营权评估价格"。确定核心解释变量后，结合还款周期中借款人还款表现的三个层次，分别考察借款人的还款表现。

第一层次：集中连片农地的经营权变现能力与借款人是否选择还款。

$$arrears_i = cons + \beta_1 disc_i + \beta_2 age_i + \beta_3 gen_i + \beta_4 edu_i + \beta_5 debt_i + \beta_6 asset_i + \beta_7 tla_i +$$
$$\beta_8 inc_i + \beta_9 interest_i + \beta_{10} size_i + dum\text{-}area + \varepsilon_i \tag{3}$$

根据信贷记录，若截止日借款人本应产生还款行为却并没有还款记录，则可视为借款人没有还款表现，还款表现可能被视为"坏"的情况，得到模型（3）。据此，将还未到达第一个还款时点的贷款样本剔除后，得到1236笔通过资产主导型模式获得农地经营权抵押贷款的贷款样本，并进行回归。将被解释变量设为借款人是否根据信贷合同完成过至少一次还款，"从未进行过还款"=1，"至少完成过一次还款"=0。以农地经营权变现能力（$disc_i$）为核心解释变量进行回归。根据相关文献，控制变量尽可能多地包含借款人特征（age_i表示借款人获取贷款时的年龄、gen_i表示借款人性别、edu_i表示受教育程度）、借款人家庭禀赋特征（$debt_i$表示是否存在其他欠款、$asset_i$表示固定资产估值、tla_i表示经营规模、inc_i表示总收入②）及贷款性状（$interest_i$表示贷款利率、$size_i$表示贷款规模）。此外，还以虚拟变量dum-area控制了地区差别，ε_i为扰动项（Tyrone T Lin, 2011；Pos-

---

① 农地经营权处置需要一系列交易费用，如司法诉讼费用、拍卖处置费用、交易过户费用等，这些费用均会影响农地经营权变现能力；此外，当押品进入司法拍卖环节时，每轮拍卖都是在押品既定折扣的基础上开展的。此类折扣费用均存在于农地经营权押品处置中，因此假设此类折扣因素一致。

② 农户家庭总收入与还款表现可能存在部分双向因果关系。本章认为这一问题可能并不严重，参考李庆海等（2018）对此做出的解释，从贷款期内农户总收入的变化情况来看，农户总收入相对而言比较稳定，以农户贷款期内年收入的平均值为代理变量是具备可行性的。但是本章并不否认此问题可能无法完全消除，请较为谨慎地看待本章据此得出的结论。

telnicu et al.，2018）。如果农地经营权变现能力越强，则借款人不还款的可能性越低，因此 disc$_i$ 的系数应具有负向显著性。

第二层次：集中连片农地的经营权变现能力与借款人是否选择如期还款。

$$delinquency_i = cons + \beta_1 disc_i + \beta_2 age_i + \beta_3 gen_i + \beta_4 edu_i + \beta_5 debt_i + \beta_6 asset_i + \beta_7 tla_i + \beta_8 inc_i + \beta_9 interest_i + \beta_{10} size_i + dum - area + \varepsilon_i$$

（4）

当从借款人是否选择还款的角度考察了农地经营权担保有效性后，进一步剥离信贷合同尚未到期的贷款，得到贷款样本 715 笔。以信贷合同到期日为界，可将该样本区分为准时还款与未准时还款两种情形，即既往文献对"贷款违约"的定义。模型（4）以截至信贷合同到期日借款人是否已如约偿还贷款来衡量借款人是否违约（delinquency$_i$），并设为被解释变量；同样以农地经营权变现能力（disc$_i$）为核心解释变量，并进行回归。控制变量与模型（3）一致。若农地经营权变现能力越强，则借款人违约的可能性越低，因此 disc$_i$ 的系数应具有负向显著性。

第三层次：集中连片农地的经营权变现能力与未准时还款借款人的延迟还款天数。

$$latepaymentdays_i = cons + \beta_1 disc_i + \beta_2 age_i + \beta_3 gen_i + \beta_4 edu_i + \beta_5 debt_i + \beta_6 asset_i + \beta_7 tla_i + \beta_8 inc_i + \beta_9 interest_i + \beta_{10} size_i + dum - area + \varepsilon_i$$

（5）

关于借款人还款表现的研究一般止步于第二层次，以贷款是否违约来衡量借款人的还款表现，继而判定贷款是否存在第一还款来源风险，但这与实际操作存在出入。实际上，从贷款合同到期到执行借款人抵押品一般存在 180 天的缓冲期，这期间金融机构一般通过提高贷款利息的 50% 及规劝的方式来敦促借款人还款，若借款人在 180 天内偿还贷款，则该笔贷款并不会计入贷款损失及不良贷款。可见，以往研究忽略了担保对这一时期借款人还款表现的影响。在第三层次中，参考 Al-Azzam 等（2011）对违约样本的处理方式，模型（5）选择信贷合同到期后至押品处置前未准时偿还贷款的延迟还款天数为被解释变量（latepaymentdays$_i$），以农地经营权变现能力（disc$_i$）为核心解释变量，并分别进行回归，控制变量与模型（3）一致。若农地经营权变现能力越强，则未准时还款的借款人的延迟还款天数越少，

因此 $disc_i$ 的系数应具有负向显著性。

2. 是否农地经营权稳定性越强，借款人还款表现越好

假说二表明稳定性是农地经营权抵押属性的争议所在，农地经营权的稳定性将通过影响农地经营权变现能力作用于借款人的还款表现。考虑到农地经营权变现能力与农地经营权取得方式、农地经营权剩余年限之间的联动效应，从信贷记录中选取每笔贷款中用来抵押的农地经营权的取得方式及剩余经营年限作为流转契约特征变量（$trans_i$ 表示流转方式、$restterm_i$ 表示剩余经营年限），在模型（3）、模型（4）及模型（5）中增加流转契约特征变量及农地经营权变现能力与流转契约特征变量交互项的设置，以衡量农地经营权稳定性对担保有效性的影响。将农地经营权取得方式分为自有承包经营（$contract_i$）、转让或入股（$trans_i$）和农地租赁（$rent_i$）三种取得方式，借款人至少通过其中一种方式取得农地经营权，并分别与变现能力生成三个交互变量。如果农地经营权稳定性越强，则借款人还款表现越好，因此 $disc_i$ 的系数应具有负向显著性。

$$\begin{aligned} arrears_i = {} & cons+\beta_1 disc_i+\beta_2 age_i+\beta_3 gen_i+\beta_4 edu_i+\beta_5 debt_i+\beta_6 asset_i+\beta_7 tla_i+ \\ & \beta_8 inc_i+\beta_9 interest_i+\beta_{10} size_i+\beta_{11} contract_i+\beta_{12} trans_i+\beta_{13} rent_i+ \\ & \beta_{14} restterm_i+\beta_{15} contract_i\times disc_i+\beta_{16} trans_i\times disc_i+\beta_{17} rent_i\times disc_i+ \\ & \beta_{18} restterm_i\times disc_i+dum-area+\varepsilon_i \end{aligned} \quad (6)$$

$$\begin{aligned} delinquency_i = {} & cons+\beta_1 disc_i+\beta_2 age_i+\beta_3 gen_i+\beta_4 edu_i+\beta_5 debt_i+\beta_6 asset_i+ \\ & \beta_7 tla_i+\beta_8 inc_i+\beta_9 interest_i+\beta_{10} size_i+\beta_{11} contract_i+\beta_{12} trans_i+ \\ & \beta_{13} rent_i+\beta_{14} restterm_i+\beta_{15} contract_i\times disc_i+\beta_{16} trans_i\times disc_i+ \\ & \beta_{17} rent_i\times disc_i+\beta_{18} restterm_i\times disc_i+dum-area+\varepsilon_i \end{aligned} \quad (7)$$

$$\begin{aligned} latepaymentdays_i = {} & cons+\beta_1 disc_i+\beta_2 age_i+\beta_3 gen_i+\beta_4 edu_i+\beta_5 debt_i+\beta_6 asset_i+ \\ & \beta_7 tla_i+\beta_8 inc_i+\beta_9 interest_i+\beta_{10} size_i+\beta_{11} contract_i+ \\ & \beta_{12} trans_i+\beta_{13} rent_i+\beta_{14} restterm_i+\beta_{15} contract_i\times disc_i+ \\ & \beta_{16} trans_i\times disc_i+\beta_{17} rent_i\times disc_i+\beta_{18} restterm_i\times disc_i+ \\ & dum-area+\varepsilon_i \end{aligned} \quad (8)$$

(三) 变量设计、赋值及描述性统计

本章实证模型所使用的变量、定义及描述性统计如表 6-2 所示。

表 6-2 变量、定义及描述性统计

变量符号	变量名称	变量定义及赋值	第一层次样本（1236）	第二层次样本（715）	第三层次样本（281）
$arrears_i$	是否还款	还款周期内是否有还款记录：是＝0，否＝1	0.2029 (0.4024)	—	—
$delinquency_i$	是否违约	截至信贷合同到期日是否已如约还款：是＝0，否＝1	—	0.3930 (0.4887)	—
$latepaymentdays_i$	延迟还款天数	借款人在贷款合同约定的还款时点延迟还款的天数	—	—	77.9003 (45.7881)
$disc_i$	变现能力	借款人还款日所处年份的农地经营权流转价格/农地经营权评估价格	0.3915 (0.2546)	0.4155 (0.2710)	0.6780 (0.2007)
gen_i	性别	男性＝1，女性＝0	0.4392 (0.4965)	0.4363 (0.4962)	0.4199 (0.4944)
age_i	年龄	受访者申请贷款时的年龄	66.7592 (3.7592)	66.6097 (4.1009)	67.0249 (1.8677)
edu_i	受教育程度	小学及以下：是＝1，否＝0	0.0724 (0.2593)	0.0895 (0.0895)	0.0413 (0.1176)
		初中：是＝1，否＝0	0.1081 (0.3107)	0.1258 (0.3319)	0.0569 (0.2321)
		高中：是＝1，否＝0	0.5072 (0.5002)	0.4881 (0.5002)	0.5444 (0.4989)
		大专或大学：是＝1，否＝0	0.2497 (0.4330)	0.2405 (0.4277)	0.2989 (0.4586)
		大学以上：是＝1，否＝0	0.0624 (0.2420)	0.0559 (0.2299)	0.0996 (0.3000)

变量符号	变量名称	变量定义及赋值	第一层次样本（1236）	第二层次样本（715）	第三层次样本（281）
inc_i	总收入	还款周期内家庭年平均总收入	76.5976（53.5680）	76.7347（55.6039）	79.0540（46.7326）
$asset_i$	固定资产价值	贷前调查中记录的家庭固定资产估值	80.3120（43.7112）	81.0766（44.3585）	82.1544（42.9556）
$otherdebt_i$	是否存在其他借款渠道	是否存在其他借款渠道：是=1，否=0	0.1326（0.3394）	0.1440（0.3513）	0.0782（0.2691）
tla_i	经营规模	家庭耕地面积的自然对数	8.4525（0.1295）	8.4297（0.1318）	8.5532（0.0814）
$interest_i$	贷款利率	贷款利率（按月利率计算）	8.0634（1.7008）	8.0630（1.7142）	8.2087（1.6274）
$size_i$	贷款金额	贷款金额（万元）	284.7262（355.2517）	297.7845（368.2061）	579.8744（797.0143）
$contract_i$	承包经营	用于抵押的农地中是否有承包农地：是=1，否=0	0.8193（0.3849）	0.7734（0.4189）	0.9715（0.1666）
$trans_i$	转让或入股农地	用于抵押的农地中是否有转让或入股的农地：是=1，否=0	0.7681（0.4222）	0.7160（0.4512）	0.9679（0.1763）
$rent_i$	农地租赁	用于抵押的农地中是否有流转的农地：是=1，否=0	0.4336（0.4958）	0.4517（0.4980）	0.4270（0.4955）
$restterm_i$	剩余经营年限	用于抵押农地的剩余经营年限	6.8205（1.3178）	7.0223（1.3910）	6.0427（0.4609）
$plots_i$	农地细碎化程度	借款人经营农地的总地块数	4.1249（1.3903）	4.1272（1.3778）	4.1352（1.3401）

变量符号	变量名称	变量定义及赋值	第一层次样本（1236）	第二层次样本（715）	第三层次样本（281）
$info_i$	农地流转平台的信息发布量	借款人所处地区农地流转平台的年信息发布量	34.0903 (18.1536)	35.7217 (18.7960)	32.0890 (17.8591)

注：表中显示了均值及标准差，括号内数字为稳健标准误。

（四）样本选择偏误、模型内生性及估计策略

从模型构建来看，当被解释变量为离散型虚拟变量时，一般采用 Probit 模型估计，作为比较，同时汇报 OLS 的回归结果。为了实证结果的可比性，对 Probit 模型的估计结果显示其样本均值处的边际效应，当被解释变量为连续变量时则优先使用 OLS 回归。

对借款人是否选择还款及是否按时还款的模型（3）及模型（4）估计可能涉及遗漏变量的问题。由于农地资产禀赋的不可观测性，遗漏的禀赋变量对借款人还款表现的影响将包含在扰动项之中，使估计量无法收敛到真实的总体参数中，进而造成不一致估计结果。基于这一考虑，将模型中衡量农地经营权变现能力的变量看成是内生变量，在以借款人是否选择还款及是否按时还款的模型（3）及模型（4）都需要考虑变现能力的内生性问题。解决解释变量内生性问题的主要方法是寻找工具变量 IV，借助工具变量与扰动项的不相关性得到一致估计量。对于内生的农地经营权变现能力，使用农地细碎化程度（家庭耕地总地块数）及所在地区的农地流转平台信息发布数作为工具变量。从工具变量与内生解释变量的相关性来说，农地细碎化程度影响农地经营权变现能力，农地细碎化程度越高，农地流转的交易成本及整合成本就越大，从而负向影响农地经营权变现能力。农地流转平台信息发布数则体现了地区农地流转市场的建设程度及农地流转活跃度，农地流转信息发布量越大，则农地经营权变现能力相对越强，两者应呈现正向的变动关系。可见农地细碎化程度与农地流转平台信息发布量虽影响农地经营权变现能力，但不直接影响借款农户的还款表现，将其作为农地经营权变现能力的工具变量应该是合适的，可以满足相关性和外生性要求。因此，对于离散被解释变量的内生性模型（3）及模型（4），使

用 IV+Probit 模型估计，同时与 OLS 结果一同报告。在工具变量回归中，若第一阶段 F 统计量显著且大于 10，即可认为工具变量对内生解释变量，具有较好的解释能力。为了避免工具变量本身的内生性问题，使用适用于 IV+Probit 模型的 Wald 统计量进行工具变量外生性检验。当然，若仅仅是怀疑农地经营权变现能力为内生变量，实际上该变量并无内生性，则两阶段估计势必会增大估计量的方差，从而影响估计的有效性。若该变量并不是内生的，则对回归结果的分析以 OLS 回归结果（或 Probit 模型回归结果）为主。

对模型（5）进行估计可能涉及样本选择偏误的问题。借款人延迟还款天数的前提是其没有选择按时还款，导致其没有按时还款的原因可能是一些难以观测的特征，这些特征无法包含在模型（5）当中以控制其对借款人延迟还款天数的影响，因此需要运用 Heckman 两步法对模型（5）进行检验。通过对选择方程的估计得到逆米尔斯比率，并将其作为选择偏误的修正项加入模型（5）共同作为解释变量进行估计。由于 Heckman 两步法要求在选择模型中包含满足排他性限制的解释变量，因此将不包含在模型（5）中的农地细碎化程度 $plots_i$ 和农地流转平台信息发布量 $info_i$ 作为工具变量纳入模型。广义矩估计方法（GMM）在异方差的情况下表现稳健，对于连续被解释变量的内生模型，使用 IV+GMM 模型估计。同样，为了避免工具变量本身的内生性问题，在"过度识别"的情况下以适用于 IV+GMM 模型的 Sargan 统计量进行工具变量外生性检验，在 IV+GMM 模型估计下使用 DWH 统计量来判定解释变量是否存在内生性，如果解释变量并不是内生的，则对回归结果的分析以 OLS 回归结果为主。

三、回归结果分析

从借款人还款表现的三个层次逐一检验农地经营权担保有效性。

（一）集中连片农地的经营权变现能力与借款人是否选择还款

"资产主导型"农地贷借款人是否还款的估计结果如表 6-3 所示。

表 6-3　"资产主导型"农地贷借款人是否还款的估计结果

解释变量	模型（3）被解释变量：arrears$_i$		
	OLS	Probit	IV-Probit
disc$_i$	-0.1381 *** (0.0349)	-0.1652 *** (0.0501)	-0.1919 *** (0.1786)
gen$_i$	0.0054 (0.0263)	-0.0090 (0.0257)	-0.0113 (0.00752)
age$_i$	0.0032 (0.0024)	0.0073 * (0.0037)	0.0092 * (0.0298)
edu$_i$ （6-9]	-0.0357 (0.0347)	-0.0003 (0.0909)	-0.0188 (0.1866)
edu$_i$ （9-12]	0.0645 (0.0299)	0.1116 (0.0801)	0.0318 (0.2525)
edu$_i$ （12-16]	0.0556 (0.0371)	0.1106 (0.0831)	0.1700 (0.2411)
edu$_i$ （16-18)	0.0526 (0.0693)	0.0950 (0.0922)	0.0381 (0.2617)
inc$_i$	-0.0143 (0.0287)	-0.0290 (0.0234)	-0.0014 ** (0.0007)
asset$_i$	-0.0659 ** (0.0270)	-0.0680 *** (0.0255)	-0.0886 (0.1700)
otherdebt$_i$	0.0368 (0.0347)	0.0294 (0.0403)	0.2627 ** (0.1115)
tla$_i$	0.0978 *** (0.0981)	0.9166 *** (0.1179)	0.7550 (0.8730)
interest$_i$	0.0115 (0.0071)	0.0145 * (0.0077)	0.0561 (0.0371)
size$_i$	-0.0618 * (0.0317)	-0.0654 * (0.0381)	-0.0001 (0.0000)
contract$_i$	-7.8115 *** (0.8133)	—	8.9509 (17.4873)

解释变量	模型（3）被解释变量：arrears$_i$		
	OLS	Probit	IV-Probit
dum-area	control	control	control
R^2	0.1348	—	—
Pseudo R^2	—	0.1631	—
First stage-F	—	—	16.4928 (0.0000)
过度识别检验（Hansen 检验）	—	—	2.060 (0.1512)
内生性检验（Wald 检验）	—	—	0.9622 (0.3269)

注：各变量回归系数下方的括号内数字为稳健标准误，各种检验的括号内数字为相应的 P 值。*、**、*** 分别表示在 10%、5%、1%的水平上显著。

表6-3是模型（3）的估计结果。由于被解释变量是离散型的二值选择，因此在 OLS 的基础上使用 Probit 模型进行 MLE 估计。考虑到遗漏农地经营权资源禀赋变量引起的内生性问题，另外汇报加入工具变量后 IV + Probit 模型的回归结果。IV-Probit 模型估计依赖于对结构方程的正确设定，为了保障稳健，对所选择的工具变量进行相关性与外生性的有效性检验。考虑工具变量与内生解释变量的相关性，运用两步法（控制函数法）进行估计，第一阶段回归结果的 F 统计值为 16.4928，大于通用临界值 10。因此，有理由认为不存在弱工具变量。如前文所述，可以认为本章所选择的两个工具变量对被解释变量产生影响的唯一渠道是通过内生变量，而内生变量已被包括在方程中，因此工具变量便不会出现在被解释变量的扰动项中，即满足排他性约束条件。谨慎起见，要进行过度识别检验，Hansen 检验统计量的 P 值为 0.1512，可以接受工具变量外生的原假设，即工具变量与扰动项不相关。然而，模型（3）中农地经营权变现能力 DWH 检验的 P 值大于 0.1，认为解释变量无内生性，农地经营权变现能力与扰动项并不相关，说明遗漏农地经营权资源禀赋变量对借款人是否选择还款没有影响。联系实际来看，农地经营权资源禀赋变量的确是影响农地经营权

变现能力的重要变量，且应通过影响农地经营权的变现能力作用于借款人的还款表现，一旦遗漏容易引起农地经营权变现能力的内生性。模型（3）的被解释变量是"借款人在还款周期内是否有过还款行为"，是否有过还款行为是以信贷合同约定的还本付息日为考察节点，结合样本来看，42.22%的借款人处于第一还款时点与第二还款时点之间，且没有第一还款时点的还款记录。Aristei、Gallo（2016）指出由于流动资金安排等原因，借款人在还款周期的前期并不能提供令人满意的还款表现。因此，尽管农地经营权资源禀赋变量可通过农地经营权变现能力来影响借款人的还款表现，但这一影响可能被还款周期前期的资金流动安排等因素挤占，从而无法体现出内生性。

在无内生性的情况下两阶段回归增大了估计量的方差，进而影响了回归的有效性，因此对模型（3）的分析依据 Probit 模型边际效应的回归结果。农地经营权变现能力与借款人是否选择还款间呈现显著的相关性：农地经营权变现能力越强，借款人不还款的可能性越低。这一结论是在控制了其他影响借款人还款行为的基础上得到的，说明农地经营权变现能力与借款人是否还款间确实存在相关性。此外，在控制变量中，借款人经营规模与是否选择还款显著正相关，即借款人经营规模越大，越有可能选择不还款。正如 Aristei、Gallo（2016）的研究结论，借款人的经营规模越大，越有可能受到意外支出和资金回流不及预期的冲击，从而影响其还款能力。

（二）集中连片农地的经营权变现能力与借款人是否如期还款

表6-4是模型（4）的估计结果。同样对工具变量的有效性及模型是否存在内生性进行检验：第一，检验工具变量的外生性，服从 $\chi^2(2)$ 分布的 C 统计量对应的 P 值为 0.5625，故接受"工具变量（$plots_i$、$info_i$）满足外生性"的原假设；第二，检验工具变量的相关性，对内生解释变量的显著性进行名义显著水平为 5% 的 Wald 检验，可以拒绝"弱工具变量"的原假设；第三，对模型（4）的变现能力进行内生性检验，Wald 检验的 P 值为 0.0000。因此，表6-4是以变现能力为内生变量的模型（4）的估计结果。

表 6-4 "资产主导型"农地贷借款人是否如期还款的估计结果

解释变量	模型（4）被解释变量：delinquency$_i$		
	OLS	Probit	IV-Probit
disc$_i$	-0.3425 ***	-0.2092 ***	-0.2068 ***
	(0.0409)	(0.0316)	(0.0695)
gen$_i$	-0.0294	-0.1232	-0.4497 ***
	(0.0230)	(0.0205)	(0.3222)
age$_i$	0.0024	0.0141	0.0655 **
	(0.0024)	(0.0030)	(0.0583)
edu$_i$（6-9]	-0.1112	0.4599 **	0.0753 **
	(0.0383)	(0.0454)	(0.4601)
edu$_i$（9-12]	0.1112 ***	0.5217 ***	0.6261 **
	(0.0383)	(0.0427)	(0.4600)
edu$_i$（12-16]	0.1325 ***	0.5610 ***	0.1876 **
	(0.0439)	(0.0467)	(0.4601)
edu$_i$［16-18)	0.1215 *	0.5526 ***	0.1745 **
	(0.0655)	(0.0529)	(0.4605)
inc$_i$	-0.0002	-0.0005 ***	-0.0337
	(0.0003)	(0.0001)	(0.0169)
asset$_i$	-0.0118	-0.0271	-0.0473
	(0.0235)	(0.0159)	(0.2386)
otherdebt$_i$	0.0292	0.0723 ***	0.4412 **
	(0.0289)	(0.0298)	(0.1477)
tla$_i$	0.5584 ***	0.3417 ***	0.6645 ***
	(0.0885)	(0.1207)	(0.0434)
interest$_i$	0.0121 **	0.0272 ***	0.0415 **
	(0.0061)	(0.0045)	(0.1018)
size$_i$	-0.0472	-0.0375 *	-0.0595 **
	(0.0032)	(0.0204)	(0.0348)
contract$_i$	-21.0513 ***	—	-6.7185 ***
	(0.7399)		(4.8995)
dum-area	control	control	control

解释变量	模型（4）被解释变量：delinquency$_i$		
	OLS	Probit	IV-Probit
R^2	0.2180	—	—
Pseudo R^2	—	0.7740	—
First stage-F	—	—	10.3830 (0.0001)
过度识别检验（Hansen 检验）	—	—	0.335 (0.5625)
内生性检验（Wald 检验）	—	—	28.0590 (0.0000)

注：各变量回归系数下方的括号内数字为稳健标准误，各种检验的括号内数字为相应的 P 值。* 、** 、*** 分别表示在 10%、5%、1%的水平上显著。

　　对模型（4）的分析依据 IV-Probit 模型展开。农地经营权变现能力与借款人是否如期还款间呈现显著的相关性：农地经营权变现能力越强，借款人如期还款的可能性越高。与模型（3）的估计结果进行比对，在控制其他影响借款人还款行为的前提下，当借款人进入还款表现的第二层次时，农地经营权变现能力对借款人还款表现的影响高于第一层次。究其原因：一方面，借款人前期还款表现在进入还款周期末期已"沦为"借款人履约的沉没成本，沉没成本具有激励约束借款人如期还款的作用；另一方面，具备变现能力的农地经营权在一定程度上验证了罗必良（2014）关于产权禀赋效应的结论。

　　在控制变量中，除受教育程度外，其余变量与以往学者的研究结论呈趋势一致性，不再单独阐述。受教育程度在 1%的水平上显著，表现为与不如期还款的正向变动趋势，这与已有结论存在出入。Ahlin、Townsend（2010）用受教育程度代表借款人的生产能力，发现受教育程度越高，还款表现越好；Zeller（1998）和 Godquin（2004）发现受教育程度与还款表现并不相关。尝试对得出的结论做出解释，对受教育程度与是否存在其他借款渠道进行简单回归，发现受教育程度越高的借款人拥有越多的借款渠道。接受初中教育的借款人拥有的借款渠道比只接受了小学教育的借款人高6.8%；如果借款人接受过大学教育，则这一比例达到 48%，可见，借款人的受教育程度越高，其拥有的其他借款渠道越多。相对于拥有较少借款渠道的受教育程度较低的借款人来说，受教育程度较高的借款人受到信贷抑制的可能性更低，其为提升还款表现的努力程度相对不足，从而表现为如期还款的激励约束机制不足。

(三) 集中连片农地的经营权变现能力与未准时还款借款人的延迟还款天数

以借款人延迟还款天数为被解释变量进行回归，结果如表 6-5 所示。先后以 OLS 模型，考虑样本选择偏误的 Heckman 两步法模型，以及考虑农地经营权变现能力内生性的 IV+GMM 两步法进行回归。在 Heckman 两步法中，逆米尔斯比率的回归系数在 5% 的水平上显著。事实上，借款人是否延期还款的前提是是否选择按时还款，可见，之前所担心的样本选择偏误确实会对借款人延迟还款天数造成影响。在考量内生性的 IV+GMM 模型中，在控制其他影响农地经营权变现能力因素的基础上加入农地细碎化程度与农地流转平台信息发布量两个工具变量。工具变量的选择符合有效性和外生性准则，但 DWH 检验接受了解释变量外生性的原假设，即模型并不存在内生性。

表 6-5 "资产主导型"农地贷借款人延迟还款天数的估计结果

解释变量	模型 (5) 被解释变量：latepaymentdays$_i$		
	OLS	Heckman	IV+GMM
disc$_i$	−88.7775 *** (12.1245)	−86.9808 *** (12.0234)	−122.5798 * (0.2523)
gen$_i$	−7.6293 (5.7868)	−8.7759 (0.0805)	−11.8952 * (17.5948)
age$_i$	6.5963 * (3.7256)	6.7761 * (3.6928)	3.1235 (13.0526)
interest$_i$	−0.9688 (1.7385)	−1.2653 (1.7154)	2.5497 (1.1453)
edu$_i$ (6-9]	27.8828 ** (12.8026)	26.7230 ** (12.9954)	38.4063 (40.2392)

解释变量	模型（5）被解释变量：latepaymentdays$_i$		
	OLS	Heckman	IV+GMM
edu$_i$（9–12]	6.8548	6.7823	5.8522
	(7.6330)	(7.5586)	(16.1289)
edu$_i$（12–16]	18.0886 **	18.1676 **	14.3574
	(8.5691)	(8.5450)	(20.9752)
inc$_i$	0.0448	−0.0476	−0.0004
	(0.0639)	(0.0648)	(0.1882)
asset$_i$	−0.3527	−0.0052	−1.4987
	(5.4914)	(0.0034)	(11.3764)
otherdebt$_i$	0.6422	1.6432	6.2599
	(9.3074)	(8.7672)	(25.3483)
tla$_i$	21.3093 *	16.6833	37.4857 *
	(36.3540)	(35.8729)	(35.3483)
size$_i$	0.0057 *	0.0052	0.0023
	(0.0034)	(0.0034)	(0.0134)
Inverse Mill's Ratio	—	3.1411 **	—
		(1.4613)	
contraot$_i$	−72.5656 ***	−39.8868 ***	43.7193
	(60.9132)	(63.7926)	(56.2290)
dum–area R^2	control 0.1901	control —	control 0.3237
First stage–F	—	—	0.0596 (0.9422)
过度识别检验（Sargan 检验）	—	—	0.0473 (0.8278)
内生性检验（DWH 检验）	—	—	0.2485 (0.6185)

注：各变量回归系数下方的括号内数字为稳健标准误，各种检验的括号内数字为相应的 P 值。*、**、*** 分别表示在 10%、5%、1%的水平上显著。

因此，以考虑样本选择偏误的 Heckman 两步法模型作为实证分析的基础。农地经营权变现能力与借款人延迟还款天数间呈现显著的相关性，且边际效应高于 OLS 回归结果，农地经营权变现能力越强，借款人延迟还款天数越少。当信贷合同到期借款人仍然未还清贷款时，则开始记录延迟还款的天数，分析借款人延迟还款期间农地经营权担保有效性的作用机制，大致可分为以下三种情况。第一种情况，若借款人恶意不还款，则延迟还款天数将持续记录至农地经营权处置期；若农地经营权变现能力较弱，则会加剧借款人的道德风险；若农地经营权变现能力较强，则考虑押品处置的司法处置成本及费率，可能会削弱借款人恶意拖欠的动机。第二种情况，当借款人资金周转的流动性出现暂时性问题，农地经营权变现能力越强，对借款人施加失去抵押品的"禀赋忧虑"越容易，从而催促借款人尽快还款。第三种情况，若借款人基于自身经营状况失去偿还能力，则无论农地经营权变现能力如何，对借款人还款意愿的影响可能都不显著。综上，若农地经营权变现能力较强，其展现的担保有效性能够促使借款人在信贷合同到期后依然努力还款。其他控制变量与借款人还款表现的前两个层次存在一致性，不再赘述。

(四) 农地经营权稳定性与借款人还款表现

基于农地经营权稳定性与其变现能力的联动效应，引入其与变现能力的交互项进行回归。交互项估计结果显示，三个层次中农地经营权剩余年限与变现能力的交互项均在 1% 的水平上显著，剩余经营年限越长，越强的变现能力有可能降低借款人"坏"的还款表现（见表6-6）。特别要说明的是，农地经营权取得方式与农地经营权变现能力的交互项在统计量上均不显著，难以得出农地经营权取得方式的稳定性与农地经营权变现能力间存在联动效应的结论，以往文献中关于产权稳定性对借款人还款表现的研究结果同时验证了假说二。

表6-6 农地经营权稳定性与其变现能力交互项的估计结果

交互项	第一层次样本（1236）	第二层次样本（715）	第三层次样本（281）
	Probit	IV-Probit	Heckman
变现折扣×自有承包经营	−0.8331 (0.4686)	−0.9989 (0.7280)	−0.3963 (0.4608)

交互项	第一层次样本（1236）	第二层次样本（715）	第三层次样本（281）
	Probit	IV-Probit	Heckman
变现折扣×转让或入股	-0.1231 (0.1471)	-0.0623 (0.1741)	-1.0654 (0.8377)
变现能力×租赁	-0.2877 (0.1310)	-0.7749 (0.4439)	-0.1227 (0.4238)
变现能力×剩余经营年限	-0.0274*** (0.0562)	-0.4777** (0.0992)	-0.2048** (0.2618)

注：*、**、***分别表示在10%、5%、1%的水平上显著，括号内数字为稳健标准误。

这一估计结果的出现与综改区农地贷的操作规范存在一致性。根据《吉林省农村土地经营权抵押贷款试点工作方案（试行）的通知》（吉办发〔2015〕4号）与《操作流程》，只要借款人以合法方式享有使用、收益和处分的农地经营权，经有关部门登记备案后都可以作为抵押品。对用于抵押的农地经营权剩余年限做出进一步规定：第一，贷款期限应短于农地承包或流转合同剩余年限3年（含）以上；第二，采用分期缴付租金方式的，同时短于已缴清租金的剩余使用年限1年（含）以上。可见，依据综改区开展农地经营权抵押贷款的实际，影响农地经营权稳定性进而影响其变现能力的更为直接的因素是农地经营权剩余年限，与农地经营权取得方式的相关性并不显著。

第三节　关系主导型农地贷信用风险因子的测度

汪险生、郭忠兴（2014）以宁夏同心地区农地经营权抵押贷款为例刻画了细碎化、小面积农地在薄市场与法律风险双重约束下如何通过增加团体信用与金融机构的授信达成一致。面对农地"赋权还能"后依然面临

"抵押困境"，Dorfleitner 等（2017）和 Al-Azzam（2011）提出组群担保是重要的替代或补充。延续资产主导型农地贷第一还款来源风险测度的思路，在关系主导型贷款模式下，同样关注押品担保有效性对借款人还款表现的影响。据此，第一，通过借款人的还款表现验证关系主导型贷款模式下担保方式的事中约束能力；第二，为更为全面地阐释担保有效性对借款人还款表现的影响，从借款人是否还款、借款人是否如期还款及未准时还款人的延迟还款天数三个阶段考察借款人的还款表现；第三，检验关系主导型模式下农地经营权稳定性、押品变现能力等产权稳定性因素是否对借款人还款表现有所影响。

一、理论依据与研究假说

（一）细碎分散化农地经营权的担保有效性

诚如在资产主导型模式下分析的，农地经营权的担保有效性需要从押品变现能力与权利界定两个角度来进行衡量（Berger，2016）。2018 年 12 月第十三届全国人民代表大会常务委员会第七次会议对《中华人民共和国农村土地承包法》做了第二次修正，农地经营权担保权能的实现突破了诸多既往障碍，较汪险生、郭忠兴（2014）等学者的研究而言，农地贷的法律障碍进一步削弱。但是细碎分散化农地经营权面临的薄市场约束在短期内并非可获得有效改善，遵循第四章对农地经营权变现规则的考量，未经整合的细碎分散化农地经营权并不适合直接作为资本市场上金融化的底层资产，将变现率作为变现能力强弱的考量标准，细碎分散化农地经营权可能相对较弱，难以促使借款人形成担保品或然损失率高的预期，从而丧失押品担保有效性在通常意义上的禀赋效应，借款人的还款表现难以形成向好的预期。据此提出以下假说：

假说三：细碎分散化农地经营权的变现能力难以提高借款人还款表现。

（二）信用的担保有效性

信用评级、互保、联保及第三人担保等是信用担保的主要表现形式。组群效应通过筛选机制、监视机制、压力机制和合作机制降低由于契约摩擦和惩罚机制不足导致的道德风险发生的概率，从而提高借款人的还款表现（Al-Azzam，2011；Haldar and Stiglitz，2016；Postelnicu et al.，2019）。但是合作机制存在负效应的可能，组群内紧密的合作关系可能会导致其他联保人体恤违约者的经济处境，从而恶化还款表现（Ahlin and Townsend，2010）。鉴于综改区细碎分散化农地经营权在担保有效性上存在"不作为"的可能，针对该种农地经营权，综改区分化出以组群信用担保为主，附加农地经营权的关系主导型农地贷模式。据此提出以下假说：

假说四：作为关系主导型模式下的主要授信依据，组群信用担保中的筛选机制、监视机制及压力机制有利于提高借款人的还款表现，合作机制可能会降低借款人的还款表现。

（三）农地经营权稳定性与借款人还款表现

尽管细碎分散化农地经营权的担保有效性难以约束借款人在还款时可能产生的机会主义行为，但这并不影响单独考量该种农地经营权产权稳定性是否会影响借款人还款表现。对此，仍通过引入农地经营权与产权稳定性因素交互项的方式予以验证。据此提出以下假说：

假说五：农地经营权稳定性可能与借款人还款表现呈正相关性。

二、数据与模型

（一）数据来源

截至 2018 年 6 月末，以群体信用为主导，附加农地经营权担保的关系主导型贷款笔数占比为 75.04%，占贷款存量的 18.11%[①]。关系主导型贷款主要面向传统农户，贷款期限最长不超过三年，单户授信不高于 10 万元，可视农地经营权评估价值增信。出现还款风险先寻求组群担保代偿，然后追偿农地经营权的再处置，因此称为关系主导型（见表 6-7）。

---

① 资料来源：根据"2017~2018 年综改区农地贷后评估项目"调研数据整理所得。

表6-7 综改区关系主导型农地贷模式

	关系主导型
贷款对象	传统农户
担保方式	以互保、联保等组群信用为主要担保方式，附加相对分散的农地经营权
贷款期限	依借款人生产经营周期而定，最长不超过三年
贷款额度	贷款小组成员每人最高授信10万元，可视附加农地经营权评估价值适度增信
违约偿还	组群担保人代偿、农地经营权流转

资料来源：根据《吉林省农村金融综合改革试验方案》《吉林省农村土地经营权抵押贷款试点工作方案（试行）的通知》（吉办发〔2015〕4号）等文件整理。

为有效识别关系主导型农地贷农户违约的影响因素，需要排除在调查期内未通过该模式获得贷款的农户。通过向农户提问"是否附加其他担保以获得金融机构贷款？"得到拟采用农户样本889户。考虑到入户调查数据可能因农户隐瞒或戒备有所缺失或失真，影响信贷违约的识别结果，将拟采用的样本农户数据与合作金融机构提供的评价期以来的农地贷信贷记录进行交叉比对，剔除调研结果与信贷记录相关记载存在明显偏差的农户233户，最终获得可采用的农户样本656户，确定贷款样本2379笔。

（二）模型构建与变量选择

1. 关系主导型农地贷担保方式是否可以提高借款人还款表现

假说三表明，未经整合的细碎分散化农地经营权的变现能力难以表现出提高借款人的还款表现的担保有效性。同样将核心解释变量确定为农地经营权变现能力，并选取农地经营权变现率作为衡量农地经营权变现能力的指标。假说四表明，关系主导型模式下的主要授信依据为组群信用，此时关注的核心解释变量为筛选机制、监视机制、压力机制及合作机制。结合关系主导型模式下组合担保的设置方式，将假说三、假说四中的担保机制放置于同一模型中，结合还款周期中借款人还款表现的三个层次，分别考察借款人还款表现。

第一层次：关系主导型农地贷担保方式与借款人是否选择还款。

细碎分散化农地经营权担保有效性：

$$arrears_i = cons + \beta_1 disc_i + \beta_2 age_i + \beta_3 gen_i + \beta_4 edu_i + \beta_5 debt_i + \beta_6 asset_i +$$
$$\beta_7 tla_i + \beta_8 inc_i + \beta_9 interest_i + \beta_{10} size_i + dum-area + \varepsilon_i \qquad (9)$$

组群担保有效性：

$$arrears_i = cons + \beta_1 scr_i + \beta_2 mon_i + \beta_3 pre_i + \beta_4 coo_i + \beta_5 age_i + \beta_6 gen_i + \beta_7 edu_i +$$
$$\beta_8 debt_i + \beta_9 asset_i + \beta_{10} tla_i + \beta_{11} inc_i + \beta_{12} interest_i + \beta_{13} size_i +$$
$$dum-area + \varepsilon_i \qquad (10)$$

"关系主导型"农地贷组合担保的有效性：

$$arrears_i = cons + \beta_1 disc_i + \beta_2 scr_i + \beta_3 mon_i + \beta_4 pre_i + \beta_5 coo_i + \beta_6 age_i +$$
$$\beta_7 gen_i + \beta_8 edu_i + \beta_9 debt_i + \beta_{10} asset_i + \beta_{11} tla_i + \beta_{12} inc_i + \beta_{13} interest_i +$$
$$\beta_{14} size_i + dum-area + \varepsilon_i \qquad (11)$$

根据信贷记录，若据记录截止日借款人本应产生还款行为却并没有还款记录，则可视为借款人没有还款表现，还款表现可能被视为"坏"的情况，得到模型（9）。同样地，将还未到达第一个还款时点的738笔贷款样本剔除后，得到1641笔通过关系主导型模式获得农地经营权抵押贷款的贷款样本，并进行回归。将被解释变量设为借款人是否根据信贷合同完成过至少一次还款，"从未进行过还款"＝1，"至少完成过一次还款"＝0。以农地经营权变现能力（$disc_i$）为核心解释变量进行回归，控制变量设置情况与资产主导型模式相同。如果细碎分散化农地经营权变现能力表现出对借款人是否还款的激励约束作用，则$disc_i$的系数应具有负向显著性；若组群担保各项机制有效，则scr_i、mon_i及pre_i的系数应具有负向显著性。

第二层次："关系主导型"农地贷担保方式与借款人是否选择如期还款。

细碎分散化农地经营权担保有效性：

$$delinquency_i = cons + \beta_1 disc_i + \beta_2 age_i + \beta_3 gen_i + \beta_4 edu_i + \beta_5 debt_i + \beta_6 asset_i +$$
$$\beta_7 tla_i + \beta_8 inc_i + \beta_9 interest_i + \beta_{10} size_i + dum-area + \varepsilon_i \qquad (12)$$

组群担保有效性：

$$delinquency_i = cons + \beta_1 scr_i + \beta_2 mon_i + \beta_3 pre_i + \beta_4 coo_i + \beta_5 age_i + \beta_6 gen_i + \beta_7 edu_i +$$
$$\beta_8 debt_i + \beta_9 asset_i + \beta_{10} tla_i + \beta_{11} inc_i + \beta_{12} interest_i + \beta_{13} size_i +$$
$$dum-area + \varepsilon_i \qquad (13)$$

"关系主导型"农地贷组合担保的有效性：

$$delinquency_i = cons + \beta_1 disc_i + \beta_2 scr_i + \beta_3 mon_i + \beta_4 pre_i + \beta_5 coo_i + \beta_6 age_i + \beta_7 gen_i +$$
$$\beta_8 edu_i + \beta_9 debt_i + \beta_{10} asset_i + \beta_{11} tla_i + \beta_{12} inc_i + \beta_{13} interest_i +$$
$$\beta_{14} size_i + dum-area + \varepsilon_i \qquad (14)$$

从借款人是否选择如期还款的角度考察农地经营权担保有效性，进一步剥离信贷合同尚未到期的贷款，得到贷款样本502笔。以信贷合同到期日为界，可将该样本区分为准时还款与未准时还款两种情形，即既往文献对贷款违约的定义。模型（12）中以截至信贷合同到期日借款人是否已如约偿还贷款来衡量借款人是否违约（delinquency$_i$），并设为被解释变量，同样以农地经营权变现能力（disc$_i$）为核心解释变量进行回归。控制变量与第一层次模型设置一致。若细碎分散化农地经营权变现能力与借款人是否违约相关，则disc$_i$的系数应具有负向显著性；若组群担保各项机制有效，则scr$_i$、mon$_i$及pre$_i$的系数应具有负向显著性。

第三层次："关系主导型"农地贷担保方式与未准时还款借款人的延迟还款天数。

细碎分散化农地经营权担保有效性：

$$latepaymentdays_i = cons + \beta_1 disc_i + \beta_2 age_i + \beta_3 gen_i + \beta_4 edu_i + \beta_5 debt_i + \beta_6 asset_i + \\ \beta_7 tla_i + \beta_8 inc_i + \beta_9 interest_i + \beta_{10} size_i + dum-area + \varepsilon_i \qquad (15)$$

组群担保有效性：

$$latepaymentdays_i = cons + \beta_1 scr_i + \beta_2 mon_i + \beta_3 pre_i + \beta_4 coo_i + \beta_5 age_i + \beta_6 gen_i + \\ \beta_7 edu_i + \beta_8 debt_i + \beta_9 asset_i + \beta_{10} tla_i + \beta_{11} inc_i + \beta_{12} interest_i + \\ \beta_{13} size_i + dum-area + \varepsilon_i \qquad (16)$$

"关系主导型"农地贷组合担保的有效性：

$$latepaymentdays_i = cons + \beta_1 disc_i + \beta_2 scr_i + \beta_3 mon_i + \beta_4 pre_i + \beta_5 coo_i + \beta_6 age_i + \\ \beta_7 gen_i + \beta_8 edu_i + \beta_9 debt_i + \beta_{10} asset_i + \beta_{11} tla_i + \beta_{12} inc_i + \\ \beta_{13} interest_i + \beta_{14} size_i + dum-area + \varepsilon_i \qquad (17)$$

在第三层次中，同样参考 Al-Azzam（2011）对违约样本的处理方式，选择信贷合同到期后至押品处置前未准时偿还贷款的延迟还款天数作为被解释变量（latepaymentdays$_i$），以农地经营权变现能力（disc$_i$）为核心解释变量，分别进行回归。若农地经营权变现能力与借款人延迟还款天数相关，则disc$_i$的系数应具有负向显著性；其次，若组群担保各项机制有效，则scr$_i$、mon$_i$及pre$_i$的系数应具有负向显著性。

2. 是否农地经营权稳定性越强，借款人还款表现越好

同样地，在"关系主导型"模式下再度检验农地经营权稳定性与借款人还款表现的关系，模型构建思想与"资产主导型"模式一致，不再赘述。

3. 变量选择

变量设计、赋值及描述性统计如表 6-8 所示。

表 6-8　变量设计、赋值及描述性统计

变量符号	变量名称	变量定义及赋值	第一层次样本（1641）	第二层次样本（502）	第三层次样本（502）
$arrears_i$	是否还款	还款周期内是否有还款记录：是=0，否=1	0.1140 (0.4024)	—	—
$delinquency_i$	是否违约	截至信贷合同到期日是否已如约还款：是=0，否=1	—	0.3725 (0.4839)	—
$latepaymentdays_i$	延迟还款天数	借款人在贷款合同约定的还款时点延迟还款的天数	—	—	85.3044 (52.1265)
$disc_i$	变现能力	借款人还款日所处年份的农地经营权流转价格/农地经营权评估价格	0.9129 (0.1676)	0.9182 (0.1725)	0.9154 (0.1928)
scr_i	筛选机制	借款人是否拒绝过其他人想要加入自己贷款小组的情况：是=1，否=0	0.6782 (0.4673)	0.6713 (0.4702)	0.7428 (0.4379)
mon_i	监视机制	借款人所处的贷款小组中是否至少有两人存在亲属关系：是=1，否=0	0.5161 (0.4999)	0.4980 (0.5005)	0.4130 (0.4933)
pre_i	压力机制	设置四个问题考察压力效应，分别是"您是否会按时还款以保持和贷款小组成员的融洽关系""当有组员延迟还款时是否会去催促""是否认为自己有义务去偿还其他组员未能偿还的贷款"及"联保小组内部对于延迟还款组员是否设置了惩罚措施"，按照给予肯定回答的个数赋值0~4	2.6283 (0.4884)	2.5797 (0.5100)	2.5725 (0.5241)

变量符号	变量名称	变量定义及赋值	第一层次样本（1641）	第二层次样本（502）	第三层次样本（502）
coo$_i$	合作机制	设置四个问题衡量合作效应，分别是"是否与组员进行经营方面的交流""在原料等采购方面是否存在交叉""销售渠道是否存在交叉"及"是否存在资金使用上的互通有无"，按照给予肯定回答的个数赋值 0~4	1.2066 (1.1068)	1.2570 (1.1580)	1.2681 (1.2183)
gen$_i$	性别	男性＝1，女性＝0	0.7867 (0.4098)	0.7908 (0.4071)	0.7717 (0.4205)
age$_i$	年龄	受访者申请贷款时的年龄	66.7330 (3.5492)	66.1072 (4.1227)	66.3091 (2.0175)
inc$_i$	总收入	还款周期内家庭年平均总收入	3.6136 (1.3579)	3.8270 (1.8945)	3.8791 (1.9154)
asset$_i$	固定资产价值	贷前调查中记录的家庭固定资产估值	25.6059 (12.1214)	25.4952 (12.1145)	25.9454 (12.2904)
edu$_i$	受教育程度	小学及以下：是＝1，否＝0	0.4241 (0.2424)	0.4442 (0.7581)	0.4094 (0.7787)
		初中：是＝1，否＝0	0.4399 (0.4965)	0.4243 (0.4947)	0.4638 (0.4996)
		高中：是＝1，否＝0	0.2273 (0.4192)	0.4163 (0.4934)	0.3623 (0.4815)
		大专或大学：是＝1，否＝0	0.1700 (0.3758)	0.0598 (0.2373)	0.0688 (0.2536)
		大学以上：是＝1，否＝0	0.0049 (0.0697)	0.0020 (0.0446)	0.0036 (0.0602)
otherdebt$_i$	是否存在其他借款渠道	是否存在其他借款渠道：是＝1，否＝0	0.2297 (0.4208)	0.5120 (0.5004)	0.5217 (0.5004)
tla$_i$	经营规模	家庭耕地面积的自然对数	3.5318 (0.2806)	3.4884 (0.3213)	3.5448 (0.2511)

变量符号	变量名称	变量定义及赋值	第一层次样本（1641）	第二层次样本（502）	第三层次样本（502）
$interest_i$	贷款利率	贷款利率（按月利率计算）	8.0392 (0.5663)	8.1682 (0.8228)	8.1628 (0.7449)
$size_i$	贷款金额	贷款金额（万元）	1.9212 (2.0886)	2.4006 (2.6614)	2.3099 (1.9586)
$contract_i$	承包经营	用于抵押的农地中是否有承包农地：是=1，否=0	0.8062 (0.3954)	0.7211 (0.4489)	0.7246 (0.4475)
$trans_i$	转让或入股农地	用于抵押的农地中是否有转让或入股的农地：是=1，否=0	0.2992 (0.4581)	0.3665 (0.4823)	0.4058 (0.4919)
$rent_i$	农地租赁	用于抵押的农地中是否有流转的农地：是=1，否=0	0.4753 (0.4995)	0.4701 (0.4996)	0.4601 (0.4993)
$restterm_i$	剩余经营年限	用于抵押农地的剩余经营年限	8.9664 (0.2054)	8.9183 (0.3084)	8.9058 (0.3278)
$plots_i$	农地细碎化程度	借款人经营农地的总地块数	3.0463 (1.3930)	2.9920 (1.3899)	2.9928 (1.3591)
$info_i$	农地流转平台信息发布量	借款人所处地区农地流转平台的年信息发布量	36.0701 (15.3448)	36.8267 (15.3136)	37.6486 (15.6661)

注：表中显示了均值及标准差，括号内数字为稳健标准误。

三、估计策略

第一、第二层次模型同样可能存在由遗漏变量导致的内生性问题，对此仍借助农地细碎化程度（家庭耕地总地块数）及所在地区农地流转平台的信息发布数作为工具变量。若经检验模型存在内生性，且工具变量的解释能力较强，则第一、第二层次模型均显示 IV+Probit 模型的估计结果；若经检验该变量并不是内生的，则对回归结果的分析以 Probit 模型为主。对第三层次模型进行估计同样可能涉及样本选择偏误的问题，对此的估计策略与"资本主导型"模式一致，不再赘述。

四、回归结果分析

（一）第一层次：对借款人是否存在还款表现的估计

表6-9显示了对关系主导型农地贷借款人是否存在还款表现的估计结果。考虑到遗漏农地经营权资源禀赋变量引起的内生性问题，选择农地细碎化程度（家庭耕地总地块数）及所在地区农地流转平台的信息发布数作为工具变量。对所选择的工具变量进行相关性与外生性的有效性检验。考虑工具变量与内生解释变量的相关性，对工具变量进行过度识别检验，农地细碎化程度（plots）与农地流转平台年信息发布量（information）的P值分别为0.2511、0.2535，故接受原假设，认为变量 $plots_i$ 和 $info_i$ 是外生的。弱工具变量检验第一阶段回归结果的F统计值为11.5012，大于通用临界值10。因此，有理由认为不存在弱工具变量。然而，模型（9）中农地经营权变现能力DWH检验的P值大于0.1，认为解释变量无内生性，农地经营权变现能力与扰动项并不相关，说明遗漏农地经营权资源禀赋变量对借款人是否选择还款没有影响，因此对第一层次三个模型进行回归，显示Probit方法的估计结果。

表6-9 关系主导型农地贷借款人是否还款的估计结果

解释变量	第一层次 被解释变量：$arrears_i$		
	模型（9）	模型（10）	模型（11）
$disc_i$	−0.1455 (0.2706)	—	−0.0881 (0.2844)
scr_i	—	0.0973 (0.1054)	0.0964 (0.1057)
mon_i	—	−0.1091 (0.0983)	−0.1004 (0.1004)
pre_i	—	−0.2880*** (0.0897)	−0.2880*** (0.0897)

续表

解释变量	第一层次 被解释变量：arrears$_i$		
	模型（9）	模型（10）	模型（11）
coo$_i$	—	0.0803 ** （0.0386）	0.0807 ** （0.0386）
gen$_i$	−0.2040 （0.1074）	−0.1924 * （0.1095）	−0.1926 * （0.1095）
age$_i$	−0.0217 （0.0490）	−0.0257 （0.0500）	0.0252 （0.0499）
edu$_i$（6−9]	0.1406 （0.1323）	0.1359 （0.1327）	−0.1360 （0.1327）
edu$_i$（9−12]	0.2524 * （0.1402）	0.2486 * （0.1418）	0.2498 * （0.1418）
edu$_i$［16−18）	−0.2975 * （0.1789）	−0.3073 * （0.1827）	−0.3068 * （0.1418）
inc$_i$	0.0587 ** （0.0290）	0.0565 * （0.0290）	0.0565 * （0.0290）
asset$_i$	0.0015 （0.0035）	−0.0016 （0.0036）	−0.0016 （0.0036）
otherdebt$_i$	0.7003 *** （0.0942）	0.7037 *** （0.0953）	0.7035 *** （0.0954）
tla$_i$	0.1251 （0.1406）	0.1181 （0.1384）	0.1151 （0.1389）
size$_i$	0.0135 （0.0161）	0.0149 （0.0161）	0.0149 （0.0290）
interest$_i$	−0.0003 （0.0703）	−0.0076 （0.0740）	−0.0082 （0.0741）
contract$_i$	−2.1538 *** （0.7987）	−1.2910 （0.8374）	−1.3649 （0.8604）
dum−area	control	control	control
Pseudo R^2	0.0854	0.2721	0.1003

注：各变量回归系数下方的括号内数字为稳健标准误，各种检验的括号内数字为相应的 P 值。
*、**、*** 分别表示在 10%、5%、1%的水平上显著。

模型（9）至模型（11），依次估计了关系主导型农地贷农地经营权变现能力、组群担保及两者组合担保下对借款人是否存在还款记录的影响。从估计结果来看，细碎分散化农地经营权变现能力虽然与借款人还款表现呈负向变动趋势，但并没有表现出统计量上的相关性，初步验证了假说三。组群担保效应中对借款人产生激励约束作用的变量为压力机制，在1%的水平上与借款人不还款的表现呈负相关，说明借款人所在组群中的压力机制越明显，借款人不还款的可能性越低；组群担保中的合作机制则表现出与借款人不还款表现同向变动的趋势，这与Ahlin、Townsend（2010）得出的结论一致。组群内合作越紧密，组群内其他借款人越会生出"同情心"与"同理心"，从而恶化还款表现。控制变量的估计结果多与既往研究的结论一致，尤其是借款人是否存在其他债务，与借款人还款表现在1%的水平上正相关。可见，其他债务将在很大程度上挤占借款人的流动性，影响借款人还款表现。

（二）第二层次：对借款人是否如期还款的估计

表6-10显示了对关系主导型农地贷借款人是否如期还款的估计结果。依然对所选择的工具变量进行相关性与外生性的有效性检验。在工具变量的过度识别检验中 P 值分别为0.3032、0.3120，故接受原假设，认为 $plots_i$ 和 $info_i$ 是外生的。弱工具变量检验第一阶段回归结果的 F 统计值为12.3973，大于通用临界值10。因此，有理由认为不存在弱工具变量。然而，模型（9）中农地经营权变现能力 DWH 检验的 P 值大于0.1，认为解释变量无内生性，因此对第二层次三个模型进行回归，显示 Probit 方法的估计结果。

表6-10 "关系主导型"农地贷借款人是否如期还款的估计结果

解释变量	第二层次 被解释变量：$delinquency_i$		
	模型（12）	模型（13）	模型（14）
$disc_i$	-0.1534 (0.0360)	—	-0.0654 (0.6510)
scr_i	—	0.1685 (0.1387)	0.1697 (0.1392)
mon_i	—	0.0724 (0.1312)	0.0663 (0.1353)

解释变量	第二层次被解释变量：delinquency$_i$		
	模型（12）	模型（13）	模型（14）
pre$_i$	—	−0.2799 ** （0.1169）	−0.2794 ** （0.1170）
coo$_i$	—	0.0833 ** （0.0518）	0.0827 ** （0.0518）

注：各变量回归系数下方的括号内数字为稳健标准误，各种检验的括号内数字为相应的 P 值。*、**、*** 分别表示在 10%、5%、1% 的水平上显著；控制变量的估计结果与第一层次相近，不再单独阐述。

模型（12）至模型（14）依次估计了关系主导型模式下农地经营权变现能力、组群担保及两者组合担保下对借款人是否存在还款违约情况的估计，即借款人是否如期还款。从估计结果来看，与第一层次下借款人是否存在还款行为的估计结果并无显著差异。

（三）第三层次：对借款人延迟还款天数的估计

表 6-11 显示了对关系主导型农地贷借款人延迟还款天数的估计结果。先后以 OLS 模型、考虑样本选择偏误的 Heckman 两步法，以及考虑农地经营权变现能力内生性的 IV+GMM 模型进行回归。在 Heckman 模型中，逆米尔斯比率的回归系数在 1% 的统计量上显著。可见，样本选择偏误对关系主导型模式下借款人延迟还款天数同样存在影响。在考量内生性的 IV+GMM 模型中，在控制其他影响农地经营权变现能力因素的基础上加入农地细碎化程度与农地流转平台信息发布量两个工具变量。工具变量的选择符合有效性和外生性准则，但 DWH 检验接受了解释变量外生性的原假设，即模型并不存在内生性。

因此，同样以考虑样本选择偏误的 Heckman 两步法作为实证分析的基础，依次估计了关系主导型模式下农地经营权变现能力、组群担保及两者组合担保下对借款人延迟还款天数的影响。在模型（15）中农地经营权变现能力的核心变量首次呈现出与借款人还款表现的负相关关系，在 10% 的水平上显著。这说明农地经营权变现能力的提升会降低借款人延迟还款天数，这一结果与第一、第二层的回归结果并不一致。在模型（16）中，剔除农地经营权变现能力变量，单独考量组群担保的效应，发现整体回归结果与前文无异，监视机制在10%的水平上显著。回归到关系主导型模式下组合担保的设置，同时考察农地经营权变现能力与组群效应叠加后的担保有效性问题。模型（17）的回归结果显示，当引入组群担保时，农地经营权不再表现出与借款人还款表现的相关性，但组群担保效应并没有受到影响。因此，组群担保仍是关系主导型模式下起主要担保效应的担保机制，农地经营权的担保有效性并不能得到稳健的验证。

表6-11　关系主导型农地贷未准时还款借款人延迟还款天数的估计结果

解释变量	第三层次 被解释变量：latepaymentdays$_i$		
	模型（15）	模型（16）	模型（17）
disc$_i$	-87.5367 * (16.8470)	—	-72.0505 (16.9816)
scr$_i$	—	-3.0368 (7.5346)	-3.2964 (7.9817)
mon$_i$	—	12.2718 * (7.0031)	0.9649 (7.3466)
pre$_i$	—	-17.6779 ** (6.2867)	-18.2125 ** (8.4080)
coo$_i$	—	4.2612 ** (2.5872)	2.0859 ** (2.4444)
Inverse Mill's Ratio	-16.1005 *** (16.7591)	-9.9761 *** (11.5482)	-15.2867 *** (18.5297)

　　注：各变量回归系数下方的括号内数字为稳健标准误，各种检验的括号内数字为相应的 P 值。*、**、*** 分别表示在10%、5%、1%的水平上显著；控制变量的估计结果与第一层次相近，不再单独阐述。

（四）对农地经营权稳定性的估计

　　在模型（9）、模型（12）和模型（15）的基础上引入代表农地经营权稳定性的变量（农地经营权取得方式和农地经营权剩余年限），基于农地经营权稳定性与其变现能力的联动效应，引入其与变现能力的交互项进行回归。从回归结果来看①，无论是处于借款人还款表现的哪一层次，代表农地经营权稳定性与其变现能力联动效应的交互项都没有表现出与借款人还款表现的相关性。

第四节　农地贷信用风险因子的量化证据

本章利用综改区 15 个试点区 71 个乡镇的 2877 条信贷数据，在区分贷款模式的基础上，基于担保有效性的事中约束机制，在考虑模型可能存在遗漏变量及选择偏差的内生性因素的情况下，结合借款人在信贷还款周期三个层次的还款表现，构建实证模型测度农地经营权担保有效性在事中约束阶段表现出的对借款人还款表现的激励约束机制，理清农地经营权变现能力及稳定性在借款人还款表现的不同层次表现出的有效担保效应，得出农地贷第一还款来源风险补偿能力的量化证据，具体总结如下：

从资产主导型农地贷借款人各层次的回归结果分析，第一，资产主导型模式下用于担保的集中连片农地经营权在借款人还款表现的三个层次中均表现出显著有效的激励约束作用，可提高借款人还款表现，其担保效力在试点期间还表现出与抵押担保功能相符的有效性，为试点放开后资产主导型农地贷的推开提供了事实依据；第二，对体现农地经营权流转合约特征的产权稳定性因素进一步验证，发现农地经营权剩余年限是相对于农地经营权取得方式更为直接地影响借款人还款表现的变量，遵循押品"物权"而非"债权"的权益属性，这一结论符合试点实际的表现。

可见，对于资产主导型模式下第一还款来源的风险控制可考虑以下三个方面：第一，资产主导型贷款模式的风险补偿依赖于农地经营权变现能力，农地经营权已突破了"可抵押"的权益束缚，完善了物权收储及农地流转市场管理，提高了"可变现"能力，是控制农地贷风险的有效路径；第二，农地经营权担保有效性在信贷合同到期后仍有所体现，金融机构不

---

① 由于这一联动效应的检验思想与"资产主导型"模式下的检验思想一致，且结果均未呈现统计量上的相关性，故本部分省略对该回归结果的阐述，如有需要，可向笔者索取。

可忽视逾期贷款的押品管理，应保障押品始终足值覆盖；第三，资产主导型模式下押品的筛选需更重视其彰显的"物权"权益，农地经营权抵押贷款管理办法的制定需更多关注剩余经营年限而非取得方式。

从关系主导型农地贷借款人各层次的回归结果分析，第一，关系主导型模式下用于担保的细碎化农地经营权的担保有效性没有表现出对借款人还款表现的激励约束作用。第二，关系主导型模式下起到担保有效性的是组群担保效应中的压力机制与合作机制，其中借款人所处组群的压力机制越强，借款人各层次的还款表现越好。反之，借款人所处组群的合作机制越密切，越不利于借款人提升还款表现，组群内合作效应引发的"同情心"与"同理心"会恶化借款人的还款表现。第三，忽略担保在最终还款时点的有效性同样将导致对第一还款来源风险的高估。第四，剩余经营年限虽是影响农地经营权担保有效性的主要原因，且在"资产主导型"模式下表现出规律性的特征，但在"关系主导型"模式下并没有体现出这一有效性。

可见，对于关系主导型模式下第一还款来源的风险控制可考虑以下三个方面：第一，在关系主导型模式中，建立压力机制的组群信用担保更为有效，可作为金融机构贷前调查的参考；第二，在对生产经营领域交叉度高的组群担保授信时应警惕合作效应对还款表现的负面影响；第三，对关系主导型模式下农地经营权的担保有效性有客观理性的认识，想当然地将细碎分散化农地经营权目前还未彰显的担保有效性打包进农地贷中是对金融机构信贷审查资源的浪费，同时无形中增加了借款人的负担。

第七章
农地金融信用风险损失的测度

第六章分析并检验了可能引致农地贷信贷风险的要素，但违约可能给贷款人造成的损失不仅取决于违约的可能性，还由违约后损失的严重程度决定。据此，测度农地贷预期违约概率及违约损失是判断农地贷信贷风险的重要依据。信贷风险测度模型繁多，贷款信用风险测度主要采用CreditRisk+模型（吕德宏、张无坷，2018）。CreditRisk+模型最初由瑞士信贷银行金融产品部开发，用来处理财产保险精算问题，财险发生概率较低且事件之间相互独立，服从泊松分布，这与贷款违约事件的发生相似。每笔贷款违约的概率很低，且该笔贷款是否违约独立于其他贷款，服从泊松分布，使用CreditRisk+模型可以测算贷款集的损失分布情况，预测违约后损失的严重程度。

第一节　模型特性

CreditRisk+模型仅考虑违约风险，不同于CreditMetrics模型，不考虑信用等级降级的风险，属于信用违约风险度量模型。模型假定每笔贷款在给定期间违约率不变，每个借款人违约的概率很小，且违约事件是否发生之间相互独立，违约事件发生的概率分布服从泊松分布。

CreditRisk+模型度量信用风险的优点包括：①仅需要债务工具的违约数据和风险暴露的数据，度量数据直接来源于贷款机构，准确度高，可以保障模型度量结果的可靠性。②不需要对违约原因做任何假设，仅做违约与否的区分。既往研究根据调研结果推断借款人是否违约或就违约原因将样本分类，模型受主观因素干扰，可能造成估计结果偏误。③将违约率视为连续随机变量，并将违约率的波动率纳入模型体现违约率本身的不确定性这一特征。通过使用违约率的波动率参数，模型得到简化，而且不用考虑违约相关性特征，避免依赖违约特征构建违约率预测方程的系数误差。CreditRisk+模型同样存在不足，CreditRisk+模型忽略了信用等级变化，贷款信用风险在计算期间固定不变，可能偏离了实际情况。关于信用等级变化的数据略显不足，但在本章所获信贷数据中，贷款存续期内并没有信用等级变化数据与之匹配。吕德宏、张无坷（2018）虽采用聚类分析将农户按照信用等级分类，但并没有体现"变化"因素。综上，CreditRisk+模型基本适用于农地贷信用风险测度。

第二节　仅使用风险暴露值的测度结果

一、数据描述

持续跟踪综改区农地贷运转情况，截至 2019 年 12 月，共获取综改区农地贷信贷数据 30071 笔，其中组合担保 19200 笔，担保品记录中存在缺失的异常数据 3690 笔，剔除异常数据后剩余的 7181 笔被纳入农地贷风险测度样本（见表 7-1）。

表 7-1　风险暴露值描述性统计

	均值	标准差	最小值	最大值
风险暴露值	243967.7	1423769	2000	49000000

二、模型分布与测算思路

本部分使用 7000 余条信贷记录，为便于计算，采用适合计算机实现的分阶段混合算法。使用 CreditRisk+模型分两阶段测算农地贷信用风险的违约损失率以及信用暴露，两者相乘即为借款人违约后损失的严重程度。

CreditRisk+模型的基本假定是借款人 i 贷款存续期内年均违约率不变。

（1）关于违约概率分布。假定贷款集中有 N 个借款人，p_i 表示借款人 i 在贷款存续期内年均违约概率。那么，$\lambda = \sum_{i}^{N} p_i$ 表示 N 个借款人的年均违约水平，p 表示 N 个借款人发生 n 次违约事件的概率。如果 N 个借款人年均违约数为 λ 且均值不变，那么 N 个借款人违约的概率 p 就可以表示为 $p = \dfrac{e^{-\lambda}\lambda^n}{n!}$，二项分布在试验次数趋于无穷大时的极限情况，p 服从泊松分布。

（2）关于信用暴露的分布。为便于计算机实现分阶段混合算法，Credit-Risk+模型对信用暴露测算部分采取频段划分法。对于贷款集中大小不同的风险敞口按照不同的频段划分，根据贷款集特征，选取一个表示损失大小的量纲单位（如 1 万元），使各风险敞口得以四舍五入归整后落入不同频段。以包含 N 笔贷款的贷款集为例：第一，根据所有贷款的风险暴露情况设定风险暴露频段值，记为 L；根据贷款集信用暴露的分位数特征，选取 L=100 作为频段值。第二，用 N 笔贷款中最大一笔贷款的风险暴露值除以频段值 L，将计算结果四舍五入为整数，计入风险暴露的频段总级数 m；j 为风险敞口的频段，$1 \leqslant j \leqslant m$；$v_j$ 为频段 j 风险敞口大小的无量纲数；λ_j 为频段 j 的年均违约数；ε_j 为频段 j 预期损失的无量纲数，$\varepsilon_j = v_j \times \lambda_j$；$A_n = p(nL)$ 表示贷款集中 n 笔贷款发生频段值损失的概率。已知违约分布可由 $p = \dfrac{e^{-\lambda}\lambda^n}{n!}$ 计算，各频段损失分布可通过求解 CreditRisk+模型损失概率生成函数的乘积得到，A_n 递归形式的解为 $A_n = \sum_{j:\ v_j \leqslant n} \dfrac{\lambda_j v_j}{n!} A_{n-v_j} = \sum_{j:\ v_j \leqslant n} \dfrac{\varepsilon_j}{n!} A_{n-v_j}$，违约后损失的严重程度为 $E\_Loss = p \times A_n$

三、农地贷预期损失测度

本部分计算均使用 Python 3.8.5 实现。

（一）风险暴露频段分级

第一，用以测算的贷款集由 7181 笔贷款构成，根据 7181 笔贷款 50%分位数设定风险暴露频段值 L=100 万元。在 7181 笔贷款中最大一笔贷款为 4900 万元，因此风险暴露总级数为 49，得到 49 个风险暴露频段级，以此为

v_1、v_2、$\cdots$、v_m，v_i 所对应的风险暴露量为 L_i。第二，将每笔贷款的风险暴露量除以频段值49，四舍五入后将该笔贷款归类到该整数值对应的频段值，得到所有贷款对应的风险暴露频段值。

（二）各个频段级的违约概率和损失分布

假设处于 v_i 频段级贷款的平均违约数为 λ_i，所有贷款样本划级归类后处于 v_i 频段级的贷款数目为 N_i，显然，$N_1 + N_2 + \cdots + N_m = N$，于是，由 $p = \dfrac{e^{-\lambda}\lambda^n}{n!}$ 可得：

$$EL(i,j) = jL_i \frac{\lambda_j e^{-\lambda_i}}{j!}, \quad j = 1, 2, \cdots, N \tag{18}$$

得到处于 v_i 频段级的违约概率分布及其对应的损失分布。

（三）贷款组合的违约概率和损失分布

求得各个频段级的贷款违约概率和预期损失后，要加总49个风险暴露频段级的损失，以得到7181笔贷款组合的损失分布。考虑到各种预期损失可能的结合来计算概率。假设7181笔贷款中处于 v_i 频段级的违约数为 n_i，得到一个依次对应于49个频段级的违约组合（n_1，n_2，$\cdots$，n_m）。于是，根据 $L_i = L \times i$ 计算出该违约组合对应的风险暴露量为：

$$L_1 n_1 + L_2 n_2 + \cdots + L_m n_m = Ln_1 + 2Ln_2 + \cdots + mLn_m = (n_1 + 2n_2 + \cdots + mn_m)\, L = nL \tag{19}$$

根据贷款违约事件的独立性假设和泊松分布假设，得到对应于违约组合（n_1，n_2，$\cdots$，n_m）的7181笔贷款组合的违约概率为：

$$P_n(n_1, n_2, \cdots, n_m) = \prod_{i=1}^{m} \frac{\lambda_i^{n_i} e^{-\lambda_i}}{n_i!} \tag{20}$$

用 G 表示满足 $n_1 + 2n_2 + \cdots + mn_m = n$ 的所有违约组合（$n_1 + n_2 + \cdots + n_m$）的集合，即：

$$G = \left\{ (n_1 + n_2 + \cdots + n_m) \mid n_1 + 2n_2 + \cdots + mn_m = n \right\} \tag{21}$$

包含7181笔贷款的贷款集风险暴露或违约损失等于 nL 的概率为：

$$P(Loss = nL) = \sum_{(n_1 + n_2 + \cdots + n_m) \in G} P_n(n_1 + n_2 + \cdots + n_m) \tag{22}$$

对应的预期损失为：

$ELoss_n = nL \times P(Loss = nL)$，其中 $n = 1, 2, \cdots, m$。

未累计前的预期违约损失分布如图 7-1 所示。

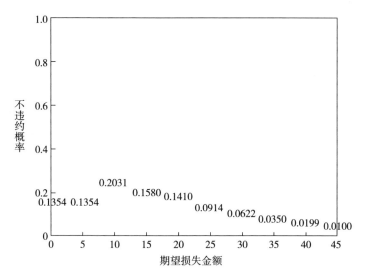

图 7-1　未累计前的预期违约损失分布

整理并计算累计概率密度后，得到贷款集的预期违约损失分布情况（见图 7-2）。

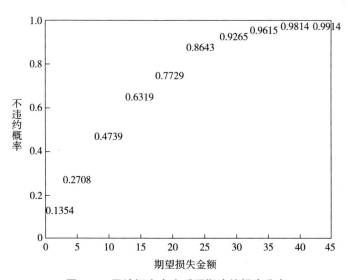

图 7-2　累计概率密度后预期违约损失分布

可知，包含 7181 笔农地贷的贷款集，未来一年贷款损失金额期望为 135 万元，大约有95%的概率该贷款集未来损失金额不会超过 4500 万元。

第三节　使用信用评分分类的 Var 测算

估计未到期贷款测试集的违约概率、违约概率标准差、违约损失率和风险敞口等参数，运用 CreditRisk+模型对未到期贷款测试集估算信用风险，违约概率和违约概率的标准差由 Logit 模型回归得到。根据样本地区风险防范基金相关政策文件，以样本地区涉农贷款总额度为权重，得到农地经营权抵押贷款的违约损失率为 54.42%，并以此计算出风险敞口。

以农户是否违约为被解释变量进行 Logit 模型回归，得到农户违约概率与违约概率标准差。

一、违约的代理变量选择

一般用借款人是否违约来表示事后道德风险，但违约的代理变量相对繁杂。第一类代理变量依据贷款质量五级分类法，将损失类贷款定义为违约。第二类代理变量相对严苛，将借款人是否逾期定义为违约，借款人逾期 30 天（或 60 天）以上被纳入违约样本。第三类代理变量进一步细化了逾期借款人表现，根据逾期天数设计虚拟变量或使用逾期次数考察借款人违约情况。考虑到本章实证分析数据，使用较为严苛的违约定义，剔除未到期样本，将已到期并逾期 30 天以上的贷款计入违约。

二、控制变量

代表还款方式的变量为 $installment_i$，$installment_i = 1$ 说明借款人选择分期还款，$installment_i = 0$ 说明借款人到期一次性还本付息，两种还款方式具有截然不同的借贷结构。对于借款人过去还款表现（$postperformance_i$），若借款人过去三年不曾有贷款逾期或者违约记录，则 $postperformance_i$ 为 1，否则为 0。贷款人可以根据借款人过去的履约情况预测其未来还款表现，曾出现过逾期或违约的借款人在未来违约的可能性会增加，影响贷款人风险定价（尹云松，1995；于丽红、兰庆高，2013）。对于是否为循环授信贷款（circulation$_i$），若借款人该笔贷款为循环授信贷款，则 circulation$_i$ 为 1，否则为 0。循环贷款为借款人在授信期限内可以随取随用随还授信额度的贷款，每次清偿后借款人再次使用授信额度被计为新的信贷记录，但在该授信期限内利率定价并没有改变，需要控制该变量的影响。对于贷款用途（loanuse$_i$），若贷款用途为农业生产经营，则 loanuse$_i$ 为 1，消费为 0。贷款用途影响资金借贷成本，由于消费类贷款存在资金使用难监测及还款来源与资金使用不相关等影响贷款人监管的要素，消费类贷款利率普遍高于生产经营性贷款。抵押率（mortgagerate$_i$）为贷款金额与农地评估价值的比值；贷款利率（interestrate$_i$）反映借款人资金成本，贷款利率越高，借款人投资成本越高，预期回报率越低，违约概率越高。贷款金额的自然对数（lnamount$_i$）以及贷款期限的自然对数（lnmaturity$_i$）是信贷合同重要的构成要素，直接影响贷款定价。此外，模型还加入地区虚拟变量 dum_region，控制地区经济环境、社会环境以及信用环境差异对贷款定价的影响；引入时间虚拟变量 dum_starttime 控制经济周期与信贷周期的定价差异；引入借款人类型虚拟变量 dum_borrowertype，控制贷款人对不同类型借款人定价的系统性差异，描述性统计如表 7-2 所示。

$$default_i = cons + \eta_1 interestrate_i + \eta_2 circulation_i + \eta_3 postperformance_i + \eta_4 loanuse_i +$$
$$\eta_5 installment_i + \eta_6 lnamount_i + \eta_7 lnmaturity_i + \eta_8 mortgagerate_i +$$
$$\delta_1 dum\_region_i + \delta_2 dum\_starttime_i + \delta_3 dum\_borrowertype_i + \varepsilon_i \quad (23)$$

表 7-2　变量设计与定义

变量符号	变量名称	变量定义	变量数	均值	标准差
default$_i$	违约	已到期并逾期 30 天以上：是 =1，否 =0	6571	0.2356	0.4244
interestrate$_i$	贷款利率	贷款月利率（‰）	6571	9.3309	1.185
circulation$_i$	循环授信贷款	是否为循环授信贷款：是 =1，否 =0	6571	0.0215	0.1449
postperformance$_i$	过去还款表现	借款人过去三年不曾有不良记录：是 =1，否 =0	6571	0.9613	0.1928
loanuse$_i$	贷款用途	贷款是否用于农业生产经营：是 =1，否 =0	6571	0.9956	0.0663

变量符号	变量名称	变量定义	变量数	均值	标准差
installment$_i$	还款方式	借款人分期还款，是＝1，否＝0	6571	0.0347	0.183
lnamount$_i$	贷款金额	贷款金额的自然对数	6571	10.4601	1.1293
lnmaturity$_i$	贷款期限	贷款期限（月）的自然对数	6571	2.5324	0.2321
mortgagerate$_i$	抵押率	贷款金额/担保品评估金额	6571	0.4559	0.1681

对模型变量进行相关性分析，如表7-3所示，变量相关性检验矩阵显示变量相关性基本在1%的水平上显著。

表7-3 相关性分析

	default	interestrate	circulation	postper formance	loanuse	installment	lnamount	lnmaturity	mortgagerate
default	1								
interestrate	0.108 ***	1							
circulation	0.081 ***	0.102 ***	1						
postper formance	−0.311 ***	−0.105 ***	0.030 **	1					
loanuse	−0.039 ***	0.067 ***	0.01	−0.013	1				
installment	0.144 ***	0.100 ***	0.230 ***	−0.182 ***	−0.038 ***	1			
lnamount	0.213 ***	−0.044 ***	0.378 ***	−0.122 ***	−0.040 ***	0.263 ***	1		
lnmaturity	0.076 ***	0.220 ***	−0.067 ***	−0.124 ***	−0.058 ***	0.223 ***	0.070 ***	1	
mortgagerate	0.003	0.087 ***	−0.076 ***	−0.072 ***	0.006	−0.034 ***	−0.199 ***	0.043 ***	1

注：*、**、*** 分别表示在10%、5%、1%的水平上显著。

对模型（23）进行回归，interestrate 的回归系数与 default 的回归系数在1%的水平上显著，利率越高，借款人违约概率越高；circulation 的回归系数未呈现统计量上的显著性，但回归系数为负，说明循环类贷款违约率更低；postperformance 与 default 在1%的水平上显著，可见借款人过去还款表现越好，越不易违约；loanuse 同样与 default 在1%的水平上显著，说明与消费类贷款相比，用于生产经营的贷款违约概率更低；installment 与 default 在1%的水平上显著，说明分期还款的贷款违约率更高；lnamount 与 default 在1%的水平上显著，贷款金额越大，贷款违约概率越高；Inmaturing 与 mortgagerate 未呈现统计量上的显著性（见表7-4）。

表 7-4 **Logit 回归结果**

	default
interestrate	0. 2098 ***
	(0. 0424)
circulation	−0. 0268
	(0. 2285)
postperformance	−3. 2017 ***
	(0. 2147)
loanuse	−1. 2578 ***
	(0. 3597)
installment	0. 4072 *
	(0. 1737)
lnamount	0. 4134 ***
	(0. 0389)
lnmaturity	−0. 0565
	(0. 1566)
mortgagerate	0. 1383
	(0. 1951)
_ cons	−3. 1098 ***
	(0. 7713)
N	6571
pseudo R^2	0. 1133

注：括号内数字为稳健标准误，*、**、*** 分别表示在10%、5%、1%的水平上显著。

令 $\ln\left(\dfrac{P}{1-P}\right) = \eta_0 + \eta_1 X_1 + \eta_2 X_2 + \eta_3 X_3 + \eta_4 X_4 + \eta_5 X_5 + \eta_6 X_6 + \eta_7 X_7 + \eta_8 X_8 + \varepsilon = Z$，

由于 circulation、lnmaturity 和 mortgagerate 的回归系数未呈现显著性，剔除计算违约概率公式，则得 $\ln\left(\dfrac{P}{1-P}\right) = Z = -3.1098 + 0.2098X_1 - 3.2017X_3 -$

$1.2578X_4 + 0.4072X_5 + 0.1383X_8$。

借款人最终违约概率为 $P(y=1) = \dfrac{\exp(Z)}{1+\exp(Z)}$。

将 6571 个样本代入 $P(y=1) = \dfrac{\exp(Z)}{1+\exp(Z)}$ 中计算借款人违约概率，违约概率均值为 0.2527，标准差为 0.1668。将违约概率乘以 100 记为借款人信用评分，可得借款人信用评分的均值为 25.2741，标准差为 16.6797。根据五级贷款分类进行聚类分析，得到表 7-5。

表 7-5　借款人违约概率聚类分析结果

类别	最小值	均值	最大值	标准差
优秀	0.6957	0.8736	0.9908	0.0253
良好	0.3712	0.5155	0.6916	0.011
中等	0.2064	0.2241	0.368	0.0112
较差	0.1617	0.1873	0.2041	0.1625
差	0.0325	0.1324	0.1594	0.0529
总数	0.0325	0.2527	0.9908	0.1668

第四节　Var 计算

在农地贷（LGD）为 54.42% 的情况下，测算得到农地贷风险敞口（EAD）为 111094 万元，标准差为 81 万元，预期损失为 28084 万元。分别计算 UL（非预期损失）与 EL（预期损失），WCL（最大损失）= UL+EL，即 Var 值。根据计算公式，得到：

$$EL = PD \times LGD \times EAD \tag{24}$$

其中，PD 为借款人违约概率，LGD 为违约的损失分布，EAD 为未受保护的头寸。

$$UL = EAD \times \sqrt{PD \times \sigma_{LGD}^2 + (E[LGD])^2 \times \sigma_D^2} \tag{25}$$

其中，σ_{let}^2 为 LGD 的方差，$E[LGD]$ 为 LGD 的均值，σ_D^2 为违约概率的方差。

$$WCL=EL+UL \tag{26}$$

据此，计算贷款集 Var，Var 分布情况如图 7-3 所示。

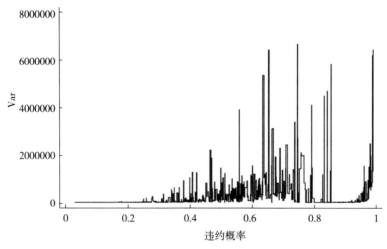

图 7-3　Var 分布情况

在 90%~99.9%的置信水平下分别计算 Var 与 UL（见表 7-6）。

表 7-6　不同置信水平下的 Var 与 UL

置信水平（%）	UL（万元）	Var（万元）
90.00	1708	4706
95.00	1822	4946
97.00	1957	5050
99.00	2091	5154
99.50	2107	5204
99.90	2208	5306

由表 7-6 可知，随着风险置信程度的提升，非预期损失与信用损失加大。在 95% 置信水平上，剔除未到期贷款样本后，未来一年包含 6571 笔农地贷的贷款集，未来一年贷款损失金额期望为 152 万元，大约有 95% 的概率该贷款集未来损失金额不会超过 4946 万元，与仅使用风险暴露值的 python 测度结果近似。在 99.9% 置信水平上，非预期损失占信用损失的比例为 41.61%，低于 54.42% 的预期损失概率。

由表 7-7 得知,将模型(23)相关变量与信用风险 Var 回归后发现,部分变量回归系数发生改变。circulation 的回归系数在 1% 的水平上与 lnWCL 相关,说明循环贷款信用风险的损失额度更高;mortgagerate 的回归系数与 lnWCL 在 1% 的水平上负相关,说明抵押率越高,金融机构未来面临的信用风险损失越小,这与信用风险的补偿理论一致。其他变量与违约概率的回归结果近似,因此不再单独讨论。

表 7-7 信用损失的风险相关因子

lnWCL			
interestrate	0.0883 *** (0.0013)	lnamount	1.1559 *** (0.0022)
circulation	0.0587 *** (0.0107)	lnmaturity	0.0103 (0.0073)
postperformance	−0.8605 *** (0.0144)	mortgagerate	−1.9852 *** (0.0118)
loanuse	−0.5647 *** (0.0124)	_ cons	−2.2503 *** (0.0343)
installment	0.1270 *** (0.0094)	N	6571
		R^2	0.9962

注:括号内数字为稳健标准误,* 、** 、*** 表示在 10%、5%、1% 的水平上显著。

综上所述,未来一年农地贷信用风险损失期望为 152 万元,大约有 95% 的概率该贷款集未来损失金额不会超过 4946 万元。非预期风险损失的占比为 41.61%,低于 54.42% 的预期损失概率。非预期损失概率低于预期损失概率,说明未来一年金融机构可能面对的非预期损失低于未受保护头寸,同时低于受保护头寸,金融机构无须过于警惕农地贷信用风险。此外,贷款利率、循环授信贷款、分期还款、贷款金额及贷款期限与信用风险损失正相关,过去还款表现、贷款用途及抵押率与信用风险损失负相关,金融机构设置信贷合约时可关注相关信贷合约要素的设置。

第八章

农地金融信贷风险控制能力的测度

依据信贷风险管理理论，以信贷合同到期日为界，事前风险补偿及事后风险缓释构成了风险补偿的全视角。事前风险由借款人按时偿付贷款本息，事后风险则由押品变现或第三方风险分担措施补偿。鉴于农地贷试点期内附加了第三方风险补偿的措施，本章以不完全契约理论为依据提出理论假说，阐释事前风险补偿及事后风险缓释的风险补偿全视角下农地贷信贷风险控制的作用机理，并借助结构方程模型（SEM）予以检验，以呈现对农地贷信贷风险控制能力的量性认知。

第一节 问题的提出

依据德索托效应①，农地贷可有效破解农村地区的信贷抑制问题，但自农地贷试点以来，这一问题的解决效果并不理想。作为农地产权制度变迁中资产资本化的产物，农地产权关系模糊、产权规则市场失灵等产权制度障碍损害了基于农地经营权担保能力的信贷契约效力，导致农地贷风险控制的症结，严重制约了农地贷发展（罗兴、马九杰，2017）。因此，进行产权制度改革，优化产权关系，实现有效的制度安排，是改善契约效力、控制农地贷风险的重要方向。

产权制度是指既定产权关系与产权规则结合而成的，且能对产权关系实现有效的制度安排。一些学者对农地产权制度优化（以下简称制度优化）

① 德·索托效应是德·索托在《资本的秘密》一书中对所有权六大效应中资产经济潜能效应的解读，若将广大发展中国家农民手中资产的产权明晰化，可以激发资产的资本化潜能，用于建立信用体系和交换，从而帮助穷人脱贫。

问题做出探索：从产权关系的角度出发，稳定的产权有利于农地资本化发展，提高银行对农地押品的接受度（Besley and Chatak，1993；Deininger et al.，2004）；完善的农地产权制度可降低农村融资约束，缓解信贷抑制（Deininger and Binswanger，1999）；明确农地产权内容及权利的实现可弥补农地贷的先天不足（刘奇，2014；高圣平，2014；涂圣伟，2016）；从产权规则来说，农地流转、抵押、收储、再融资等都是农地贷制度可持续发展过程中不可或缺的制度保障（罗剑朝，2005；程郁、王宾，2015）。此外，制度优化还可防范信用风险及市场风险的发生（王超等，2014；于丽红等，2014；孟楠等，2016）。

现有针对农地贷风险的研究多从割裂的、层次化或板块化的局部特征出发，测度农地贷风险暴露的各种因素，却忽略了对风险形成机制的分析。事实上，农地贷风险暴露的背后是制度缺陷导致的不完全契约，因无法规定各种或然状态中当事人的权责，事前权利的不明晰必然增加事后监督与再谈判的成本，从而引发农地贷风险。探索制度优化对风险补偿的作用路径，捋清事前风险补偿及事后风险缓释对农地贷风险控制的作用机理，将有助于构建、完善农地贷风险控制体系。本章以不完全契约理论为依据，借助中国农村金融综改区420名信贷员的调查数据，构建结构方程模型（SEM），实证分析制度优化借由契约效力改善对风险补偿能力提升和农地贷风险控制的作用路径。

第二节　农地贷风险控制的作用机理、研究假说及变量选取

标准的契约理论假定契约是完全的，但 Williamson（1985）和 Hart（2003）指出由于当事人的有限理性、机会主义行为、外部环境复杂、信息不完全和不对称，以及交易费用等因素的存在，现实中的契约多是不完全的。我国农地产权即是一种不完全契约，农地贷以农地经营权为抵押品订立的贷款契约与农地流转契约继承了这一不完全性，具体表现为抵押品失效、抵押品未来现金流不可预期与抵押品难以处置。不完全契约将损害契约效力，增加风险暴露的概率。因此，通过制度优化降低契约的不完全性

是提高契约效力、控制农地贷风险的有效途径。

一、农地贷风险控制的作用机理与研究假说

(一) 制度优化对契约效力的作用机理与研究假说

农地产权关系与产权规则的优化降低了交易费用，提高了产权关系的配置效率，改善了农地贷契约的不完全性，进而提升了农地贷契约效力，控制了农地贷风险的发生。下面分别考察制度优化对贷款契约效力和农地流转契约效力的影响：

第一，制度优化与贷款契约效力。三权分置改革将农地承包经营权拆分为农地承包权与农地经营权，厘清了不同权利主体的产权关系，稳定了农地的经营预期，为农地经营权的资本化提供了可期的现金流。农地确权登记将每一公顷地块与其所有权、承包权及经营权予以确认，缓解了农地产权规则的市场失灵问题（陈中民，1992）。农地经营权担保物权是贷款契约订立的基础，农地不完全产权的优化为农地经营权担保物权提供了权利载体，贷款契约效力改善。2017 年《中华人民共和国农村土地承包法修正案（草案）》赋予了农地经营权融资担保的物权属性，通过法律干预弥补不完全契约造成的无效率问题。国家通过立法或司法程序可缔造由国家机器保障执行的"默示规则"，按照规则调整不完全契约下当事人的权利和义务，使"默示规则"下实现契约的一次性成本小于私人谈判的成本，从而减少不完全契约带来的效率损失（杨瑞龙、聂辉华，2006）。2017 年全国人大农业与农村委员会提交的《中华人民共和国农村土地承包法修正案（草案）》肯定了第三方经营主体拥有合法流转取得农地经营权的处置权，同时捋顺了与其他相关法规的相悖条款，从权利界定的角度优化了农地产权关系，有利于降低事前缔约成本及事后证实成本，降低了贷款契约的不完全性。

第二，农地流转配套制度优化与农地流转契约效力。配套设施建设是农地产权再处置的保障。配套设施建设的不完备将直接导致单一层级当事人进行利益博弈时"私人秩序"胜过"社会秩序"（Macaulay，1963），用于识别、纠正和谈判的交易费用增加，加剧了契约的不完全性（Coase，1960）。农村产权市场建立层级式物权服务平台，降低由农地资产专用性及交易频率导致的交易费用，节约农地流转契约的订立成本，有利于农地流

转契约效力改善。

据此提出以下假说：

假说六：制度优化对贷款契约效力具有正向影响。

假说七：制度优化对农地流转契约效力具有正向影响。

（二）贷款契约效力对风险补偿的作用机理与研究假说

借款人还款意愿及能力、抵押品风险缓释能力及第三方风险补偿能力是信贷风险补偿的渠道。制度优化提升了贷款契约订立过程中押品筛选与产权治理的有效性，有利于发挥贷款契约效力对风险补偿的激励约束作用。

1. 贷款契约效力与借款人还款意愿及能力

由于不可预见的或然性及机制不完备下的制约与监督无力等问题，信息不对称大量存在，由此导致的机会主义行为将造成贷款人的损失。制度优化赋予了农地产权作为押品的筛选功能，有利于金融机构辨别具备还款能力的借款人，降低由事前信息不对称导致的信任损失。此外，农地产权稳定可期的现金流有利于合理设置贷款契约中的抵押率与贷款金额要素，促使借款人在违约与抵押品的或然损失间权衡，可约束借款人的机会主义行为，提高还款意愿。

据此提出以下假说：

假说八：贷款契约效力对借款人的还款意愿及能力具有正向影响。

2. 贷款契约效力与抵押品风险缓释能力

贷款金额、抵押率、用途、期限、利率等要件是贷款契约的构成要素。抵押率与贷款金额的设定取决于农地经营权评估价值，期限应与农业生产周期相匹配，利率与贷款期限一般正相关，用途被限制为农业生产经营。产权治理机制完备后，契约中无法具体规定的剩余控制权会下降，每一层级契约订立及监督的交易费用下降，农地押品变现的执行费用、价值波动损失、风险暴露比均可得到缓解，从而有利于抵押品风险缓释能力的提升。

据此提出以下假说：

假说九：贷款契约效力对抵押品风险缓释能力具有正向影响。

3. 贷款契约效力与第三方风险补偿能力

保险、担保池与收储是第三方风险补偿的主要来源。受益于产权治理相对完善后契约不完全性的降低，保险定价与损失评估的协商费用下降，收储的产权接收与招拍挂的产权关系争议减少，对第三方风险补偿能力的提升可起到积极的促进作用。

据此提出以下假说：

假说十：贷款契约效力对第三方风险补偿能力具有正向影响。

（三）农地流转契约效力对风险补偿的作用机理与研究假说

农地流转契约的核心是产权的配置，配置的效率取决于农地产权的定价。由于交易费用的存在，最优产权结构是在产权边界完全或不完全界定的选择中不断权衡形成的阶段性帕累托均衡点的集合，因此从动态的角度看，产权是一种不完全契约。这里，借鉴罗必良（2014）关于农地流转市场的分析线索，从禀赋效应、产权强度及治理机制优化的角度，分析产权的不完全契约得到改善后农地流转契约效力与风险补偿的关系。

1. 农地流转契约效力与借款人还款意愿及能力

制度优化后，剩余产权损失的降低赋予产权主体更强的控制力，为持续拥有这一物品，产权主体愿意付出更多的金钱，这就是禀赋效应（Thaler，1980）。禀赋效应提升了农地流转契约的配置能力，会促使产权主体产生"损失规避"的心理，从而抑制其因违约丧失产权权利的机会主义行为。

据此提出以下假说：

假说十一：农地流转契约效力对借款人还款意愿及能力具有正向影响。

2. 农地流转契约效力与抵押品信用缓释能力

巴塞尔新资本协议强调，提高抵押品变现能力是增强抵押品信用缓释功能的方式。农地贷以农地经营权为押品，其变现能力与农地产权强度正相关（Alchian，1965）。产权强度是指当产权受到第三方侵害时受保障的程度，不完全产权下农地的产权关系与产权规则模糊，导致产权强度稀释（Y. 巴泽尔，1997）。可见，提升农地产权强度是加强不完全契约下农地押品信用缓释能力的关键。产权关系与产权规则的明晰改善了产权的价值实现机制，降低了产权实现的交易成本，提升了产权主体对农地的产权强度。因此，随着农地流转契约配置产权能力的提升，抵押品信用缓释能力随之增强。

据此提出以下假说：

假说十二：农地流转契约效力对抵押品信用缓释能力具有正向影响。

3. 农地流转契约效力与第三方风险补偿能力

农地贷的第三方风险补偿由政府出资设立的担保池、农业保险与物权融资服务平台收储三方面构成，治理机制优化改善了农地流转契约中关于产权关系与产权规则的约定，产权关系的实现呈现层级化特征，有利于明确多元化风险来源下产权关系的处理原则及次序。在担保池资金支出前提、保险金赔付厘定、受益人优先受偿及收储的再处理方面权责拟定有据可循，有利于优化第三方风险补偿能力。

据此提出以下假说：

假说十三：农地流转契约效力对第三方风险补偿具有正向影响。

（四）风险补偿对农地贷风险控制的作用机理

风险补偿分为事前风险补偿和事后风险缓释，以借款人是否按规定时点履行贷款契约为界，事前风险由借款人按时偿付贷款本息，事后风险则由押品变现或第三方风险分担措施补偿。借款人还款意愿及能力越强，贷款契约效力越高，农地贷风险越低；而当借款人违约时，押品变现能力越强或第三方风险分担措施越有效，金融机构信用风险越低，农地贷风险可得到一定控制。

据此提出以下假说：

假说十四：借款人还款意愿及能力对农地贷风险控制具有正向影响。

假说十五：抵押品风险缓释能力对农地贷风险控制具有正向影响。

假说十六：第三方风险补偿能力对农地贷风险控制具有正向影响。

将上述假说进行整理，形成本章研究的基本框架（见图8-1）。

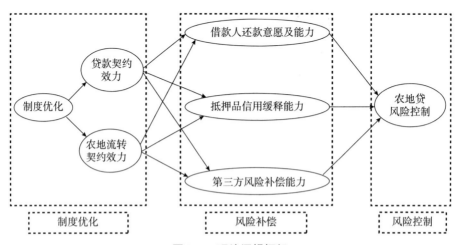

图8-1 理论逻辑框架

二、基于文献的变量选取

(一) 制度优化

制度优化在于提升产权关系与产权规则安排对产权的配置能力，体现在法治优化与治理结构优化两方面。法治优化体现为保护、确立、界定产权的法律制度完整（刘奇，2014；高圣平，2014；涂圣伟，2016）；治理结构优化体现为对控制权和剩余索取权的分配，农地确权在权利完整性、主体明晰性、权利边界性方面的改革优化了产权主体的控制权（姜新旺，2007；王昉、缪德刚，2013）；配套设施建设为剩余索取权的分配提供了价值实现的平台。结合文献与制度优化安排，本章选择法规完善度（so1）、农地确权完成度（so2）及配套设施建设覆盖度（so3）测度制度优化变量。

(二) 贷款契约效力

契约虽是源于法理的概念，但普遍存在于经济行为当中，通过契约要素约定并保障当事人的权利及义务。潘文轩（2015）认为抵押率的合理性是影响贷款契约效力的重要因素；林乐芬、沈一妮（2015）从产品设计的角度指出还款方式与生产周期匹配性及贷后管理是农地贷贷款契约中需要特别重视的要素；于丽红等（2014）发现贷款资金的实际用途对借款人还款能力影响显著；关于农业生产经营中可能发生的自然灾害、人身伤害等不可预见性风险，设立必要的保险措施可对信贷契约订立双方形成补偿性保障（陈菁泉、付宗平，2016）。据此，本章选取贷款抵押率合理性（fc1）、还款周期匹配度（fc2）、财产保险覆盖度（fc3）、贷后管理水平（fc4）及实际贷款用途一致性（fc5）测度贷款契约变量。

(三) 农地流转契约效力

农地流转价格是农地流转契约的核心要素。从既有研究来看，农地流转市场发育程度、农地流转范围、价值评估体系（于丽红，2014）、农产品价格波动（惠献波，2015）、农地区位等指标均对农地流转价格具有一定作用（吕琳，2016），从而影响农地流转契约效力。据此，本章引入农地流转范围（tc1）、农地评估机制合理性（tc2）、农产品价格波动程度（tc3）测度农地流转契约变量。

（四）借款人还款意愿及能力

借款人性别、年龄、受教育程度、家庭人口规模、信誉、家庭固定资产价值、金融素养、家庭年平均收入等反映借款人经济行为及社会网络关系的指标可用来测度借款人还款意愿及能力（Lin，2011；Stiglitz and Weiss，1981；Elhiraika，1999；Gaurav and Singh，2012）。结合本章研究内容，选取家庭固定资产价值（bwa1）、信誉（bwa2）、借款人受教育程度（bwa3）及家庭收入水平（bwa4）作为测量指标。

（五）抵押品信用缓释能力

考察押品变现与贷款本息间的覆盖关系，依据《商业银行押品管理指引》①，押品可以变现、易于变现及变现价值是衡量押品是否具备信用风险缓释功能的标准。因此，本章选取农地押品可流转（crc1）、农地押品变现难度（crc2）及农地押品变现价值与评估价值比的合理性（crc3）作为测量指标。

（六）第三方风险补偿能力

受制于农地押品的特殊性和农业生产的天然弱质性，出于信用风险与农业生产风险转移与控制的考量，一般通过农业保险（trc1）、设置担保池（trc2）与物权收储（trc3）三种渠道分散农地贷风险，本章引用该三项指标测度第三方风险补偿能力变量。

（七）农地贷风险控制

信贷风险控制体现在风险规避、损失控制、风险转移及风险保留方面（Acharya，2005）。当贷款人在贷前调查阶段发现借款人涉及主要风险点，贷款人将有意识地放弃风险投资行为，以规避信贷风险；当借款人出现违约行为，贷款人将采取措施降低损失的可能性；通过合同或保险转移风险

---

① 原中国银行业监督管理委员会《商业银行押品管理指引的通知》（银监发〔2017〕16号）第三条指出，押品是指债务人或第三方为担保商业银行相关债权实现，抵押或质押给商业银行，用于缓释信用风险的财产或权利。

也是可能的安排；当风险无可消化，贷款人将风险自承。据此，根据综改区农地贷开展的实际，选取贷款审批未通过率（rc1）、催收率（rc2）与呆账回收率（rc3）衡量农地贷风险控制。

第三节 研究方法与数据

一、研究方法

（一）研究方法的选择

本章以农地贷风险为研究对象，探求制度优化对农地贷风险控制的作用路径。根据本章提出的研究假说，涉及的各个变量之间的关系错综复杂，如制度优化同时对贷款契约效力与农地流转契约效力具有影响；贷款契约效力不仅对借款人还款意愿和能力具有影响，还可能通过这一风险补偿手段间接地影响农地贷风险控制情况。由于各变量无法直接观测，需要用具体的观测指标来度量，因此本章研究内容属于无法直接观测又必须研究探讨的问题。结构方程模型整合了因素分析与路径分析，既可以通过直接观测到的变量来反映无法测量的潜在变量，又可以处理观测变量、潜在变量、干扰或误差变量间的关系，进而获得自变量对因变量的影响效果，这正是本章研究多变量之间关系所需要的。此外，结构方程模型能以较小的误差测度变量之间的内在关系，进而提高估计结果的准确性。综合比较各种计量分析方法，结构方程模型是比较适合本章的研究方法。

（二）结构方程模型设定

本章运用结构方程模型分析制度优化、贷款契约效力、农地流转契约效力、借款人还款意愿及能力、抵押品信用缓释能力、第三方风险补偿能力与农地贷风险控制之间关系的作用机理。一个完整的结构方程模型包括测量方程和结构方程（见图8-2）。

测量方程体现观测变量与潜在变量之间的函数关系：

$$X = \Lambda_v \xi + \delta$$

$$Y = \Lambda_v \eta + \varepsilon$$

其中，ξ 为外生潜在变量；η 为内生潜在变量；X 为由外生潜在变量 ξ 的观测变量组成的向量，Y 为由内生潜在变量 η 的观测变量组成的向量；Λ_v 为观测变量在外生潜在变量 ξ 上的因素负荷矩阵，表示观测变量与外生潜在变量之间的关系；Λ_v 为观测变量在内生潜在变量 η 上的因素负载矩阵，表示观测变量与内生潜在变量之间的关系；δ 与 ε 分别为观测变量 X 与 Y 的测量误差。

结构方程体现潜在变量之间的因果关系：

$$\eta = B\eta + \Gamma\xi + \zeta$$

其中，B 为内生潜在变量的系数矩阵，表示内生潜在变量之间的相互关系；ξ 为外生潜在变量的系数矩阵，表示外生潜在变量对内生潜在变量的影响；ζ 为结构方程的残差项。

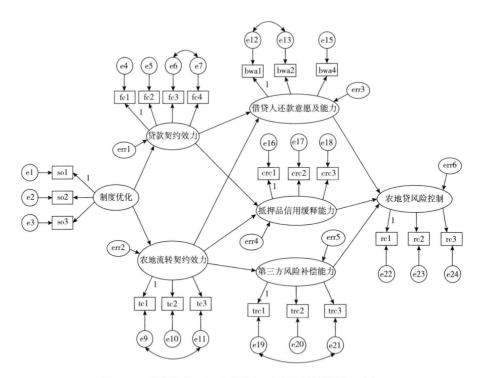

图8-2　制度优化、风险补偿与风险控制的模型 I 路径

在理论逻辑框架（见图8-1）的基础上，结合导致农地贷风险的潜在变量以及各潜在变量可测指标构建农地贷风险控制的结构方程初始模型Ⅰ（见图8-2）。值得关注的是，结构方程模型是一种验证性方法，通常必须在理论导引的前提下才能构建假说模型图。本章根据相关理论文献或经验法则设定变量之间的关系，并提出研究假说与框架，因此符合应用结构方程模型的基本准则。

二、研究数据

（一）数据来源

数据来源于2017年的调研，基于信贷员的供给方视角，以制度优化为出发点，分析综改区农地贷风险控制的可行路径。通过与综改区农地贷主办金融机构合作，对综改区农地贷的15个试点区、71个乡镇、129个村庄先后两次进行了包括主办金融机构和物权服务平台的调查。在预调研阶段，在梨树县、延边朝鲜族自治州农村信用合作社、农村商业银行、村镇银行及物权服务平台现场访问了53名主办过农地贷业务的信贷员，询问了农地产权制度背景、契约效力因素及风险补偿措施等方面的信息，结合受访情况修改问卷。在正式调研阶段，借助网络平台，将问卷链接发送给试点区农地贷业务办理机构，请主办过农地贷的信贷员填写，共回收问卷521份，剔除信息不完整及作答不真实的问卷，获得有效问卷420份，样本分布遍及15个试点区，可以认为样本数据具有较好的代表性。

（二）样本特征及描述性统计

根据研究假说，本章采用7级Likert量表法设计调查问卷，将制度优化、贷款契约效力、农地流转契约效力、借款人还款意愿及能力、抵押品信用缓释能力、第三方风险补偿能力和农地贷风险控制的可观测变量按照递增程度赋值1~7，询问信贷员对每个问题的认同程度。对于农地贷风险控制的可观测变量，将采集到的数据按从小到大的顺序等分为七个区间，将落在对应区间的样本赋值1~7，样本特征及描述性统计如表8-1所示。

表 8-1 样本特征及描述性统计

潜在变量	观测变量	编码	均值	标准差	偏度	峰度
制度优化	法规完善度	so1	6.514	0.9615	-2.453	7.635
	农地确权完成度	so2	6.425	1.1143	-2.511	7.524
	配套设施建设覆盖度	so3	6.396	1.0990	-2.206	5.639
贷款契约效力	贷款抵押率合理性	fc1	6.093	1.2890	-1.539	2.317
	还款周期匹配度	fc2	5.321	1.1121	-1.780	3.309
	财产保险覆盖度	fc3	4.468	1.0805	-2.286	5.418
	贷后管理水平	fc4	6.432	1.0854	-2.416	6.830
	实际贷款用途一致性	fc5	4.389	1.0345	-1.540	1.132
农地流转契约效力	农地流转范围	tc1	6.439	1.0421	-2.393	7.196
	农地评估机制合理性	tc2	6.450	0.9300	-1.550	1.153
	农产品价格波动程度	tc3	6.257	1.1724	-1.829	3.730
借款人还款意愿及能力	家庭固定资产价值	bwa1	5.796	1.5209	-1.178	0.790
	信誉	bwa2	6.589	0.8247	-1.929	2.576
	借款人受教育程度	bwa3	5.604	0.8403	-2.101	3.438
	家庭收入水平	bwa4	6.407	1.0466	-1.670	1.851
抵押品信用缓释能力	农地押品可流转	crc1	6.211	1.2248	-1.941	4.387
	农地押品变现难度	crc2	6.493	1.1200	-2.865	5.343
	农地押品变现价值与估价价值比的合理性	crc3	6.264	1.2507	-2.150	5.180
第三方风险补偿能力	农业保险	trc1	5.546	0.8988	-2.318	6.322
	设置担保池	trc2	6.304	1.1441	-1.917	4.150
	物权收储	trc3	5.475	1.0332	-2.329	6.182
农地贷风险控制	贷款审批未通过率	rc1	4.130	1.7447	-2.110	5.782
	催收率	rc2	6.727	1.3001	-2.109	4.157
	呆账回收率	rc3	2.014	1.2128	-2.744	5.352

（三）样本科学性检验

1. 正态性检验

结构方程模型最常用的参数估计方法是最大似然法（ML），最大似然估计要求观测变量符合多元正态分布，且样本数量不少于 200。若样本数据符合正态性假定，使用 ML 法的样本数最好大于 500，如果样本数少于 500，则使用一般化最小平方法（GLS）来估计会获得较佳的效果（Hu et al.，1992）。本章样本数为 420，因此采用 GLS 法对样本数据进行参数估计。若数据违反多变量正态性假定，GLS 法在使用上也有其强韧性，但谨慎起见，仍对样本数据进行正态性检验，以保证估计结果的科学性（吴明隆，2009）。一般用偏度系数与峰度系数检验数据的正态情况，Kline（1992）认为如果变量的偏度系数值大于 3，峰度系数值大于 8，则表示样本变量分布不呈正态分布。本章所选变量的偏度、峰度均在可承受范围内，基本符合结构方程模型参数估计方法对数据的要求。

2. 信度检验

信度用来反映数据的可靠程度，表现为样本数据的一致性与稳定性。受各种因素限制，本章未进行重复性调研，因此采用最常用的 Cronbach's Alpha 系数和 Guttman 折半信度系数来检验样本数据的可靠性。Cronbach's Alpha 系数值在 0.9 以上是最佳的，在 0.8 附近是非常好的，在 0.7 附近是适中的，低于 0.5 是不可接受的。多数学者建议 Guttman 折半信度系数的临界值为 0.5，否则可认为测量变量无法反映其潜在变量。在本章样本数据信度分析结果中所有潜在变量的系数均大于 0.7。因此，就信度标准而言，本部分无须删除观测变量，涉及的潜在变量所对应的题项具有稳定的信度（见表 8-2）。

表 8-2　信度分析结果

潜在变量	观测指标个数	Cronbach's Alpha 系数	Guttman 折半信度系数
制度优化	3	0.909	0.848
贷款契约效力	5	0.848	0.791
农地流转契约效力	3	0.800	0.802
借款人还款意愿及能力	4	0.809	0.826

续表

潜在变量	观测指标个数	Cronbach's Alpha 系数	Guttman 折半信度系数
抵押品信用缓释能力	3	0.890	0.850
第三方风险补偿能力	3	0.853	0.787
农地贷风险控制	3	0.765	0.828
总体	24	0.964	0.959

3. 效度检验

效度是指观测变量能有效反映它所要测量的潜在变量的程度，效度检验即潜在变量与其观测变量间因子负载量的显著性检验。效度包括内容效度和结构效度。本部分的潜在变量路径构想及问卷设计是基于不完全契约理论、相关文献综述等综合考量的结果，具有全面性、典型性、科学性，因此问卷具有较好的内容效度。本章使用 KMO 统计量及 Bartlett 球形检验进行效度分析，只有当 KMO 值大于 0.5（变量间共同因子较多），且 Bartlett 球形检验显著性小于 0.05 时（数据之间具有高度相关性），才适合继续做因子分析。经计算，全部指标的 KMO 值为 0.931（>0.5），表明变量间共同因子较多；Bartlett 球形检验近似卡方值为 6687.61，在 1% 的水平上显著，说明数据之间具有高度相关性。总体来看，本章数据效度在可接受的范围内，适合进行因子分析。此处只交代全部指标的效度检验结果，各潜在变量的效度指标结果均通过检验，但限于篇幅并未报告（见表 8-3）。

表 8-3 效度分析结果

制度优化	KMO 测度		0.744	
	Bartlett 球形检验	卡方检验值		579.118***
		自由度		3
贷款契约效力	KMO 测度		0.779	
	Bartlett 球形检验	卡方检验值		620.743***
		自由度		10
农地流转契约效力	KMO 测度		0.669	
	Bartlett 球形检验	卡方检验值		294.594
		自由度		3

借款人还款意愿及能力	KMO 测度		0.784
	Bartlett 球形检验	卡方检验值	614.027
		自由度	6
抵押品信用缓释能力	KMO 测度		0.694
	Bartlett 球形检验	卡方检验值	571.578
		自由度	3
第三方风险补偿能力	KMO 测度		0.701
	Bartlett 球形检验	卡方检验值	431.597
		自由度	3
农地贷风险控制	KMO 测度		0.603
	Bartlett 球形检验	卡方检验值	293.966
		自由度	3
全部指标	KMO 测度		0.931
	Bartlett 球形检验	卡方检验值	6687.61 ***
		自由度	276

注：* 、** 、*** 表示在10%、5%、1%的水平上显著。

第四节　实证分析

一、测量模型的验证性因素分析

验证性因素分析（CFA）被用于检验观测变量与其解释的潜在变量的关系，是进行整合性结构方程模型的一个前置步骤或基础框架（周子敬，2006）。本章将通过验证性因素分析进一步检验样本数据的科学性与有效性。验证性因素分析的核心问题是因子负荷，一般而言，在因子负载具有统计学意义的前提下，标准化因子负荷的截断值为0.3。此外，本章亦使用组合信度（CR）与平均变异萃取量（AVE）来判断观测指标与潜在变量间的收敛度。组合信度是指一个组合变量的信度，通常临界值为 0.7；平均变异萃取量用来反映某潜在变量被一组观测指标有效估计的聚敛程度，通常临界值为 0.5。本章分别对制度优化等七个潜在变量进行验证性因素分析，其中贷款契约效力、借款人还款意愿及能力的潜在变量测量模型因拟合情况不理想，剔除实际贷款用途一致性、借款人受教育程度①两个变量，删除后测量模型拟合情况良好。其他观测指标质量良好，能够较好地测量对应的潜在变量。

（一）制度优化的验证性因素分析

制度优化潜在变量包含三个观测指标：法规完善度（so1）、农地确权完成度（so2）及配套设置建设覆盖度（so3）。使用 Amos 22.0 对制度优化的测量模型进行验证性因素分析。在模型拟合方面，RMSEA<0.08，GFI>0.9，NFI>0.9，PCFI>0.5，模型拟合效果较为理想。制度优化的验证性因素分析结果如表8-4所示。

表8-4　制度优化验证性因素分析的标准化因子负荷

潜在变量	观测指标	标准化因子负荷系数	误差	CR	AVE
制度优化	so1	0.821	0.057	0.912	0.775
	so2	0.888	0.067		
	so3	0.929	0.066		

从表8-4可以看出，最小的标准化因子负荷系数为 0.821（>0.3），且 CR 值为 0.912（>0.7），AVE 值为 0.775（>0.5）。因此，制度优化的三个观测指标质量良好，可以较好地测量制度优化这一潜在变量。

---

① 限于篇幅，未详细介绍各潜在变量测量模型的拟合结果，如有需要，可向笔者索取。

（二）贷款契约效力的验证性因素分析

贷款契约效力潜在变量包含五个观测指标：贷款抵押率合理性（fc1）、还款周期匹配度（fc2）、财产保险覆盖度（fc3）、贷后管理水平（fc4）及实际贷款用途一致性（fc5）。使用 Amos 22.0 对金融契约的测量模型进行验证性因素分析。在模型拟合方面，GFI > 0.9，NFI > 0.9，PCFI > 0.5，但 RMSEA = 0.121 > 0.08，模型拟合效果不理想。由测量模型标准化因子负荷系数可以看出，实际贷款用途一致性（fc5）因子负荷系数为 0.279 < 0.3，测量指标质量欠佳。删除实际贷款用途一致性（fc5）变量，修正后的验证性因素分析结果如表 8-5 所示。修正后，RMSEA < 0.08，GFI > 0.9，NFI > 0.9，PCFI > 0.5，模型拟合效果较为理想。

表 8-5　贷款契约效力验证性因素分析的标准化因子负荷

潜在变量	观测指标	标准化因子负荷系数	误差	CR	AVE
贷款契约效力	fc1	0.780	0.077	0.704	0.905
	fc2	0.851	0.054		
	fc3	0.894	0.063		
	fc4	0.828	0.065		

从表 8-5 不难看出，修正后最小的标准化因子负荷系数为 0.780（> 0.3），且 CR 值为 0.704（> 0.7），AVE 值为 0.905（> 0.5）。因此，贷款契约效力的四个观测指标质量良好，可以较好地测量贷款契约效力这一潜在变量。

（三）农地流转契约效力的验证性因素分析

农地流转契约效力潜在变量包含三个观测指标：农地流转范围（tc1）、农地评估机制合理性（tc2）及农产品价格波动程度（tc3）。使用 Amos 22.0 对农地流转契约效力的测量模型进行验证性因素分析。在模型拟合方面，RMSEA < 0.08，GFI > 0.9，NFI > 0.9，PCFI > 0.5，模型拟合效果较为理想。农地流转契约效力的验证性因素分析结果如表 8-6 所示。

表 8-6　农地流转契约效力验证性因素分析的标准化因子负荷

潜在变量	观测指标	标准化因子负荷系数	误差	CR	AVE
农地流转契约效力	tc1	0.829	0.062	0.710	0.880
	tc2	0.834	0.056		
	tc3	0.865	0.070		

从表 8-6 可以看出，最小的标准化因子负荷系数为 0.829 （>0.3），且 CR 值为 0.710 （>0.7），AVE 值为 0.880 （>0.5）。因此，农地流转契约效力的三个观测指标质量良好，可以较好地测量农地流转契约效力这一潜在变量。

（四）借款人还款意愿及能力的验证性因素分析

借款人还款意愿及能力这个潜在变量包含四个观测指标：家庭固定资产价值 （bwa1）、信誉 （bwa2）、借款人受教育程度 （bwa3） 及家庭收入水平 （bwa4）。使用 Amos 22.0 对借款人还款意愿及能力的测量模型进行验证性因素分析。在模型拟合方面，NFI>0.9，PCFI>0.5，但 GFI = 0.797<0.9，RMSEA = 0.140>0.08，模型拟合效果不理想。由测量模型标准化因子负荷系数可以看出，借款人受教育程度 （bwa3） 的因子负荷系数为 0.279<0.3，测量指标质量欠佳。删除借款人受教育程度 （bwa3） 这一变量，修正后的验证性因素分析结果如表 8-7 所示。修正后，RMSEA<0.08，GFI>0.9，NFI>0.9，PCFI>0.5，模型拟合效果较为理想。

表 8-7　借款人还款意愿及能力验证性因素分析的标准化因子负荷

潜在变量	观测指标	标准化因子负荷系数	误差	CR	AVE
借款人还款意愿及能力	bwa1	0.797	0.056	0.708	0.879
	bwa2	0.818	0.070		
	bwa4	0.906	0.067		

从表 8-7 可以看出，最小的标准化因子负荷系数为 0.797 （>0.3），且

CR 值为 0.708（>0.7），AVE 值为 0.879（>0.5）。因此，借款人还款意愿及能力的三个观测指标质量良好，可以较好地测量借款人还款意愿及能力这一潜在变量。

（五）抵押品信用缓释能力的验证性因素分析

抵押品信用缓释能力这个潜在变量包含三个观测指标：农地押品可流转（crc1）、农地押品变现难度（crc2）及农地押品变现价值与估价价值比的合理性（crc3）。使用 Amos 22.0 对抵押品信用缓释能力的测量模型进行验证性因素分析。在模型拟合方面，RMSEA<0.1，GFI>0.9，NFI>0.9，PCFI>0.5，模型拟合效果较为理想。抵押品信用缓释能力的验证性因素分析结果如表 8-8 所示。

表 8-8　抵押品信用缓释能力验证性因素分析的标准化因子负荷

潜在变量	观测指标	标准化因子负荷系数	误差	CR	AVE
抵押品信用缓释能力	crc1	0.933	0.073	0.745	0.896
	crc2	0.697	0.067		
	crc3	0.938	0.075		

从表 8-8 可以看出，最小的标准化因子负荷系数为 0.697（>0.3），且 CR 值为 0.745（>0.7），AVE 值为 0.896（>0.5）。因此，抵押品信用缓释能力的三个观测指标质量良好，可以较好地测量抵押品信用缓释能力这一潜在变量。

（六）第三方风险补偿能力的验证性因素分析

第三方风险补偿能力这个潜在变量包含三个观测指标：农业保险（trc1）、设置担保池（trc2）及物权收储（trc3）。使用 Amos 22.0 对第三方风险补偿能力的测量模型进行验证性因素分析。在模型拟合方面，RMSEA<0.08，GFI>0.9，NFI>0.9，PCFI>0.5，模型拟合效果较为理想。第三方风险补偿能力的验证性因素分析结果如表 8-9 所示。

表 8-9　第三方风险补偿能力验证性因素分析的标准化因子负荷

潜在变量	观测指标	标准化因子负荷系数	误差	CR	AVE
第三方风险补偿能力	trc1	0.912	0.054	0.739	0.895
	trc2	0.790	0.068		
	trc3	0.873	0.062		

从表 8-9 可以看出，最小的标准化因子负荷系数为 0.790（>0.3），且 CR 值 0.739（>0.7），AVE 值为 0.895（>0.5）。因此，第三方风险补偿能力的三个观测指标质量良好，可以较好地测量第三方风险补偿能力这一潜在变量。

（七）农地贷风险控制的验证性因素分析

农地贷风险控制这个潜在变量包含三个观测指标：贷款审批未通过率（rc1）、催收率（rc2）及呆账回收率（rc3）。使用 Amos 22.0 对农地贷风险控制的测量模型进行验证性因素分析。在模型拟合方面，RMSEA<0.08，GFI>0.9，NFI>0.9，PCFI>0.5，模型拟合效果较为理想。农地贷风险控制的验证性因素分析结果如表 8-10 所示。

表 8-10　农地贷风险控制验证性因素分析的标准化因子负荷

潜在变量	观测指标	标准化因子负荷系数	误差	CR	AVE
农地金融风险控制	rc1	0.833	0.050	0.743	0.897
	rc2	0.842	0.074		
	rc3	0.909	0.077		

从表 8-10 可以看出，最小的标准化因子负荷系数为 0.833（>0.3），且 CR 值为 0.743（>0.7），AVE 值为 0.897（>0.5）。因此，农地贷风险控制的三个观测指标质量良好，可以较好地测量农地贷风险控制这一潜在变量。

二、模型拟合与修正

将模型Ⅰ中的实际贷款用途一致性（fc5）、借款人受教育程度（bwa3）两个观测变量删除，得到模型Ⅱ。使用 Amos 22.0 对模型Ⅱ进行拟合，结果显示，贷款契约效力对第三方风险补偿能力的路径系数不显著（P＝0.122>0.1），说明贷款契约效力并非影响第三方风险补偿能力的直接原因，贷款契约效力更多作用于借款人的第一还款来源和押品变现的第二还款来源，故该路径系数不显著。因此，删除贷款契约效力对第三方风险补偿能力的影响路径，得到模型Ⅲ。再次使用 Amos 22.0 对模型Ⅲ进行拟合，考虑利用协方差修正指数（MI），依据逐个释放参数的原则，按照从大到小的顺序对模型进行修正，具体情形如表 8-11 所示。

表 8-11　模型Ⅲ协方差修正指数

修正次数	协方差修正指标	MI	Par Charge
1	e19 <--> e21	23.937	0.262
2	e6 <--> e7	18.071	0.135
3	e9 <--> e11	8.395	0.174
4	e12 <--> e13	6.544	−0.119

事实上，以上所涉及的观测变量彼此之间可能存在相关性，它们可能共同影响所对应的潜在变量。

第一次修正，农业保险（trc1）与物权收储（trc3）可能存在相关性。农地押品是否可流转是法律、制度、市场及机制设计等方面要素共同作用的结果，其中必然包括影响农地变现及评估的因素，因此需增加 e19 与 e21 的相关性路径。

第二次修正，财产保险覆盖度（fc3）与贷后管理水平（fc4）可能存在相关性。贷后管理中对借款人自然情况、经济情况、社会情况的掌握及押品抵押率是否依然足值覆盖授信额度与借款人投保的财产保险是否覆盖可能变动的情况存在关联，因此需增加 e6 与 e7 的相关性路径。

第三次修正，农地流转范围（tc1）与农产品价格波动程度（tc3）可能存在相关性，两者共同反映了农地流转价格的形成，因此需增加 e9 与 e11 的相关性路径。

第四次修正，家庭固定资产价值（bwa1）与信誉（bwa2）可能存在相关性。家庭固定资产价值体现了借款人财富的积累，信誉作为无形资产则彰显了借款人无形财富的价值，两者显然存在相关性，因此需增加 e12 与 e13 的相关性路径。经过上述四次 MI 指数修正得到模型Ⅳ，模型Ⅳ的拟合评价指数如表 8-12 所示。

表 8-12 模型Ⅳ的拟合评价指数

拟合指标		评价标准	指标值	拟合结果
绝对适配度指数	χ^2/df	介于 1~3 表示适配良好，较宽松的临界值为 5	4.235	尚可
	GFI	大于 0.9	0.912	理想
	RMSEA	小于 0.05 表示适配良好，较宽松的临界值为 0.08	0.037	理想
相对适配度指数	NFI	大于 0.9	0.905	理想
	IFI	大于 0.9	0.931	理想
	CFI	大于 0.9	0.930	理想
简约适配度指数	AIC	小于独立模型，小于饱和模型	551.46	理想
	PCFI	大于 0.5	0.546	理想
	PNFI	大于 0.5	0.676	理想

由模型Ⅳ的拟合情况可知，虽然卡方自由度比偏高，但仍可以拒绝虚无假设（P=0.000<0.01）。其他指标显示模型拟合优度良好，因此可以接受模型Ⅳ的拟合结果（见图 8-3）。

三、假说检验结果与分析

根据模型Ⅳ的拟合路径图，不难得到标准化路径系数结果（见表 8-13）。由图 8-3 及表 8-13 可以看出，所有路径均能够在 5% 的显著性水平上通过检验，所有拟合指标均在可接受范围内，并且没有出现标准化路径系数大于 1、标准化因子负荷系数大于 1、残差方差为负数等异常情况。因此，模型整体拟合效果较好，可以将其参数结果用于判定本章的研究假说。

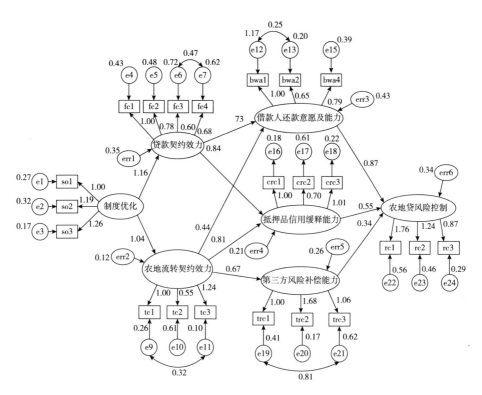

图 8-3　制度优化、风险补偿与风险控制的模型Ⅳ拟合路径

表 8-13　模型Ⅳ标准化路系数与假说检验结果

路径	Estimate-S	S. E.	C. R.	假说	结果
贷款契约效力<---制度优化	0.846***	0.063	16.457	六	支持
农地流转契约效力<---制度优化	0.922***	0.081	14.415	七	支持
借款人还款意愿及能力<---贷款契约效力	0.808***	0.108	6.762	八	支持
抵押品风险缓释能力<---贷款契约效力	0.749***	0.108	8.469	九	支持
借款人还款意愿及能力<---农地流转契约效力	0.313**	0.052	13.769	十一	支持
抵押品风险缓释能力<---农地流转契约效力	0.756***	0.085	9.872	十二	支持
第三方风险补偿能力<---农地流转契约效力	0.515***	0.093	5.772	十三	支持
农地贷风险控制<---借款人还款意愿及能力	0.747***	0.027	4.782	十四	支持
农地贷风险控制<---抵押品风险缓释能力	0.432***	0.068	6.01	十五	支持
农地贷风险控制<---第三方风险补偿能力	0.119**	0.026	8.612	十六	支持

注：*、**、***分别表示在10%、5%、1%的水平上显著。

（一） 制度优化对贷款契约效力有显著正向影响

贷款契约与农地流转契约分别约定了当事人在农地贷中的权责划分。制度优化在赋予农地经营权担保权益的同时提高了农地押品变现能力，有利于提升贷款契约中抵押率、还款周期匹配等要素订立的合法性、合理性与有效性，有利于贷款契约效力的发挥，其路径系数为0.846，且在1%的水平上显著；同时，产权约束下降，农地产权强度越大，农地流转契约效力越强，路径系数在1%的水平上显著，为0.922。假说六与假说七得以验证。

（二） 贷款契约效力对风险补偿有显著正向影响

制度优化降低了因农地产权关系导致的贷款契约的不完全性，提高了贷款契约的合法性及有效性，激励了借款人的还款意愿，抑制了借款人机会主义行为。这一路径系数为0.808，且在1%的水平上显著；贷款契约效力与农地贷风险敞口负相关，贷款契约效力的有效发挥可缓解抵押品信用缓释压力，路径系数为0.749，并在1%的水平上显著。假说八与假说九得以验证。

（三） 农地流转契约效力对风险补偿有显著正向影响

产权强度的提升带来了不完全农地流转契约的优化，农地流转契约效力对借款人禀赋效应的"威胁"，激励借款人愿意耗费不高于禀赋效应市场价值但又不低于禀赋效应心理价值的成本偿还贷款，这一路径系数为0.313，在5%的水平上显著；农地流转契约订立时约定的价格、范围及评估机制是确定授信额度的基础，直接影响农地押品作为事后风险缓释手段进行变现时的风险覆盖能力，这一路径系数为0.756，且在1%的水平上显著；同时，作为押品信用缓释的补偿，第三方风险补偿压力的缓解也受益于农地流转契约效力的增强，这一路径系数为0.515，且在1%的水平上显著。假说十一、假说十二与假说十三得以验证。

（四） 风险补偿对农地贷风险控制有显著正向影响

借款人还款意愿及能力、抵押品信用缓释能力与第三方风险补偿能力对农地贷风险控制的显著正向影响在结构方程模型Ⅳ的拟合路径图中均得以验证，其中借款人还款意愿及能力对农地贷风险控制的路径系数为0.747，大于后两者的路径系数，且在1%的水平上显著，说明第一还款来源仍是农地贷风险控制的主要保障；抵押品风险缓释能力对农地贷风险控制的路径系数为0.432，且在1%的水平上显著，说明当借款人出现违约时，农地押品可以在一定程度上起到覆盖剩余贷款本息的作用；第三方风险补偿能力对农地贷风险控制的路径系数为0.119，在5%的水平上显著。调研发现，第三方风险补偿能力主要受制于担保池规模及物权平台收储体量，面对投向规模经营主体的大额授信，第三方风险补偿能力备受挑战，这一路径的作用权重存在进一步提升的空间。假说十四、假说十五与假说十六得以验证。

综上，本章提出的11个假说中有10个假说通过模型Ⅳ的验证。这说明制度优化后，农地贷的贷款契约与农地流转契约的不完全性得到改善，借款人还款意愿及能力、抵押品信用缓释能力和第三方风险补偿能力增强，从事前风险补偿及事后风险缓释的角度增强了对农地贷的风险控制。

第五节　农地贷信贷风险控制能力

基于农地产权制度优化背景下国家级农村金融综合改革试验区农地贷试点运行现状，以不完全契约理论为依据提出11个假说，阐释事前风险补偿及事后风险缓释对农地贷信贷风险控制能力的影响。为进一步寻找理论假说的经验证据，借助综改区15个试点区、71个乡镇、420位信贷员的调查数据，构建结构方程模型对11个理论假说进行拟合分析，10个假说得以验证。结果表明，制度优化改善了因产权关系模糊及产权规则"市场失灵"导致的农地贷契约不完全性，农地贷契约效力释放出对风险补偿手段的激励约束作用，可有效控制农地贷风险。从作用路径来看，一方面，制度优化对贷款契约效力有显著正向影响，可有效激励借款人还款意愿，约束其可能的机会主义行为，从而有效控制农地贷风险；另一方面，制度优化对农地流转契约效力正向影响显著，农地押品变现能力的提升势必会增强抵押品信用缓释能力，其对剩余贷款本息的足值覆盖可有效控制农地贷风险的发生。两条路径传导的权重系数均较高且显著，可为农地贷风险防控体系构建提供决策咨询。但是这一作用路径在第三方风险补偿能力方面表现相对较弱，是下一步制度优化的方向。

在风险补偿全视角下对农地贷信贷风险控制能力的测度结果表明：第一，应正视借款人还款意愿及能力作为农地贷事前风险补偿。在制度优化背景下合理安排贷款契约要素设置，通过提高贷款契约效力来强化第一还款来源的激励约束机制。第二，要完善抵押品事后风险缓释机制。从行政干预的农产品价格平滑机制到市场规律下的农地流转优化配置，探索农地经营权押品变现的弹性机制是契合农业产业结构调整的理性选择。第三，作为风险敞口的必要补充，以治理结构优化为切入点是提升第三方风险补偿能力的可行手段。树立以风险分散与风险转移为主、风险自留为辅的层级式第三方风险补偿机制，深挖证券资本化与保险的风险分散与风险转移能力，减轻以政府财政支出为主的担保池与收储压力，为综改区农地贷信贷风险控制的建立和完善提供有益参考。

第九章
农地金融信贷风险的衍生效应

第六章至第八章从信贷风险补偿的第一还款来源——借款人还款表现、第二还款来源——农地经营权变现与第三还款来源——第三方风险补偿依次测度了农地金融信贷风险的控制能力。以上分析从诱发农地金融信贷风险的视角出发，尚未关注风险发生后的衍生效应。风险具有弥散化特征，且呈现由"风险制造者"向"风险承担者"转移的情形，因此风险测度及控制多出于对"风险承担者"的考量。但是农地金融信贷风险的弥散有其特殊性，除可能引发一般性融资活动中"风险承担者"需面临的流动性风险和市场风险外，抵押品资本属性外的保障性功能扩大了"风险承担者"的隐性群体，且其可能蒙受的损失具有较为深远的社会影响，可能会加剧社会冲突。本章除简要阐释农地金融信贷风险的一般性衍生效应外，还将重点回应以往研究中关于农地经营权担保功能可能引发特殊性衍生效应的争议。

第一节　农地金融信贷风险的一般性衍生效应

以狭义维度下农地金融的概念为例，若农地贷的信贷风险定义为贷款人在农地贷活动中可能遭受的损失，那么将农地贷计入不良贷款可视为信贷风险的发生。当信贷风险发生时，"风险承担者"势必需要面对信贷风险带来的后果，这被称为信贷风险的一般性衍生效应。例如，提供授信的金融机构要面临贷款难以回收带来的流动性风险；提供风险补偿的担保机构面临代偿支出难以回收引发的经营风险；提供风险对冲的保险公司同样面临风险对冲支出难以回收的经营风险；提供再融资渠道的金融衍生品将面临基础资产难以回收带来的兑付性风险，甚至可能导致金融市场风险。本

节将基于农地贷风险缓释阶段的押品处置及后期风险补偿流程逐一厘清农
地贷信贷风险的一般性衍生效应。

一、金融机构的流动性风险

金融机构是农地贷信贷风险的直接承担者，当借款人违约时，贷款计
入不良贷款，押品处置是风险补偿的第一道防线。此时，金融机构需要承
担押品处置不畅的时间成本、押品处置后不足以覆盖资产的损失或押品难
以处置的风险。在押品处置阶段，金融机构需承担贷款资产的或然损失及
资产不良率提升。尽管相关部门做出了商业银行单一贷款品种不许高于总
授信额度10%的规定，但若农地贷市场份额较大或单笔授信额度较高，借
款人违约仍会引发金融机构的流动性不足，出现经营风险。

二、政策性担保机构及物权服务平台的经营风险

采用农地间接抵押担保方式或抵押附加其他担保的方式，在押品处置
阶段往往还需对其他担保方式追索权益。第一，采用农地间接抵押的情况。
综改区于2012年始运行的农地贷产品为农地收益保证贷款，此贷款产品为
规避当时农地经营权直接抵押的法律障碍，实际担保方式为物权服务平台
的法人担保。当借款人违约时，金融机构直接面向物权服务平台行使担保
人代偿的追索权作为风险补偿。物权服务平台先将借款人的农地经营权进
行转包，以转包收益偿还剩余贷款本息。贷款到期两个月后仍未能转包的，
则用惠农信贷周转保障基金（以下简称保障基金）先行代偿。第二，抵押
附加其他担保的情况。若在农地经营权抵押的同时附加其他担保的情况，
如组群担保、保证、担保机构担保的情况，金融机构可要求担保人代偿。

可见，无论哪种担保方式，第三方担保人的代偿能力是风险有效补偿
的重要因素，是实际"风险承担者"。综改区物权服务平台作为担保人，其
风险代偿能力来自保障基金。若农地贷风险暴露率上升，将导致物权服务
平台承贷压力增加，政府保障基金支付攀升，挂牌转包农地压力加大。若
农地不能及时转包以补充保障基金的支出，物权平台担保将难以为继。同
理，政策性担保机构的担保能力同样来自风险补偿基金，风险转嫁能力与
基金规模相关。

三、保险公司的经营风险

若农地贷业务采用农地直接抵押且无附加其他担保的方式，为预防由灾害等非人为因素导致的还款困难，金融机构作为风险承担者往往要求借款人投保财产保险。若发生灾害导致借款人财产受损致使还款障碍，则金融机构作为第一受益人可通过保险赔付补偿贷款损失的风险。此时，保险公司是风险的承担者。综改区农业保险公司遵循"根植农业、商业运作"的宗旨，在承担服务"三农"义务的同时，注重保险产品研发、定价、理赔、保证金管理商业化运作的原则，以维系可持续发展。

四、金融衍生品的风险扩散

贷款证券化作为一种复杂的金融衍生品，是金融机构将自己所持有的流动性较差但具有未来现金流的贷款汇聚重组为抵押贷款资金池，由贷款证券化特设机构（SPV）购入，经担保等信用增信并评级后，以证券的形式出售给投资者的融资过程（见图9-1）。贷款证券化作为金融衍生品不仅可为金融机构提供中长期流动性，还可以达到分散风险的作用。

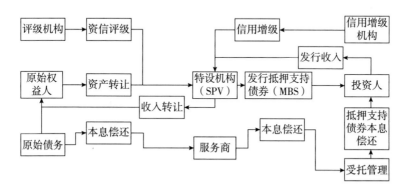

图9-1 农地贷证券化流程

金融机构将农地贷汇聚成资产池发行证券后，原本集中于金融机构的抵押贷款资产变为被资产市场上众多投资者持有的证券。抵押证券以一组抵押贷款的投资组合为打包标的，个别贷款违约的风险将被组合资产的投资收益所抵销，投资的有效收益能够得到保障。因此，由贷款证券化发起人独立承担的贷款风险被多家投资者分担。

但是农地贷证券化的实现存在一定困难。第一，基础薄弱。经过三年试点期，我国农地贷正逐步回归支持农业规模化生产经营资金需求的制度初衷，但受农地弱产权限制的他项物权流动性仍远低于一般抵押品。第二，缺乏专业化人才。贷款证券化是相对复杂的操作过程，农地贷的证券化不仅需要金融专业人才，还需要对农地证券化市场有所把握的相关人士。第三，存在放大风险的可能。一方面，证券化发起人的基础资产质量优劣不一，将对归集的资产池整体评级产生干扰；另一方面，代理机构归集多家发起人的基础资产后，存在资产混同的风险，可引发发起人与代理人间的纠纷。

可见，农地贷信贷风险的发生可能会导致金融行业动荡、政府保障基金入不敷出和农业保险公司赔付压力增大等后果，影响农村金融市场的健康发展。

第二节 农地金融信贷风险的特殊性衍生效应

当借款人违约时，用于抵押的农地经营权将被转包等再流转方式处置，农民将暂时性失去一定年限的农地经营权。在这一过程中，农民的阶段性失地风险与转包后农地用途改变的风险是农地贷是否应该开展的矛盾源头，也是农地贷区别于其他抵押贷款的特殊性风险。当农地贷出现借款人违约的第一还款来源风险时，该阶段内失去土地的农民及耕地用途可能发生改变的农地是否会引发社会风险是众学者关注农地贷是否应广泛开展的焦点。对此，本节将基于调研期间试点区农地贷的运行实践，结合我国农村社会保障制度及耕地保护措施的演进历程展开分析。

一、阶段性失地风险与社会保障

农地资本属性与保障属性的"难舍难分"是阻碍农地资本属性被激活的一大障碍。自家庭联产承包责任制实施以来，农村集体经济组织将集体

所有的农地承包经营权按人头均分给组织内农户，供其开展农业生产经营
活动，以保障农民的生产、生活及发展。若农民将赖以生存的农地抵押后
因无法按时还款失去一定年限的农地经营权，这意味着农民将丧失生存的
保障，从而引发社会风险。事实是否一定如此？农地资本负担保障功能的
原因是什么？如何将农地从社会保障的功能中解放出来？只有回答好以上
问题，才能正视农地贷衍生社会风险发生的可能。

（一） 中国农村的社会保障

对社会保障的理解大致分为以下三种观点：第一，社会保障与社会保
险无异；第二，社会保障实质上是一种分配关系；第三，社会保障是一种
安全保障制度。在我国，社会保障主要包括社会保险、社会救助、社会优
抚和社会福利等内容。但是以上社会保障内容实施的主要范围是城市地区，
农民的基本生活、医疗、养老等基本问题均需依赖农地的保障作用。当农
民没有实现足够的财富积累时，农地是供给基础生活资料和生活保障的渠
道；当农民从事非农生产遭遇挫折时，农地是农民的失业保障，农地不仅
是农民生存的保障，更是其精神的支撑。杜润生指出，对农民来说，农地
不仅是当前生产的主要依据，还被当作以后家庭的福利保险。可见，农地
在一定时期内确实承担了社会保障的功能。

（二） 农地替代社会保障的实现机制

依靠农地行使社会保障功能这一特征并不具有普适性，在社会保障制
度建设完善的发达国家，农地仅承担生产功能。对于中国农民而言，农地
发挥了一定的社会保障功能。那么，农地是如何实现社会保障的替代性功
能的？20 世纪 80 年代实行的家庭联产承包责任制是机制保障。家庭联产承
包责任制将农地产权分为所有权与经营权，在所有权归集体所有的基础上，
经营权按人均分给农户自主经营，从而大大调动了农民的生产积极性，"多
劳多得、少劳少得"在提升效率的同时也保障了公平。这一制度的实施使
农地成为保障农民基本生活的主要手段，为其发挥社会保障功能提供了必
要的制度安排，主要表现在以下两个方面。

1. 按人均分的分配制度

实施家庭联产承包责任制后，无论是第一轮承包中的"按人口或劳动
力平均分包"还是第二轮承包制中的"按人口平均承包"，农地资源在国家

保障下以平均分配的原则分配到每个农户手中，承担保障农户享有基本生活资料及国家粮食安全的职能。这种模式从根本上改变了农地集体所有、集体经营的耕作模式，农民对其拥有的农地承包经营权具有禀赋效应，平等的资源使用权利提高了农民对承包土地生产的积极性，生产效率的提高为农民提供了必要的生存保障。此外，集体经济组织中农地资源平均的分配制度形成了隐性的道德约束，"耕者有其田"的理念可能促使农民放弃从事其他可能获得比较收益的渠道，将农村劳动力与农地紧密地联合在了一起。

2. 随人口变动定期调整

每隔一段时期，由于集体经济组织内部生、老、病、死等事件的发生，集体经济组织成员的构成将发生变化，为保障"耕者有其田"，1978～2000年，全国农地重新分配了 3.01 次[①]。伴随农地调整的是农地边界的重新划分，农民拥有的农地承包经营权的大小随之改变。农地的频繁调整造成了农地承包经营权动荡的预期，农民的生产积极性受到影响，不利于农业生产经营。为稳定农业生产，第二轮农地承包政策明确提出保障农地承包经营权 30 年不变，即在 1997 年到 2027 年这一承包期内，实行"增人不增地、减人不减地"的承包政策。第二轮农地承包政策的出发点是稳定农村生产经营，但中共中央办公厅、国务院办公厅发布的《关于进一步稳定和完善农地承包关系的通知》（中办发〔1997〕16 号）特别提到，农地不仅是农民的基本生活资料，而且还是农民最主要的生活来源，随后出台的《中共中央关于农业和农村工作若干重大问题的决定》将农地定义为农业最基本的生产要素和农民最基本的生活保障。可见，第二轮农地承包制度在强调稳定农业生产经营的同时强调了农民和农地承包关系外的保障关系。对于这一时期出现的农民外出务工现象，2002 年发布的《农业部关于做好农村富余劳动力转移就业服务工作的意见》将这一现象定义为"兼业性转移"，提出农地仍然是其最基本的生活保障。可见，我国这一时期的农地制度在稳定人地生产关系的同时，将农地额外附加了失业保障和社会稳定的保障性功能。

---

① 农业部农村经济研究中心，当代农业史研究室. 当代中国农业的变革与发展研究 [M]. 北京：中国农业出版社，1998.

（三）农地替代社会保障功能的具体体现

农村承包土地通过"承包权"赋予农民"身份"，借由"经营权"赋予农民"收益"，由此充当农村社会保障制度的替代与补充。

1. 农地的生活保障

家庭联产承包责任制将农地作为最基本的生产及生活资料分配给农民，为其提供了基本的物质基础。农民在所拥有的农地上耕作，农地产出即可作为衣食的保障。随着城镇化的发展，劳务性工作机会增加，农户分化为务农型农户与兼业型农户。对于务农型农户而言，农地产出仍是其最主要的收入来源。对于兼业型农户而言，从农地耕种中获得的生产经营性收入未必是其收入的主要来源，外出务工性收入占其总收入的比重已不容小觑。尽管如此，兼业型农户并不愿放弃对农地的承包经营权，其原因在于：第一，务工性收入属于临时性收入，务工渠道及收入的不稳定因素较多，难以形成收入来源的稳定预期；第二，农户外出务工所从事的劳务性工作很难帮助农户在城镇中获得城镇居民身份及相应的社会保障；第三，农地的承包经营权具有继承性，农户轻易不会放弃将财富传承下去的机会。基于以上考虑，兼业型农户并不会轻易放弃农地承包经营权，农地为农民提供的最低生活保障仍具有稳定的保障预期，可以用来对冲未来的不确定性风险。

2. 农地的就业保障

家庭联产承包责任制在为农民就业提供保障的同时起到了就业调节的作用。农民有在其所承包农地上进行耕种的权利，这种农业的生产行为就是农地为农村劳动力提供的从事农业生产的就业岗位。由于农业技术的发展与农业生产的周期性，农村出现了剩余或富余劳动力，这些劳动力为谋求收入增加，争取了外出务工的机会。大量的农村劳动力涌向城镇，为城镇化发展提供了劳动力保障。城镇就业机会的出现与经济发展一样具有波动性，在经济繁荣时期，城镇吸纳农村富余劳动力的能力较强；但在经济萧条时期，农村富余劳动力并不能都如愿在城镇获得工作机会，此时农地的存在可以吸纳这部分未获得外出务工机会的劳动力。农地的"调节器"和"安全网"功能减少了农民的择业风险，是农民的"后路"。可见，农地承担了就业风险的保障功能。

3. 农地的医疗保障

农地承担医疗保障的前提是基于以下四个方面：第一，建立在农村集体经济组织基础上的合作医疗制度的瓦解；第二，2003 年在部分地区试点的新型农业合作医疗保险制度（以下简称新农合）中，农村家庭仍然需要承担的一定自费比例；第三，从农村医疗保障制度的演变过程中可以发现，农村家庭一直是医疗支出的承担单位；第四，农村家庭从农地生产中获得的生产经营性收入是农村家庭收入的重要组成部分。基于此，本部分做出农地承担了农村合作医疗保障的判断。

4. 农地养老保障

农地的养老保障并非单纯体现在农地产出的直接收益对养老支出的负担，农地转让、入股等其他经营方式及农地承载的社会支持及自我价值实现能力也是农地养老保障的体现。对于仍具备劳动能力的老年人来说，"农地+劳动"就是老年人养老的保障；对于不具备劳动能力的老年人而言，农地流转收益可以负担一部分养老支出。部分地区的集体经济组织将组织内无人耕种或无能力耕种的农地集中后统一经营，将经营收益按农地所占比重分红，从而为养老提供红利性收入保障；老年人还可将农地提供给具有务农意愿的其他家庭成员耕种，由家庭成员为其养老。可见，农地改革制度赋予农地的生产性功能和投资性功能衍生了社会文化的符号，农地通过其直接收益和间接收入为农民提供了养老资金的保障，从社会属性上赋予了农地养老保障的功能。

可见，家庭联产承包责任制下的农地产权安排与同一时期农村社会保障制度的建设情况是农地承载社会保障功能的原因。伴随农地保障功能的退化，农地资本属性的激活及社会保障制度的完善，农地承担社会保障功能这一使命亟须变革。

（四）从农地保障向社会保障过渡的必要性

1. 农地保障能力的退化

1952~1980 年，为弥补国家工农产品价格剪刀差政策对农业发展带来的影响，农村经济改革在家庭联产承包责任制、农村税费改革和农村上层建筑变革方面做出重大调整，为农村经济发展提供新的催化剂。但是这一催化作用在 20 世纪 90 年代中期出现停滞。

第一，农业收入下降。农业收入下降存在绝对值的下降与相对水平的降低两方面原因。农业收入绝对值的下降可以从国家统计数据中得到证实：从国家收入的角度来看，1990~2010 年包括农、林、牧、渔在内的农村第一产业产值占三产业总产值的比重由 66.3% 下降到 45.6%[①]；从农民收入的角度来看，农业生产经营收入是农地作为生产要素的主要贡献渠道，1990~2010 年，这一收入的绝对值增长虽呈现上升趋势，但生产经营收入占总收入的比重却逐年下降，从 1990 年的 66% 下降到 2010 年的 29%[②]，其增长速度低于其他收入（见图 9-2）。

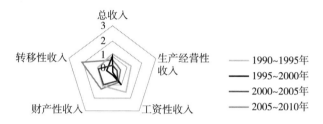

图 9-2 1990~2010 年农户收入增长的变化情况

与此同时，农民其他收入日益增加（见表 9-1），农民对农地的依赖程度有所下降。

表 9-1 农村居民收入结构变化　　　　　　　　　　　单位：元

收入类型	1990 年	1995 年	2000 年	2005 年	2010 年
总收入	518.6	1251.4	2253.4	3254.9	5919.0
生产经营性收入	344.6	799.4	833.9	1097.7	1723.5
工资性收入	138.8	353.7	702.3	1174.5	2061.3
财产性收入	0	41	45	88.5	202.3
转移性收入	29	57.3	78.8	147.4	452.9

注：因自 2013 年起采用新口径统计城乡居民收入，故仅将对比截点置于 2010 年。数据来自国家统计局网站。

第二，农地产权红利未实现。农地保障的前提是农地可为其承包经营者带来收益，从而保障支出水平。深入剖析农地产权的权利内容可以发现，

---

①②　国家统计局. 2011 中国住户调查年鉴［M］. 北京：中国统计出版社，2011.

目前农地产权仅体现出生产经营性功能的收益，而农地的资本性收益并未彰显，即农地产权红利并未完全实现。产权红利是指产权所有者通过合理配置产权取得的合法收益，产权红利的实现需要产权制度做保障。产权制度是指产权关系与产权规则结合而成的且对产权关系实现有效的制度安排。家庭联产承包责任制建立的农地产权制度存在农地产权关系模糊与产权规则"市场失灵"的制度性障碍，基于这一背景，农地产权承包经营者不敢尝试对农地进行资本属性的探索，如抵押、入股等，造成农地产权的资本性增值红利鲜有涉猎；农地流转也限于一定的受众及范围，并未形成"同权同价"的农地流转市场，农地产权的资产性增值红利常有损失。

第三，家庭养老模式难以为继。自家庭联产承包责任制将农地承包经营权按人分配后，农业生产迈入家庭经营的生产阶段。可见，家庭不仅是农业生产的基本单位，也是农民生产和消费支出的基本单位。"养儿防老"的理念与分散的家庭经营的生产模式存在千丝万缕的联系，这也是我国农村家庭社会保障形成的基础，但是这一基础随着社会的变迁、制度的演进等发生了变化。

一方面，老龄化问题愈加严重。截至 2017 年末，我国 60 周岁及以上人口 2.4 亿，占总人口的 17.3%，其中 65 周岁以上人口 1.5 亿，占总人口的 11.4%。农村地区 60 岁以上人口占农村总人口的比例高出城市 1.48 个百分点，依据联合国对人口老龄化的判定标准，农村地区进入典型的老龄化社会。农村家庭主要为"422"或"421"的家庭结构，即一对年轻夫妻供养两对父母，同时养育一个或两个孩子。年轻夫妻不仅要负担自身的生活开销，还要赡养老人和抚养子女，赡养义务的负担还要随老龄化进一步加剧的趋势。尽管我国已于 2015 年全面放开二孩政策，但从新增人口比例来看，人们观念的转变、现代社会的生活节奏及生活成本已削弱了所谓"养儿防老"的传统观念，短期内，新增人口数与老龄化节奏并不能接洽，未来也难以期待人口红利的再度出现，农村家庭养老模式势必难以为继。

另一方面，农村人口外流。农村人口外流分为求学外流与劳务输出两种情况。我国高等教育事业在改革开放进程中取得显著成就，其中一个重要特征是教育资源分配不均衡的现象有所缓解，农村地区大学入学率得到提高。2014 年教育部公布全国农村学生高校录取人数的比例占全国录取人数比例的 59.1%，从 2016 年非户籍人口落户城市的人口结构来看，非户籍人口中应届毕业生落户城市的占比超过60%①。可见，接受高等教育是农村人口改变既往生存途径及生活面貌的有效途径，也是农村地区人口外流的重要方式。劳务输出是农村地区人口外流的另一种渠道。老龄化的出现使农村青年人口所负担的赡养与抚养支出与日俱增，为开辟创收途径，外出务工成为重要契机。通过2010年进行的第六次全国人口普查数据可以发现：在31个省（自治区、直辖市）中居住地与户口登记地所在街道不一致且离开户口登记地半年以上的人口为2.61亿，比第五次全国人口普查时增加了1.16亿人，增长了81.03%。外出务工虽然可为农村家庭带来更为丰富的收入，但留守老人的养育问题却日趋恶化，家庭养老不仅体现在为老人提供生活所需的开销方面，更体现在为难以独立生活的老人提供日常生活的照顾方面，对于这一点，由于"鱼与熊掌不可兼得"的社会现实，农村家庭养老模式难以两全。

2. 农地保障功能与利用效率间的矛盾

农地制度在从家庭联产承包责任制向家庭承包经营转化的过程中，从重在强调承包合同中承包人的义务转向以承包经营权为重心，在为承包人"减负"的同时，通过"长久不变"的承包期限赋予承包人稳定的经营预期，从而促使农地从债权向用益物权转变。用益物权是指以一定范围内农地的使用、收益为目的的权利，而农地保障功能与利用效率间的矛盾也体现在农地的用益物权上。

第一，农地保障功能阻碍农地的使用效率。农地作为农业生产资料的使命从为农民提供社会保障转变为提高产出效率，这一使命转变的原因在于农业的分工与农民的分化。随着生产力的发展，农业生产出现专业化趋势，物质与人力等资源禀赋决定的不同生产效率自然形成分工的格局。因此，农地逐渐向农业生产经营效率较高的农户手中集中，形成集中连片的规模经营基础，规模报酬的增加进一步促使农地的集中趋势。可见，若仍坚守家庭联产承包责任制初期农地肩负的"按人均分"的公平优先的保障功能，势必会阻碍农地的集中趋势，削弱农地的使用效率。此外，农民对农地保障功能的认知还来自农地承载的身份特征。农民承包经营的农地来自集体经济组织对集体成员的分配，农地在很大程度上承载了农民集体经

① 资料来源：《推动1亿非户籍人口在城市落户方案》，国务院办公厅于2016年10月11日发布。

济组织成员的身份特征，并以此维系农民对农地带来的社会保障的预期。因此，尽管部分农户已经从事非农经营，但农户不会轻易主动放弃对农地的承包经营权利，从而导致农地的粗放经营或撂荒，造成农地严重浪费。

第二，农地保障功能阻碍农地的收益效率。第一点已经讨论了农地使用效率的收益，接下来讨论农地权利收益的效率。一是农地租赁权的收益效率受到农地保障功能的阻碍。农地保障功能是针对农村集体经济组织成员的，农地权益的转让仅限于同一集体经济组织的成员，限制了外来资本进入的可能，农地租赁权益效率面临市场价格与集体内部协议价格差额的损失；二是若强调农民对农地使用权的持有，则必须对农民丧失农地的可能配置方式加以限制。因此，对农地资产流动性的限制阻碍了农地资产稳定现金流的预期，加大了贴现的难度，从而无法为农地资产的资本化提供定价标准。农地资本属性的长期沉睡不仅给承包经营权人造成了巨大的隐性损失，也阻碍了农业现代化发展，实际上降低了农地的社会保障能力。

（五）中国农村社会保障制度的建立

从上述分析可见，农地的社会保障功能正逐渐弱化，农村社会亟须建立与城镇接轨的社会保障制度。社会保障制度一般包括三个方面，分别是社会保险、社会救济和社会福利。中国经历了从"老农保"到"新农保"，再从"老农合"到"新农合"的转变，以及救济制度与福利制度的完善，从1986年九年制义务教育制度实行到2012年新型农村养老保险制度（以下简称新农保）实现全覆盖，我国农村社会保障制度正式建立（见表9-2）。

表9-2　2012~2016年中国农村社会保险制度参保情况

年份	2012	2013	2014	2015	2016
新农保参保人数（亿人）	4.84	4.98	5.01	5.05	—
新农保筹资总额（亿元）	2302.2	3005.7	3844.6	4592.3	—
新农合参保人数（亿人）	8.05	8.02	7.36	—	—
新农合筹资总额（亿元）	2484.7	2972.48	3025.28	—	—
农村居民最低生活保障人数（万人）	5344.5	5388	5207	4903	4586.5

资料来源：国家统计局网站，从2012年新型农村养老保险制度全覆盖开始统计。

从表 9-2 可见，我国新农保参保人数及筹资总额呈逐年递增趋势，说明新农保覆盖度及承保能力逐步提升；新农合参保人数下降说明职工基本医疗保险的参保人数上升，分担了参加新农合的人数。同时，新农合筹资总额逐年提升，有利于为农村居民提供稳定的医疗保险支持。农村居民最低生活保障人数呈显著下降趋势，一方面，这是对我国扶贫工作的佐证；另一方面，这一数字的下降也是我国农村社会发展成果的体现，有利于维护社会稳定。

本节从农地为什么承载农村社会保障职能切入，基于农地社保的实现方式、承载内容、变化情况、出现的弊端四个方面阐释我国农地社保的发展历程，基于农业现代化发展、农户群体分化及农地流转的要求，对我国农村社会保障制度的建设及开展情况做出简要介绍。综上所述，农地的社会保障功能已被农村社会保障制度承接，原本附加于农地资产的保障性束缚应予以剥离，应利用市场规则从农业生产资料及固定资产的角度帮助农地资产实现优化配置及资本属性转化。因此，无论是由押品变现导致的阶段性失地抑或是农地转让后放弃农地承包经营权，都是市场化行为下的可能性结果，对其可行性或可持续性的考量应更多从资源优化配置的角度出发，而无须再考虑对其保障性功能的损伤。

二、阶段性失地风险与耕地用途改变

当借款人违约时，金融机构可通过处置担保的农地经营权以补偿融资损失，借款人将承担阶段性失去农地经营权的代价。农地流转是农地经营权再处置的主要方式，我国对农地流转实行用途管制，坚持严格的耕地保护制度，切实保护基本农田。但是在利益驱使下，转入农地的经营权人常出现改变耕地用途的行为，造成耕地破坏或无法复垦，对农业生产的可持续性构成威胁。抵押农地的流转将扩大农地流转市场规模，从而加剧农地流转过程中耕地用途改变的现状。此外，考虑到抵押农地流转与自发性农地流转的不同，抵押耕地用途的改变还将导致抵押人生产能力的恶化。因此，分析农地贷风险补偿阶段的农地经营权抵押处置与耕地用途改变的关系及综改区的应对措施，有利于客观评价农地贷的特殊性风险衍生效应。

（一）土地用途管制

1. 土地用途管制的目标

土地用途管制亦称"土地使用分区管制"，是国家为保证农地资源的合理利用以及经济、社会发展与环境的协调，通过编制土地利用总体规划，划定农地用途区域，确定农地使用限制条件，使农地的所有者、使用者严格按照国家确定的用途利用农地的制度。其中，切实保护耕地，保证耕地总量动态平衡是土地用途管制的核心[①]。我国在实行土地用途管制时，依据国家编制的土地利用总体规划，将土地按用途分为农用地、建设用地和未利用地，坚持"农地、农有、农用"的原则，限制农地非农化，鼓励维持农用。其根本目的在于严格限制农用地转为建设用地，落实耕地总量动态平衡，实现农地利用方式由粗放型向集约型转变，促进区域社会经济的持续发展和农地的持续利用，达到社会、经济、生态综合效益的最优化。

2. 我国耕地资源的变化情况

尽管我国从 1987 年正式实施了《中华人民共和国土地管理法》，基于耕地对国家粮食安全、农业可持续发展的战略意义，实行严格的耕地保护制度，但仍不可回避地面临耕地面积逐年减少的情况。鉴于这一现象，2004年修订的《中华人民共和国土地管理法》提出耕地总量动态平衡的耕地保护目标，即在满足人口及国民经济发展对耕地数量和质量要求的条件下，保障耕地数量和质量的供给与需求动态平衡，而实现这一目标需要加强耕地的数量、质量保护，并注重耕地环境质量的提高。

依据《农用地质量分等规程（GB/T 28407-2012）》，全国耕地评定为15 个等级，1 等耕地质量最好，15 等最差。据此将全国耕地按照 1~4 等、5~8 等、9~12 等、13~15 等划分为优等地、高等地、中等地和低等地。中等地主要分布在黑龙江、吉林、云南、辽宁、四川、新疆、贵州、安徽、河北、山东 10 个省（区），总面积为 5261.65 万公顷（78924.76 万亩），占全国中等地总面积的 73.71%。以综改区为例，截至 2015 年末，耕地面积共10505.43 万亩。其中，没有耕地符合 1~5 等耕地质量要求，5~8 等耕地

[①]《中华人民共和国土地管理法》将土地按照分类进行用途管制，结合本章研究的内容，在此仅讨论耕地用途管制内容，文中涉及的农村土地、农地、耕地均指农用地中的耕地。

247.94 万亩，9~12 等耕地 9470.1 万亩，13~15 等耕地 4696.73 万亩。因此，迫于耕地面积逐年缩减及耕地质量并不占优的压力，为巩固商品粮基地的战略意义，综改区需将耕地保护置于国计民生的战略位置。

（二）农地贷信贷风险补偿与耕地用途改变

1. 农地流转与农地贷信贷风险补偿

农地经营权再处置是农地贷信贷风险发生后的第二道保障，金融机构通过将预先取得他项权的农地经营权置于农地流转市场进行流转，或与物权管理机构合作达成收储意向，或通过司法的招拍挂处置流程，实现农地经营权再处置后的资本变现，从而补偿融资活动中遭受的损失。可见，农地流转是农地贷信贷风险补偿的必要途径。

2. 我国农地流转现状

有别于 20 世纪 90 年代初期 90% 的农地流转都发生在集体经济组织成员之间的情况，作为资本增值、生产资料集聚的主要手段，农地流转正日趋市场化。本部分仅关注耕地的流转情况，从耕地流转规模来看，耕地流转面积呈逐年扩大趋势，截至 2016 年全国已有 4.79 亿亩耕地进行了流转；从耕地流转的来源看，家庭承包地是耕地流转的主力军（见表 9-3）。从耕地流转用途来看，根据土流网流转土地用途的统计数据，由于耕地流转规模扩大，粮食化耕地种植面积与非粮化耕地面积均呈扩大趋势，但粮食化耕地种植面积的扩大率逐年递减，而非粮化耕地种植面积的扩大率呈先增长后下降的趋势。

表 9-3　2011~2016 年我国耕地流转进度

年份	2011	2012	2013	2014	2015	2016
耕地流转面积（亿亩）	2.28	2.78	3.41	4.03	4.47	4.79
占家庭承包地比例（%）	17.8	21.5	25.7	30.4	33.3	35.1

资料来源：土流网公开发布的数据。

3. 耕地用途改变

依照《中华人民共和国土地管理法》和《全国农地分类（试行）》的规定，我国将农用地分为 5 类 27 种类型，其中耕地包括灌溉水田、望天田、水浇地、旱地、菜地 5 种农用地。耕地用途改变即指将以上五种属于耕地的农用地另作他用，从而改变耕地原本用途的情形。我国之所以对耕地用途采取严厉管制的安排，是出于粮食安全及耕地可持续利用的战略意义，因此本章耕地用途的改变情形基于以下两点分类：第一种情形：将耕地用于农用的非耕用途，根据是否破坏耕地的耕作条件，可将这种非耕农用地区分为耕地还可耕种及耕地无法复垦两种情况。若将耕地改变用途为园林、林地等农用地，虽然改变了耕地用途，但不破坏农地的耕种条件。这种耕地用途改变的后果是影响粮食产量，但不影响耕地的可持续利用。第二种情形：将耕地用于非农用途或间接服务于农业生产如在耕地中挖塘养鱼、将耕地改为各种场地、在耕地中挖沙出售、将耕地出租给他人做非农建设或在耕地中取土烧砖等。这种非耕化生产行为通过营造建筑物和构筑物打造养殖基地和设施农业，造成原农地生态利用条件难以恢复，构成耕作层的破坏。与第一种非耕化情形中导致耕地破坏的情况类似，都将直接造成耕地面积的减少，触及基本农田保护区的红线。因此，从耕地用途管制的目的出发，有必要警惕非农化或不符合耕地用途的非粮化等可能威胁粮食安全的行为，避免耕地不可挽回的破坏及耕地承包权人的利益损失。

4. 农地流转与耕地用途改变

为什么农地流转是耕地用途改变的诱因？这与耕地用途改变的动机有关。抛开监管、制度约束等客观因素的影响，从经营权人主观意愿的角度出发，耕地用途改变的根本动机是利益的驱使，而农地流转为这一动机的实现提供了契机。

第一，农地流转可能促使非承包权人在短视化经营下改变耕地用途。截至 2020 年，全国家庭承包耕地流转面积达 5.65 亿亩，占全国承包经营耕地面积的 36.2%。其中，4.75 亿亩以出租（转包）方式完成，占比超过 80%。① 流转协议以口头约定为主，流转期限以一年期居多，且流转双方对可能涉及的一些权利、义务、违约责任等没有明确的约定及划分。因此，在缺乏责任约束的短期化农地租赁活动中，流入农地主体的经营行为易出现短视化特征，在利益驱使下，或将转入耕地用于经济效益更高的非耕化经营，或用于非农化用途，导致耕地用途的改变甚至耕地面积的彻底

---

① 资料来源：农业农村部政策与改革司的农业农村重要数据。

减少。

第二，农地流转可能引发非承包权人在商业化经营下改变耕地用途。除农户外，专业合作社、企业及其他经营主体转入耕地的面积也日趋增加，这类经济主体转入耕地的动机有所不同。对于本就以农业生产经营为主要收益来源的专业合作社而言，转入耕地是出于规模经营的需求，为扩大经营规模或服务于现有经营模式，在转入耕地上建设间接服务于农业生产的基地或构筑物，从而造成耕地用途改变；对于企业及其他经营主体而言，更多是出于商业化经营的考量。

第三，农地流转可能引发社会资本与农业领域合作中的耕地用途改变。为发挥市场在资源配置中的决定性作用，创新农业基础设施建设投入机制，2016年国家发展和改革委员会出台《关于推进农业领域政府和社会资本合作的指导意见》（以下简称《指导意见》），大力推进农业领域政府和社会资本合作（PPP），以提升农业投资整体效率与效益，为加快农业现代化发展提供有力支撑。社会资本将通过农村产权流转市场整合项目所需用地参与到《指导意见》倡导的合作领域中，如何平衡耕地保护与项目建设需要的关系，在保护耕地承包经营权人利益的同时保障社会资本的投资收益，是需要重点权衡的问题。

第四，农地流转可能引致在农村产业融合发展中耕地用途改变。2017年原国土资源部、国家发展和改革委员会联合出台《关于深入推进农业供给侧结构性改革做好农村产业融合发展用地保障工作的通知》，强调在落实最严格的耕地保护制度和节约用地制度的前提下，深入推进农业供给侧结构性改革，做好农村第一、第二、第三产业融合发展的用地保障。尽管该通知对设施农用地及农地复合利用等做出相应规定，但具体如何监控农地流转整合后用于设施农业的"非农化"、耕地复合利用过程中不破坏耕地层及外部资本侵占等问题，还需从实际运行中总结经验。

综上可见，出于利益的驱使，在农地流转协议权责利约定规范性不足、监管难顾的客观条件下，农地流转为耕地用途改变提供了契机，而抵押农地经营权对流转市场的扩充将加剧这一情形。此外，自发性转出农地的承包经营权人多数不以农业生产经营为主，但与此不同的是，抵押农地经营权的再流转属于被动流转，农地经营权抵押人原本从事农业生产经营活动，并没有主动改变经营方向的意愿。因此，对抵押农地的耕作层保护尤为重要，当农地再流转到期时，农地仍是抵押人主要的生产资料，这关乎抵押人能否重拾农业生产能力。

(三) 综改区对抵押耕地流转后果的应对措施

鉴于农地经营权的特殊性与普遍性，农地贷秉持先期封闭运行、风险可控、逐级推进的原则在我国以试点的形式展开。综改区结合地域特征及前期相关经验总结，从事前控制和事后监管两方面对农地贷风险补偿阶段的抵押农地经营权流转后果做出具体安排。

1. 风险的事前控制

综改区农地贷主办机构在制定农地贷管理办法及操作规程时均对借款人可抵押的农地经营权面积做出扣除口粮田的规定，以防范借款人违约后由阶段性丧失农地经营权导致的缺乏必要农业生产资料的问题。

2. 风险的事后监管

当农地贷风险发生时，为补偿风险损失，金融机构势必要流转农地经营权。因此，这一阶段的风险监管聚焦于两方面：一是农地流转是否合规有序；二是转出耕地的用途管理是否科学有效。

关于流转是否合规有序：2005 年原农业部发布《农村土地承包经营权流转管理办法》，为农地承包经营权中依法形成的流转关系提供制度保护。为适应农地经营权流转明显加快，适度规模经营迅速铺开的农业现代化发展进程，2014 年中共中央办公厅、国务院办公厅印发《关于引导农村土地经营权有序流转发展农业适度规模经营的意见》，综改区沿用该意见，从参与流转的农地类型、经营主体、流转市场、权益归属、契约要素及转出农地农户的生存保障问题方面做出了更为具体的制度安排。对于土地流转用途管制问题，提出依然坚持最严格的耕地保护制度，切实保护基本农田，严禁借农地流转之名违规搞非农建设，并对以往农地流转过程中发生过的耕地用途改变的问题做出具体警示，力保耕地红线不放松。

对于转出耕地的用途管理是否科学有效，2018 年 1 月发布的《中共吉林省委、吉林省人民政府关于加强耕地保护和改进占补平衡的实施意见》以保障耕地红线不突破为初衷，制定完善耕地保护制度和占补平衡政策，着力加强耕地数量、质量、生态"三位一体"保护，着力加强耕地管控、建设、激励多措并举保护。通过节约优先，严控建设占用耕地；多措并举，改进耕地占补平衡管理；建管结合，切实提升耕地质量；奖补并重，健全耕地保护补偿机制；严查严管，强化耕地保护监管考核等六个方面的制度安排，完善综改区转出耕地的用途管理，为稳步提高粮食综合生产能力提供坚实的资源保障。

第三节　农地贷信贷风险

农地贷作为深化农村金融体制改革的创新性工具，其信贷风险发生后的衍生效应既表现出一般性金融产品的特征，又受农地经营权附着属性多样化的影响，同时还表现出关乎社会保障与耕地作用改变的特殊性。因此，有必要分别阐释农地贷信贷风险的弥散化特征，根据其链式弥散机制客观看待农地贷信贷风险的衍生效应。

从信贷风险的一般性衍生效应来看，流动性风险、经营性风险是农地贷供给方不可避免的，但其仍表现出一定的特殊性：第一，农地贷出台的初衷在于支持规模性农业经营主体，为农业适度规模经营、农地整合集中、农业现代化发展提供必要的融资支持。就综改区农地贷的初级开展模式——农地经营权抵押贷款来看，面向规模经营主体的授信额度远远高于传统信贷产品。因此，要特别关注地区灾害性风险对农地贷借款人还款能力的影响，金融机构应主动建立风险分担措施避免流动性风险的发生。第二，农地贷在市场化运行框架下内含政策性因素，中央财政、地方政府在农地贷制度构建、基础配套设施建设及风险分担方面均承担了主导性角色。因此，农地贷的信贷风险难免弥散至政策性机构，增加财政负担。

从信贷风险的特殊性衍生效应来看，罗兴、马九杰（2017）提出不同农地流转模式下农地经营权的抵押属性不同。本章首先剖析了农地经营权资本化的主要障碍——农地的社会保障属性，从农地保障的历史由来、保障方式、保障效果、退出原因、农村社会保障制度建立及开展情况方面梳理了我国农村社会保障制度由隐性的农地保障机制向显性的社会保障制度过渡的历程，并指出农地已难以再肩负农村社会保障的职能，农村社会保障制度的建立已经接过为农村居民提供社会保障的责任，附着于农地的社会保障的考量应予以剥离，从而有利于农地在市场化配置中发挥资本属性；然后从我国耕地资源现状、耕地用途管制、农地流转与耕地用途改变的关系角度阐释抵押农地经营权处置可能会加剧耕地用途改变的原因，认为尽管综改区在农地流转秩序与耕地用途管理方面做出了详尽的制度安排，但在农业现代化发展进程中，随着社会资本的涌入、产业融合的集聚，在农地流转与整合中难免出现对用途监管不力的情形，但不必过于夸大农地贷信贷风险对此的衍生效应。

第十章

农地金融风险控制体系的构建

本章既是对农地金融风险形成机理分析及风险控制能力测度结果的梳理与总结，也是在机制完善基础上对农地金融未来发展方向的展望。这一风险控制思想源于《国务院关于开展农村承包土地的经营权和农民住房财产权抵押贷款试点的指导意见》（国发〔2015〕45号）以来的微观实践，如何引导农户将有效的金融需求付诸农地贷的申请？如何鼓励金融机构运用该项金融工具为农村地区提供信贷支持？如何保障该项信贷工具有效激励约束借款人按时还款，或对押品有效处置，或第三方风险分担机构行使其风险分散职责？经过前文章节的系统分析，发现在狭义的信贷工具框架内难以得到以上诸多疑问的均衡解。因此，追本溯源地回归到农地金融诱致性变迁的历程，从试点运行情况与制度供给侧回应的设计意愿存在的背离及偏离风险出发，依托对农地金融制度性风险及信贷风险形成机理的分析，结合对农地金融信贷风险控制能力的测度结果，提出农地金融风险控制体系的构建思想。

第一节　各试点区农地金融风险控制体系的现状

本节根据各试点区向中央银行进行农地贷试点情况的季度性汇报结果，将有代表性的主要试点区的风控措施构建情况进行总结，为综改区农地金融风控体系的构建提供现实参考。

一、各主要试点区农地金融风险控制体系的构建情况

（一）西安市高陵区以抵押物处置为核心的风险防范机制

2015年高陵区获批成为全国"两权"抵押贷款试点地区之一，试点过

程中农地抵押物流动性相对较差、处置不易等问题逐步显现，为防范和化解农地贷风险，高陵区采取政府引导、市场化运作的风险补偿思路，成立农村产权收储中心，建立抵押担保、风险补偿和抵押物收储三大风险防范机制，化解高陵区因押品处置不畅造成的农地贷风险。

（二）湖南省岳阳县构建三大风险防控体系

岳阳县是湖南省八个农地贷全国试点县（市）之一，但在试点运行中发现农地贷抵押权的实现存在困难，如缺乏处置方法和依据、农地经营权变现能力差、缺少科学的农地价值评估方法等。为保障农地贷试点的可持续运行，岳阳县通过构建农地贷法律体系、农地贷市场体系及农地贷监管体系打造风险防控体系，从明确农地贷各方参与主体的权利及实现依据的角度保障农地贷的顺利进行。

（三）无锡市惠山区建立风险防范的"塔型"工作机制

无锡市惠山区为有效防范农地贷风险，构建"突出塔尖、强化塔身、夯实塔基"的"塔型"工作机制。具体机制的构建包括：①"突出塔尖"——突出试点工作制度建设，确保无锡市的一体化政策引导，在制定地方性实施方案基础上明确信贷政策导向，为金融机构开展工作提供政策依据；②"强化塔身"——强化涉农银行试点工作成效，通过确定涉农银行试点、确定合理放贷方式及建立农地经营权价值估价体系来确保微观操作的主要供给主体工作的开展；③"夯实塔基"——夯实试点工作配套保障机制，完成农地经营权确权登记工作，建立健全农村产权交易服务平台，建立完善的风险处置与分担补偿机制，如融资风险分担补偿机制及抵押物风险处置机制与流程等。

（四）陕西省平利县农地贷信贷风险防范体系

平利县注重从源头上防范农地贷的信贷风险，构建信用档案、登记和评估三大保障体系。一是信用档案体系。平利农商银行与各镇村共同建立农户信用信息档案，为农地贷是否授信及授信金额提供依据。二是产权登记体系。推进农地产权确权、登记、颁证工作，确保"两权"归属清楚、权证齐全。三是价值评估体系。坚持"物有所值、风险可控、公平自愿、利民便民"的原则，将借款人、贷款人、承包户、村组、农综站整合起来，实行"六位一体"式评估策略，尽可能保证评估价值得到多方认可。

（五）河南省浚县处置风险"预处理"的风险控制体系

为保障农地贷的顺利推进，浚县建立了农村综合产权交易中心和农村产权评估机构，履行农地流转、登记、评估、抵押、处置和再流转职责；成立浚县黎财担保有限责任公司，建立风险补偿机制；创新"经营权+农村产权交易中心"和"经营权+担保增信"的模式，引入担保公司实施增信，撬动银行信贷投放。在贷款投放对象上，浚县过半的农地贷投向了农户。浚县农村信用合作社创新性地采用"农户+预流转户+经营权+银行"的模式，即在农地经营权抵押前先寻找与自己承包农地相邻的农户作为预流转户，预流转户承诺将来对农地进行耕种，并以市场价支付承包费用，承包费用优先用于支付贷款本息。该模式实际上前置了押品的处置环节，为押品处置环节的风险补偿能力提供了保障。将其他试点区农地贷的风险控制措施简列，如表 10-1 所示。

表 10-1 试点区农地金融的风险控制措施

类型	风险控制措施
综改区模式	周转保障基金、信用保证保险、种养殖财产保险
宁夏平罗、同心模式	风险预警机制、风险防范基金
陕西高陵、平利模式	区财政出资 500 万元设立担保基金、设立"两权"抵押贷款风险补偿基金、贷款保险保障机制
山西新绛模式	农地物权收储中心建立收储制度、强制保险、风险保障基金
山东枣庄模式	农民专业合作社农村土地使用产权质押贷款风险补偿基金、农业贴息保险
湖北武汉、荆门模式	风险补偿基金、不良抵押资产卖断、不良率达到 10% 即叫停
四川成都模式	农村产权抵押融资风险基金
江苏泗洪模式	担保公司+农地经营权反担保
湖北南漳模式	政府：银行＝6：4 或政府：银行：保险公司＝2：2：6

二、各试点区农地金融风险控制措施的简要评述

总的来看，各试点区农地金融的风险控制措施可从信贷风险的事前、

事中及事后三个风险弥散层予以管控。

一是以西安市高陵区及河南省浚县为代表的事后风险补偿模式。农地贷作为农地金融狭义维度下的金融创新工具，从文献梳理即可发现众多研究集中于农地经营权权利押品事后风险覆盖能力方面，对风险点的测度及风控措施的建议也多从提高农地经营权担保能力的角度出发。高陵区与浚县的风险控制体系更注重农地抵押物变现能力提升的事后风险补偿。一方面，通过政府化引导建立农村产权收储、交易及评估等机构，确保农地经营权押品功能的有效实现；另一方面引入中间担保机构增信，或者将押品处置风险前置消化，作为授信的前提条件。这种风险控制理念更多考量的是农地贷供给方——金融机构的资金安全，在保护金融服务供给方安全性的前提下调动供给积极性，保障农地贷的顺利实施。

二是以湖南省岳阳县为代表的配套设施完善的风险防控模式。关于配套设施完善方面的研究多从制度性优化的角度出发，由于农地经营权抵押诱致性变迁的历程，产权障碍及法律缺陷等先天弱性为其后期发展埋下诸多隐患。因此，既往研究从制度优化层面关注农地贷风险控制。湖南省岳阳县对农地贷风险控制体系构建的思路即从这一角度切入，在农地经营权抵押的具体操作、农地经营权处置、农地经营权价值评估等方面为相关操作主体提供依据，在保障规范化操作的同时，降低事后履约的私人协商成本。

三是以无锡市惠山区为代表的全流程控制的风险防范模式。虽然各试点在农地贷运行过程中会参照中国人民银行关于农地贷指导意见制定地方性操作规程，其中包括对事前筛选、审批，事中发放、管理，以及事后的回收做出具体规定，但较少有研究在风险控制体系构建时较为全面地对信贷全流程进行逐一论述。无锡市惠山区在构建风控体系时强调了全流程的管理理念，并将具体工作职责落实到参与主体，如政府、金融机构及配套设施机构等。

四是以陕西省平利县为代表的事前风险控制模式。农地贷作为信贷工具具备抵押贷款所表现出来的一般性风险特征，在风险管理方面需要遵循普适性的信贷风险管理理念。农地贷的特殊之处在于押品是原本禁止用于抵押的农地经营权，从"禁止抵押"到"试点抵押"，农地经营权作为押品的转变更多体现在事后风险补偿阶段，关于押品的事前筛选功能鲜少被人关注。押品是否能够真正发挥筛选功能、是否能够将不具备授信条件的借款人剔除出授信之外是风险保障的第一道屏障。因此，平利县在构建农地贷时注重从源头上防范农地贷的信贷风险，构建了信用档案、产权登记和价值评估三大保障体系。信用档案将信用评级具有潜在违约风险的借款人直接剔除出潜在授信群体；产权登记在于通过具备法律效应的契约形式对产权关系及产权规则做出事先约定，避免由界定模糊或不具备契约效力导致的事后争端；价值评估一方面有利于形成具备激励约束机制的授信额度，另一方面则有利于事后风险的补偿。

可见，从农地经营权抵押的微观层面来看，各试点区的风险控制措施或体系构建情况基本贯彻了信贷工具的风险管理理念，既往研究也基本有所涉猎。可能的欠缺之处在于，现阶段对于农地经营权市场价值、产权规则处置方式等的认知是否支持将试点区的农地经营权无差别地放置于授信担保的押品这一位置？农地经营权产权处置的规则是否可以市场化？通过抵押方式提升农地经营权财富效应是不是唯一的合理方式？如果合理，那么农地贷的授信依据是否合理？如果不合理，那么哪些方式更适应农地经营权财富效应的发挥？以上疑惑并不能从各试点区现行的风险控制措施中得到回应，因此有必要从本书所界定的广义农地金融风险宏观分析框架中进行风险控制体系的构建，尝试对农地经营权风险体系的既往研究和试点现状做出补充与完善。

第二节　农地金融风险控制体系的构建

农地贷的试点经验促使研究从狭义维度下农地金融的角度发掘风险，对风险的分析开阔了对农地金融风险认知的界限。因此，进入风险控制阶段，首先要明确广义维度下农地金融制度性风险的形成机理；其次根据使命展示的"多阶段"特性引入参与主体协同治理的理念；再次加入多主体协作的责任落实后，进一步优化风险控制体系的构建思路，从而在广义维度的农地金融框架下寻求各主体协作可能实现的平衡点，即风险控制措施；最后，按照信贷风险管理理念构建农地金融信贷风险控制体系，为现阶段农地金融的运行实践提供参考。

一、广义维度下农地金融制度性风险模块

从资产金融化的前提切入，关注农地经营权金融化诱致性变迁所具备的前提，进而基于农地经营权金融化的使命与其现阶段金融化的深度发掘广义维度下农地金融的制度性风险点（见图 10-1）。

图 10-1 直观地展示了广义维度下农地金融制度性风险的"多阶段"特性。从风险演进的逻辑看，"金融化前提—诱致性制度变迁的前提—农地金融使命—农地金融化深度"四大模块间存在风险发生的事实因果或引致性因果关系，农地金融制度性风险因此表现为"多阶段"特性。

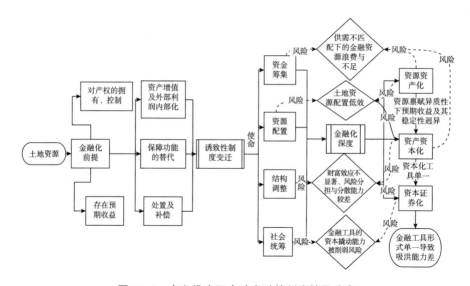

图 10-1　广义维度下农地金融的制度性风险点

鉴于此，既往文献无论是从"单阶段"出发的风险梳理，抑或是基于"单阶段"风险模块的风险控制体系构建都难免失之偏颇。协同治理理念是解决"多阶段"特性系统的有效方式，进一步落实治理主体会发现，广义维度下农地金融制度性风险控制体系的建立是协同治理理念下各参与主体在多重秩序指引下容忍一定模糊边界的次均衡结果，是一种正和博弈的共赢行为。那么，如何在协同治理理念下唤醒和维持各主体的合作意识，促使其围绕农地金融的使命制定风险控制的行动方略是接下来要厘清的问题。

二、协同治理理念的引入

既往关于"多阶段"系统的研究所引入的协同治理主体往往特指政府、市场及第三部门等多主体间通过合作、协同治理、共同处理公共事务并实现公共利益的过程。协同治理理念存在四个预设。

第一，行动主体多元化。系统的治理与改善并非仅依赖政府等单一机构，结合既往研究与综改区农地金融实践，在不进一步细分的情况下，农地金融涉及政府、银行机构、物权管理平台、农业保险机构、村集体（社区）及借款人六大主体。第二，合作关系的依赖性。"多阶段"的系统特性将各主体纳入相互依赖的环境，单凭某一主体难以实现"多阶段"系统的运转。第三，行动的公共权威。为避免私人谈判成本高于法律秩序导致的无效率，各主体将在政府的实质理性与市场的程序理性间寻求阶段性容忍度内的平衡，运用协同治理下的"反思理性"在试错中设置阶段性目标，从而求得正和博弈的共赢。第四，结构的网络化。在协同治理的"多阶段"模块中，每一模块下风险与补偿的平衡都需要相关主体目标一致性的配合，且在"多阶段"模块间呈现同一主体职责的交互、递进或转变，从而构成网络化的治理结构。

三、农地金融"多阶段"制度性风险模块的协同治理体系

（一）金融化前提模块的风险治理

农地金融化的前提在于产权人是否拥有产权和控制能力，以及产权是否具备预期收益能力，若能同时满足以上两点，则认为该项资产满足金融化的必要条件，不至于因底层资产的先天性不足而导致金融化的风险问题。在这一模块中，政府是风险控制的主导治理主体。从农地金融诱致性制度变迁演进历程的分析及制度供给回应后仍存在的不足可以发现，政府通过政策制定及法律修订将促使农地产权关系及产权规则适应现阶段农地金融化对产权的要求，一方面降低了私人谈判的高成本及谈判结果的不确定性；另一方面为遗留在公共领域的外部利润建立了内部化的渠道，从而使农地价值的形成机制向市场化价值的形成机制转变，为金融化的预期收益提供

了可期的想象空间。

农地预期收益实现的市场因素及非市场因素可能涉及的物权平台、村集体（社区）及产权人是协同治理主体。预期收益是否稳定、收益价值是否可期源于产权强度提升后的红利外溢，如何践行产权规则需要产权交易各主体基于认知一致性的博弈。从产权规则来看，理想化的交易方式是在信息充分并对称的情况下产权供需双方的直接交易，这种高效的交易方式在其他产权标的物下看似不具备现实操作性，但在农地产权市场却由来已久。这是因为农地产权在未实行"三权分置"前，因农地用途管制、家庭承包经营下的地块分割等原因，承包经营权的流转一般停留在集体经济组织内部，集体经济组织成员地缘上的优势使信息相对充分且对称，公允价格容易形成，产权供需双方基本无须耗费多余交易成本即可完成农地承包经营权的交易。可见，这种类似于社区型的非市场规则下的产权交易关系实现的效率十分可观，尤其适用于分散细碎化农地经营权的流转，是农业适度规模经营前农地生产资料整合的必要阶段。但是其同样存在不可忽视的弊端，第一，产权关系模糊下的农地价值被严重低估；第二，交易不受法律保护，一旦发生纠纷，谈判成本十分高昂；第三，其预期回报的可期度不能支持深度的金融化。

因此，农地产权"三权分置"与确权颁证的实施从进一步明晰产权关系的角度提高了产权强度，从而为农地产权市场化规则下的交易提供了可能。市场化规则下的交易方式要求市场规模的扩容、交易群体的多样化与交易形式的规范化，从而促进农地价值市场化、农地价值挖掘与农地整合。现阶段农地流转市场的建设情况、农地产权供给方的附加保障离地情况、农地整合情况等因素都制约了农地供需双方在市场化规则下直接达成交易意向的能力，因此服务于农地产权交易的中介型机构必不可少。细碎化农地整理、收储、经营、交易信息发布、交易规则完善、交易契约订立，以及在此基础上的担保等职能需要借由物权平台实现，以保障现阶段具备市场化交易可能的农地产权关系得以实现。

综上所述，从农地金融化的前提来看，农地产权在经历产权关系明晰与产权规则趋于市场化的改革后，具备满足农地金融化的前提条件，一方面，这是政府主导治理下制度供给的结果；另一方面，是物权平台、村集体（社区）及产权人依据所拥有农地产权的禀赋条件，基于自发性选择或历史交易习惯形成的区别性处置规则下的阶段性成果。

（二）诱致性制度变迁模块的风险治理

第四章在论述农地金融诱致性变迁历程时交代了诱致性发生的前提：资产增值及外部利润内部化、保障功能的替代，以及处置补偿机制的建立。从农地金融试点运行的现状来看，诱致性变迁的发生在于前提的基本满足。例如，"三权分置"与确权颁证的农地产权制度改革以及 2018 年末第二次修订通过的《中华人民共和国农村土地承包法》，政府主导的制度性供给在提升产权强度后为农地价值增值空间及利润内部化渠道提供了想象空间与可能；从第九章农地金融信贷风险衍生效应的论述可见，在农地保障能力逐渐退化、农地保障与现代农业发展矛盾日益突出、农村社会保障制度逐步建立的背景下，农地保障功能已向社会保障制度过渡，农地保障功能基本被替代；农地经营权处置及金融化后风险补偿机制的建立是最后一道关卡。

农地经营权处置涉及三个层面：一是法律上可处置；二是现实中具备处置条件；三是处置能力较强。

第一，法律上是否可处置。结合综改区试点情况可见，受益于制度变迁与法律修订，农地经营权的处置从法律角度而言不存在障碍。

第二，现实中是否具备处置条件。按金融化深度考察综改区农地金融化的主要表现形式：农地经营权租赁、农地经营权股份合作与农地经营权抵押，在三种金融化形式下契约出现纠纷的主要处置方式是农地经营权的再流转，自农村社会保障制度覆盖度提高后，预留必要的口粮田也不再成为农地经营权再流转的障碍，目前遗留的再流转主要障碍为经营权受让主体是否具备处置权，如金融机构接受抵押后，是否具备农地经营权押品的转让权。这需要依赖政府在法律层面再次做出完善，将抵押权人的权益进一步明晰，为农地经营权押品接收人的债权人权益提供合法保障及处置依据。此外，农地经营权流转市场的发达程度将在一定程度上决定农地经营权在现实中是否可处置。

第三，处置能力的强弱。农地经营权的异质性禀赋特征决定了其实现产权关系规则的不同。对于呈现出地块相对分散、地块面积较小特征的农地经营权，多在村集体内部达成流转意向，自我处置能力较强，强行将其拖入市场化交易轨道，反而会提高交易费用或产权关系难以实现；若是已经过前期整合的规模较大的农地经营权，则有必要通过市场化规则进行价值的挖掘与流转，其再流转效率取决于农地经营权流转市场的规模、物权收储机构的体量、地块区位及质量等因素。

因此，从拟实现的治理效应来看，提高农地处置能力是该阶段治理群体的协同目标。基于上文关于农地资产禀赋异质性不同处置规则的划分，应将农地经营权的处置思路依据农地资产禀赋情况归类。分散细碎化农地经营权更尊重其在集体经济组织内部或社区内部根据非市场化规则达成的约定一致的意见，由集体经济组织或社区充当非市场化规则下的具有公信力的信息传递者、公示者及裁断者，不随意将该资源禀赋下的农地推到市场化规则框架下，尽量从内部协调一致的角度帮助产权主体双方达成一致；规模化农地的市场化规则处置方式则要构建市场化的农地流转平台，适用于规模化农地流转下的信息提供与交易服务。

对于规模化农地流转市场的建设，王志章、兰剑（2010）认为构建供需双方信息沟通桥梁、预测农地流转价格走势、维护正常交易秩序构成了农地流转平台的主要使命。那么，农地流转平台的使命需要哪些主体、如何协同治理？从农地流转平台的使命及综改区农地流转平台的设计及运转情况来看，现阶段的农地流转平台并非市场化的产物，与农地金融的诱致性制度变迁相似，处于政策推动下引导市场回应的初级发展阶段。以综改区为例，为推进综改区农村金融深化改革的试验，2016 年 5 月，吉林省印发《吉林省农村金融综合改革试验实施方案》，设立的 20 项重点试验任务包括建设运营吉林省农村产权交易市场与完善物权融资服务体系。作为农村金融体系稳健运行的基础内容，与吉林省金融控股集团股份有限公司等投资机构合作，依托综改区现有各级政务中心或流转交易服务平台，整合形成信息互联、资源共享的农村产权交易信息服务体系，实现全省范围内的一体化运营。围绕农户承包农地经营权等产权要素，提供信息查询、产权交易、法律咨询、资产评估、抵押融资等综合服务。鼓励银行、保险、担保等机构和财会、法律、资产评估等中介服务组织为农村产权流转交易提供专业化服务。

可见，在诱致性制度前提这一风险控制模块中，主导治理主体依然是政府，并对政府的治理目标提出多重要求。在制度设计上，需要明确农地资源禀赋异质性下农地流转市场的运行绩效，应以绩效最大化而非完全市场化为导向看待农地经营权的处置问题；在市场建设上，尽管规模化农地经营权具备市场化处置潜质，但鉴于诸多非市场化因素，农地流转市场等配套设施的启动建设阶段仍需政府引导社会资源进入，综改区实施方案采用政府部门集中购买社会性服务或与社会性服务机构建立合作的方式搭建农地流转市场等配套设施建设框架。

（三）农地金融诱致性制度变迁使命与金融化程度匹配模块的风险治理

黄益平、傅子秋（2017）在提及中国经济时曾提出中国需要一个规模足够大、产品足够丰富的高效资产市场，其对潜在风险的吸洪可作为抑制风险隐患苗头的容器。虽然金融市场存在的普遍流动性被诟病为过度金融化，但融资难与融资贵的问题并未消失，说明过度金融化可能言过其实。全世文等（2018）从绝对地租理论出发分析了中国的农地资本化问题，认为对农地"非粮化"与"非农化"等的需求造成了农地的过度资本化，但这与本章探讨的农地金融问题并非异曲同工，农地绝对地租的增长在一定程度上对产权人财产性收入的增长具有直接促进作用，但绝对地租过高将抑制农业生产效率的进一步增长，从长期发展来看，高地租下的佃农经济并不利于现代化农业的发展和转型。目前我国的农地金融化水平究竟是否有利于制度变迁使命的实现？农地金融化水平及当前水平下衍生的金融工具是否契合发展的目标？在厘清值得继承之处的基础上，尚需完善的非契合性风险就是协同治理的目标。

（四）农地金融化深度与农地金融使命的耦合性风险治理

按资金流的整合度划分，金融化分为资源资产化、资产资本化及资本证券化。将广义农地金融视角下对农地金融化的界定进一步细化，从综改区农地金融试点来看，农地资源资产化形式普遍表现为农地经营权租赁、农地经营权入股两种形式；农地资产资本化的主要形式为农地经营权抵押及土地收益保证两种担保贷款；资本证券化的实际探索目前仍然从缺。农地金融化各种表现形式是实现农地金融诱致性制度变迁使命的途径，农地金融化对资金筹集、资源配置、结构调整及社会统筹使命的完成情况如何？前文对农地金融诱致性制度变迁的红利效应已经做了充分的阐释，这里不再赘述，从耦合性风险出发寻找治理方案更值得关注。

1. 农地金融化与资金筹集使命的耦合性风险治理

立足于农地金融化的两个阶段，无论是农地资源资产化抑或是农地资产资本化,均存在供需不匹配下的金融资源浪费与不足,由此导致农地金融化与资金筹集使命存在耦合性风险,究其根本是农地资源禀赋的异质性决定了其现金流的稳定性与预期回报的差异。

第一,农地资源资产化阶段。农地资源资产化阶段的主要使命是通过农地承包权与经营权经济权益上的分置,促使调整农地经营权权属分配,在释放农地经营权整合后红利效应的同时带动农村资源进一步整合,最终实现农村地区资源型资产与金融资产的优化配置。现阶段农地资源资产化应处于农地承包权与经营权法律权益上的分置后的初期适应阶段。对于仍分散未整合的细碎化农地经营权,无论是处置规则还是外部利润的内部化渠道,都不支持该资源直接打包为以稳定可观的预期现金流为底层资产的资本化金融工具。因此,整合分散化农地资源,以收储或集中经营为手段提高农地质量与处置能力,是分散细碎化农地经营权逐步释放财富效应、提高收益内部化潜力以向资本化高级阶段过渡的必经途径。在这一阶段,政府引导农地承包经营权人转让农地经营权,建立物权中介平台整理农地资源是必备的配套设施建设。一方面利用农业产业融合发展、城镇化等契机为转出农地农户提供农业或非农的务工性工作机会;另一方面不断完善农村社会保障体系建设,为日后农户承包权身份的退出做出提前的制度性供给,彻底剥离农地的非市场性因素。物权中介平台需在设立的基础上建立资金可周转、职能够完善的政策性导向兼具商业化的服务性机构,对分散细碎化农地经营权的阶段性处置目标可暂定为在促进流转、整合的基础上提高农地经营权预期收益,逐步释放财富效应,向可市场化处置阶段过渡。

第二,农地资产资本化阶段。综改区农地资产资本化的产物为农地贷与土地收益保证贷款。本书在剖析制度背离的风险时详细阐述了农户群体分化与实际有效信贷需求的转变,提出将异质性农地资产打包为同质化金融工具是现阶段农地贷等抵押担保型贷款产品出现风险的根本原因,其不区分担保品及发放对象的"一刀切"运行方式更是对金融资源的浪费。对农地金融化现阶段发展目标的制度意愿解读后可以发现,"一刀切"的运行方式并非意愿的初衷,而是试点区金融机构盲目上马的结果。因此,该阶段耦合性风险的治理主体为涉农金融机构,在进行产品研发时,需注重担保品的有效性、服务对象及金融工具研发的使命。

第三,资本证券化阶段。综改区目前这一阶段的金融工具暂时从缺。实际上整合后规模化的农地经营权可作为现金流稳定的优质底层资产,基于现阶段的资本化产物——农地贷，可在此基础上探索资产证券化的金融衍生品，进一步撬动社会资源，丰富金融市场，利用金融产品的扩容提升风险吸洪能力。这需要金融机构发挥金融工具创新能力，在区别存量信贷资产质量优劣的基础上，将优质资产打包为证券化产品，发挥金融工具资金筹集及撬动的杠杆功能。

2. 农地金融化与资源配置使命的耦合性风险治理

本部分的资源配置不仅指农地资源优化流转整合后的配置优化，也暗指在此基础上凝结的金融资源的优化配置问题。在对比综改区农地金融运行实际与制度意愿时发现，试点区农地金融工具的资源撬动作用并不明显，截至2017年末，全国耕地流转面积增长率并没有显著提高，农林牧渔业资本转化增长率不升反降。对此有三点猜测，具体如下：

第一，农地金融化忽略了农地资源资产化阶段以资源整合为基础的目标，直接追求财富效应的显现显然并不科学，也无法达成。

第二，农地金融化工具对资源撬动后的整合效应存在时滞，农地的流转、整合、开发等投入的规模报酬效应的显现需要时间的积累，尤其以农地贷等金融产品为工具的考量更需要预留出产品生命周期完结的时间。

第三，农地金融化工具运行目标的偏离导致对新型农业经营主体等主要服务对象的资源配给不足，新型农业经营主体仍存在一、二级信贷配给现象，这可能是致使资本积累转化效应不尽如人意的原因。通过对可能原因的梳理，政府与金融机构应承担起协同治理的任务，政府在农地金融化设计意愿中应明确金融化的阶段性目标及目标的主次，并不能进行跨越式的金融化；金融机构要注重实际供需匹配的一致性，避免资源错配造成浪费。

3. 农地金融化与结构调整使命的耦合性风险治理

农地金融化的一大使命在于农地资源的结构性调整与农村金融改革的深化调整。前文分析已经发现，农地资源结构性调整的进程虽受益于农地资产资本化需求明晰了产权边界，但农地资源自身整合的进度受到农地金融化杠杆撬动的效应还未显现，分散化农地的市场化价值还存在滞留区间，没有直接体现为产权人的财富效应；对于农村金融深化改革的进程来说，农村诸多沉睡资产的资本化刚刚开始，优质底层资产的发掘势必为社会资本、商业资本通过金融支持的途径进入农村地区提供可能渠道，但风险与机遇并存。农村金融市场在此基础上从深度到广度的扩容势在必行，多元化与多跨期金融工具可以起到吸洪的风险缓释效应，从而在一定程度上化解风险。这一阶段的协同治理主体仍然体现在政府及金融工具的职责上，政府在制定了农村地区资源及资产整合的进程后，金融机构根据这一进程开展的金融工具创新研发工作得以有的放矢，把握金融工具阶段性的目标，在深化改革的同时控制可预期的风险。

4. 农地金融化与社会统筹使命的耦合性风险治理

农地金融的社会统筹使命除前文提到的农村资源的整合外更关注农地金融工具的资本撬动能力，以及农村资源整合的"三农"结构性变化。如何引导社会资本及工商资本有序地进入农村、投资农业，依托金融工具的杠杆功能是可借鉴的途径。但农地资产资本化形式单一且无法有效剥离优质底层资产，致使鱼龙混杂的底层资产无法打包为现金流预期一致的标准化证券产品。如此一来，不仅缺失了能够有效引导社会资本等市场化资源进入的渠道，而且无法在此基础上吸收随之而来的现代管理理念及科学技术等附加红利。当农村资源逐渐进入规模整合阶段后，以新型农业经营主体为主要务农群体的，以规模化、集约化、现代化生产方式为主要特征的，以农业社会化服务为主要支撑的农业、农村及农民都会发生结构性的变化。从以上可能的耦合性风险出发，确定该阶段仍是以政府为主导的、金融机构及社会化服务机构协同治理的模式。一方面，政府为农地金融化制定阶段性目标后，结合阶段性目标下"三农"结构的调整方向，提供必要的基础设施配备，如农村的社会保障体系、退出承包经营权小农户的再就业机制、农地资源的暂时性收储与整理、农业生产的社会化服务等，作为提供公共品或半公共品服务的部门，政府承担起主导责任。此外，金融机构和社会服务性机构的协同治理必不可少。金融机构需在明确制度意愿的基础上有的放矢地进行金融工具的运用，在筛选优质底层资产的基础上进行证券化等金融衍生品的创新，在扩容自身资本金的同时提高风险抵御能力；社会服务性机构可作为政府购买性服务的供给方，为农业规模化、集约化、现代化发展提供技术、劳动力、资金等配套服务，加速农业生产结构转型，统筹社会资源。

四、广义维度下农地金融制度性风险协同治理体系的构建

基于农地金融诱致性制度变迁使命与金融化程度匹配模块的风险治理思想，农地金融风险规制的思想应该从制度设计的层面规划：第一，从明

确金融的财产跨期交易的角度出发，指出农地资产的异质性不应打包成同质性的农地贷产品，而是应该尊重异质性资产禀赋的稳定性、表现率等因素，构建不同资产整合程度的金融工具；第二，从金融工具多样化的角度考虑，可以在这一过程中考虑农地整合过程中的外部收益内部化问题，借助社会化服务和中介整理平台的职能，将农户从寻求金融的融资功能的需求方向获得收益的金融供给载体角度转变；第三，借助上一阶段的调整，可改善对要素盘活和产值增加的绩效背离情形；第四，在农地保障剥离、社会保障逐步完善、社会劳动力吸纳程度提升的背景下，适度规模农业发展将进一步剥离非生产性和市场性因素；第五，正确认识阶段性物权中介机构的职责与使命，并应在容忍一定前期整合成本的基础上，合理配置财政资金的机会成本，为农业产业化调整的后期、人地关系显著缓解的以后做好基础性工作；第六，对于目前开展的农地贷的风险测度问题，既要考虑信用风险的因素，又要考虑非信用风险的因素，包括其制度性因素。因此，从"多阶段"角度出发，将政府作为主导治理主体，将金融机构、物权平台及社会化服务性机构作为协同治理主体，对农地金融参与主体在广义农地金融框架下各阶段的协同治理思想进行汇总，构建农地金融风险协同治理体系（见图10-2）。

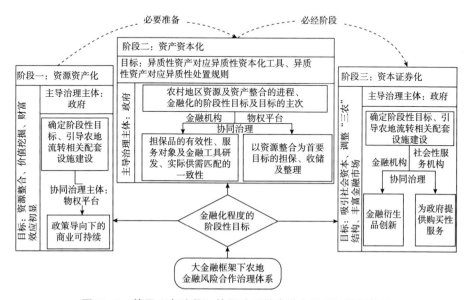

图10-2 基于"多阶段"协同治理的农地金融风险控制体系

五、农地金融资本化阶段运行实践的信贷风险治理

前文介绍了综改区自农地金融试点以来现实孵化的探索，表现为以农地贷为主要形式的间接融资工具，并分别从第一还款来源——借款人还款表现、第二还款来源——农地经营权变现与第三还款来源——第三方风险补偿三个维度分析并测度了农地贷风险暴露点。根据测度结果可知：第一，由于资产主导型农地经营权押品担保有效性强，借款人会选择按时还款。第二，关系主导型下的农地经营权押品担保有效性较弱，借款人还款的激励约束机制更多依赖于组群担保中的压力效应。附加的农地经营权无论是从增信的角度还是从激励约束的角度都没有发挥押品的效应，关系主导型农地贷模式似乎存在资源的错配与浪费。第三，从金融机构供给端的角度来看，在广为诟病的制度配套设施等优化后，农地产权制度优化通过贷款契约效力与农地流转契约效力的改善提升风险补偿能力，进而有效控制农地金融风险。再次验证了借款人还款意愿及能力是农地金融风险补偿的主要来源，第三方风险补偿能力相对薄弱，是制度进一步优化的方向。第四，上述测度结果验证了综改区土地收益保证贷款从被合并到重登舞台的政策导向意图，说明农地金融开始向尊重底层资产异质性和金融化阶段性转变，有利于农地金融的可持续发展。综上所述，分别依据测度结果及农地金融未来发展构想构建农地贷及土地收益保证贷款的信贷风险控制体系。

(一) 农地贷的信贷风险控制体系构建

依据农地金融资产资本化阶段的使命，遵循农地贷出台的制度意愿，结合前文的风险测度结果及农地金融未来发展构想，构建如下农地贷信贷风险控制体系（见图 10-3）。

从图 10-3 可见，农地贷未来发展方向应是回归支持新型农业经营主体规模化经营的金融工具。在贷前调查、增信、授信管理阶段及贷后管理阶段，金融机构是主导，村集体是协同主体，在政府构建的配套设施框架内对农地经营权担保有效性进行尽职调查，根据实际贷款需求及用途提供授信并设计信贷要件，从而在授信依据与风险补偿相平衡的前提下保障事前风险的有效控制。贷款回收阶段则需要在金融机构主导的前提下加入更多

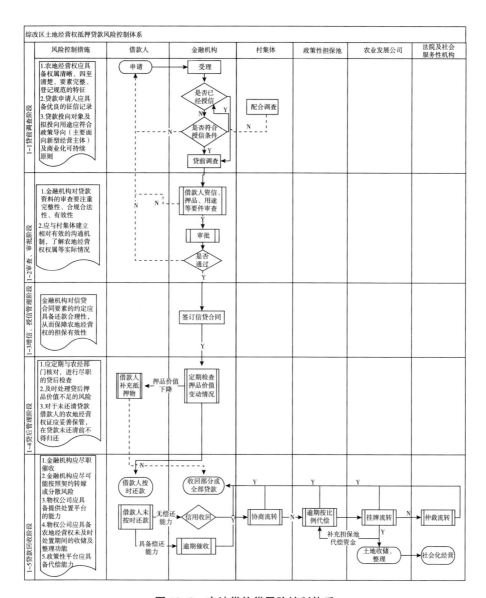

图 10-3 农地贷信贷风险控制体系

的协同主体，如图 10-3 所示，金融机构的催收是进入事后风险处置的第一道程序，当确定借款人无主动偿还能力后，进入押品处置的事后风险补偿。第一，村集体的协商流转机制仍是不可放弃的处置方式；第二，政策性担保池是农地经营权未完全剥离市场化因素前的必要风险补充；第三，物权公司的市场化处置平台是有效的依托；第四，在赋予金融机构对农地经营权具备处置权利的基础上诉诸司法渠道的仲裁流转是必要保障；第五，进入未有效流转农地经营权的收储、整合及经营阶段，在此基础上对农地经营权的进一步挖掘及提升有利于化解前期不良资产。综上所述，农地贷的未来发展思路及风险控制理念为试点放开提供了有益的经验借鉴。

（二）农地收益保证贷款的信贷风险控制体系构建

如前文所述，农地收益保证贷款是 2012 年综改区为规避农地经营权不可直接抵押风险，引入农业发展公司作为担保人，将农地经营权直接抵押的抵押型贷款设置为农业发展公司担保的保证型贷款，从而为农业经营主体提供融资支持的金融工具。当农地经营权在 2015 年突破不可抵押的障碍后，综改区提出将土地收益保证贷款归并至农地贷中，撤出农业发展公司担保这一环节。经过两年试点后，2018 年初，综改区重新强调了保留农地收益保证贷款的意图。通过对农地收益保证贷款回归的分析，认为农业发展公司对现阶段农地金融的风险控制、补偿基础上的可持续发展而言必不可少。据此构建农地收益保证贷款的风险控制体系，尤其为试点放开初期其他地区开展农地金融提供了参考（见图 10-4）。

从农业发展公司的参与程度可见，农地收益保证贷款与农地贷存在显著不同。在事前风险控制阶段，除金融机构对借款人资质进行必要的调查及审查外，农业发展公司对借款人资质、农地经营权权属等情况同样进行尽职调查及严格审批，从而做出是否担保的决定，金融机构基于农业发展公司是否担保的决定进一步履行审批程序。授信后，金融机构主要对信用情况进行实时管理，对金融机构而言，授信担保是农业发展公司的法人担保，因此金融机构并不对农地经营权进行贷后检查，农地经营权价值变动情况由农业发展公司作为反担保品进行实时关注。若押品价值发生变动，则会协同金融机构通知借款人补充抵押品或提前收回贷款。因此，这一阶段金融机构与农业发展公司贷后管理的明确分工、各司其职及信息有效沟通与共享对事前风险的控制十分必要。在贷款回收阶段，与农地贷的不同之处在于，一旦借款人违约，金融机构会先从农业发展公司寻求担保代偿，无需诉诸其他渠道。农业发展公司代偿后，基于农地经营权产权人的角色将反担保的农地经营权再流转，流转收益用于补偿代偿支出。若出现流转困难，则农业发展公司协同社会性服务组织将转入的农地经营权从借款人处收回并进行整理、再经营，从而通过经营收益补充代偿支出。可见，农业发展公司的代偿能力、农地收储能力及农业经营权能力对农地金融化模式的风险控制至关重要。

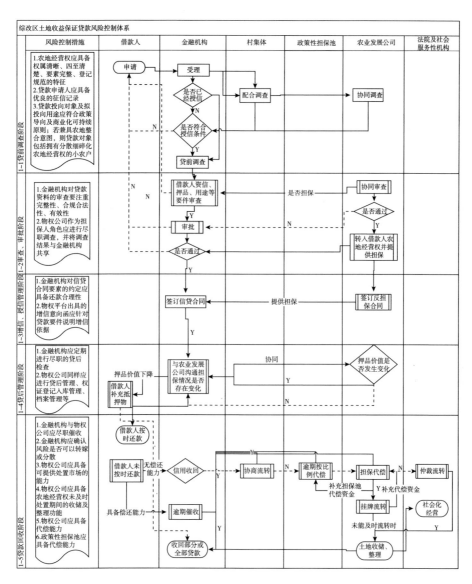

图 10-4　土地收益保证贷款信贷风险控制体系

第三节　农地金融风险控制体系的设计

　　基于第三章对农地金融模式的梳理，在重点介绍综改区农地金融模式的基础上，第四章从广义农地金融的框架出发，结合农地金融诱致性变迁的前提、意愿等因素，阐释了现阶段我国农地金融的制度性风险；第五章基于信贷风险管理理论对狭义维度下农地金融的信贷风险形成机理展开了分析；第七、第八章分别测度了农地金融信贷风险第一还款来源及风险补偿全视角下的风险控制能力；第九章进一步讨论了风险弥散效应下农地金融风险的衍生效应。

　　本章总结、概括并绘制了广义维度下农地金融制度性风险的"多阶段"形成机制；基于协同治理思想，依据"多阶段"的风险模块构建广义维度下农地金融制度性风险控制体系；内嵌于狭义维度下农地金融的运行实践及发展愿景，对处于资产资本化阶段的农地贷及土地收益保证贷款的风险控制体系做出设计，并基于信贷流程管理系统中各主体参与情况，阐明各阶段信贷风险控制要点，从现实孵化层面为农地金融信贷风险控制提供参考依据，从而在广义和狭义两个维度下分别确立农地金融风险控制思想。

第十一章
结论与展望

作为农村金融领域深化体制改革的诱致性制度变迁产物，配合农地"三权分置"改革及确权颁证等相关制度性供给，农地金融在 2015 年的《国务院关于开展农村承包土地的经营权和农民住房财产权抵押贷款试点的指导意见》中终于得到供给侧回应，完成了诱致性制度变迁的过程，成为支持"三农"发展的又一重要金融工具。综观学术界相关研究，大多数学者虽然对农地金融早有关注，但普遍集中于民间探索时期，表现为对地方性自发探索产物的介绍或对农地金融制度设计的畅想。2015 年是农地金融相关研究的分水岭，制度供给侧的回应为农地金融制度变迁的前提提供了诸多可能，试点运行也充满了多样性。在政策性发起引导商业性回应的模式下，众学者纷纷对农地金融运行模式、运行绩效、运行风险展开了新阶段的研究，并得到了颇为丰富的结论。

然而，前人研究略显不足之处在于：第一，虽然《国务院关于开展农村承包土地的经营权和农民住房财产权抵押贷款试点的指导意见》是针对农地经营权抵押贷款的指导意见，但作为农地资产资本化阶段的产物之一，对其出台时点、意愿及未来发展方向的判断不应局限于这一间接融资产品本身，否则任何结论都将以偏概全。第二，农地金融作为诱致性制度变迁的产物，农地经营权尚未完全剥离非市场属性前提下，应权衡以农地经营权为底层资产的金融化行为是否符合市场化原则。对该事物的发展及可持续生命力的研究应当置身于更为广义的框架下，这样才能为拟研究的方向寻求平衡性的结论。第三，由此对农地金融的界定应置于农地金融化诱致性变迁的历程中进行广义和狭义维度的划分。第四，在农地经营权抵押贷款试点结束之际，如何正确认识和把握农地经营权抵押贷款这一农地金融狭义维度下金融工具的试点成果需要系统梳理。吉林省作为国家唯一一个省级农村金融综合改革试验区，其试点经验具有代表性及普适性，对综改区农地金融试点经验进行科学客观的总结十分必要。第五，本书认为对农地金融的认知应存在广义、狭义两个维度，对其试点后是否应放开或进一步深入探索的判断应基于农地金融可持续的生命力，即风险控制能力。因此，对农地金融广义、狭义两个维度的认知，本书从广义维度构建农地金融制度性风险的控制框架，从狭义维度构建农地经营权抵押贷款及土地收益保证贷款的信贷风险控制框架，为试点放开后其他地区的农地金融化提供经验借鉴。

第一节　主要结论

本书在客观评估农地金融在综改区的实施效果的基础上，肯定了农地金融作为激活农村沉睡资产资本化属性的金融工具在产权制度改革和配套设施完善的配合方面所具备的强大生命力，农地金融对农业发展资金支持、农户收入增长、农地资源整合及小农户退出等具有不可替代的重要意义，不能回避农地金融试点过程中出现的偏离制度意愿的现象，进而展开对农地金融概念界定及其风险的研究。基于农地产权制度变迁对农地资产金融化的逐步回应历程，提出应从资产金融化纵深角度认识农地金融，就此确立了广义和狭义两个维度的农地金融概念。

一、广义维度下的农地金融制度性风险研究

第一，农地金融存在底层资产产权特征与金融深度错配导致的制度性风险。农地经营权的产权关系、产权规则与所处的市场化环境并不支持将农地经营权全部打包为农地经营权抵押贷款这一金融工具，可能形成农地金融化形式与底层资产错配的风险。通过将综改区农地金融运行实践与制度意愿作比对，发现试点区农地金融制度性风险的发生由现实孵化情况与制度意愿背离或偏离、产权关系模糊时期的金融化、农地金融供给与实际金融需求脱节所致。

第二，农地金融化应尊重"资源资产化—资产资本化—资本证券化"的发展规律。从诱致性制度变迁的历史来看，依据不同阶段底层资产的现金流稳定性及与预期收益性匹配相适应的金融化工具，从而避免跳跃性发

展的风险。

第三，金融供给端应匹配实际金融需求。在尊重底层资产的基础上，对农地金融化不同阶段应确立差别性目标——从资源整合到资产红利再到资本流入的纵深金融化发展。据此，对不同阶段涉及的异质性产权主体应提供差异化的金融服务，避免"一刀切"下的金融资源浪费与资源供给不足。

第四，尊重异质性资源、资产的处置规则。农地经营权资源禀赋的异质性决定了其处置的高效手段并不能趋同，沿袭历史习惯，分散细碎化农地经营权更适合利用人情规范在社区（集体经济组织）内部框架内寻求解决方案，集中连片农地经营权可在市场化平台中挖掘市场价值。对处置规则的尊重也决定了对农地金融化的阶段性科学认知。

二、狭义维度下的农地金融信贷风险研究

第一，对农地金融信贷风险的研究应尊重生命周期管理理论。对信贷工具风险的测度应在产品运行满一个还款周期后，基于完整的贷后管理经验对信贷工具的信用情况、还款情况、信用回收情况做出评价，以此判断信贷工具的风险控制能力和可持续能力。因此，在农地贷运行不满一个还款周期时，对其生命力的评价都是不科学的。

第二，对农地金融信贷风险形成机理的分析应以担保有效性为依据。农地金融工具作为抵押贷款，其信贷风险的形成来自担保有效性不足。担保有效性在事前筛选、事中约束及事后补偿三方面的激励约束机制决定了抵押类贷款的风险暴露程度。因此，以农地经营权的担保有效性为出发点，以农地经营权变现能力为衡量标准，分析农地经营权在农地产权制度变迁中变现能力、影响因素及担保有效性的表现，是客观分析农地金融信贷风险形成机理的范式。

第三，基于信贷风险管理理论，对农地金融信贷风险控制能力的测度应充分考察第一还款来源——借款人还款表现、第二还款来源——农地经营权变现及第三还款来源——第三方风险补偿三个层面。从第一还款来源角度看，由于集中连片农地担保有效性较强，资产主导型农地贷的借款人还款表现较好，可有效控制事中约束风险。关系主导型农地贷借款人的还款表现更多来自组群担保中压力机制的激励约束作用，与农地经营权担保

有效性无关，据此认为对分散细碎化农地经营权的授信不仅存在低效率的资源浪费，且有酿成逾期及不良贷款的违约风险。从第二还款来源角度看，产权管制的放松为农地经营权变现提供了全新的市场环境，但农地经营权变现仍受不可回避的因素制约，置于综改区的现实环境中发现，农地流转平台的成熟度、市场行情变化及押品的可控性是制约综改区农地经营权变现的主要原因，其对农地经营权变现能力的削弱将降低农地金融事前筛选及事后风险补偿的能力，导致风险发生。从风险控制的全视角看，在制度优化的背景下，农地产权管制通过贷款契约效力与农地流转契约效力的改善提升了风险补偿能力，进而可有效控制农地金融风险。借款人还款意愿及能力是农地金融风险补偿的主要来源，第三方风险补偿能力相对薄弱，是制度进一步优化的方向。

第四，现阶段农地金融的运行需要农地流转服务平台等中介性机构。就农地经营权底层资产的阶段性实际及农村金融市场的发育程度，农业发展公司等具备农地流转、收储、经营、担保等功能的物权平台是尊重农地金融化阶段性发展规律的必要中介性机构。

三、农地金融信贷风险的衍生效应研究

农地金融化后，在农村社会保障体系日益完善、农地社会保障功能下降的背景下，借款人违约后暂时性的失地风险并不会导致弥散化的社会风险。此外，虽然我国出台了严格的耕地保护法，但农地金融化仍为耕地非耕化提供了空间，需要严加防范。

四、农地金融风险控制体系的构建

本书关于农地金融风险控制体系构建的思想同样尊重广义和狭义两个维度的分析结果。第一，在农地金融的广义维度框架下绘制"多阶段"特征的制度性风险形成机理。基于协同治理思想，依据"多阶段"的风险模块构建广义维度下农地金融制度性风险控制体系。第二，内嵌于农地金融的运行实践及发展愿景，对资产资本化阶段的农地贷及土地收益保证贷款的信贷风险控制体系做出设计，并基于信贷流程管理系统中各主体参与情况，阐明各阶段信贷风险控制要点，从现实孵化层面为农地金融信贷风险

控制提供参考依据，从而在广义和狭义两个维度分别确立农地金融风险控制思想。

第二节　研究不足与展望

一、研究不足

本书以农村金融综合改革试验区——吉林省为研究区域，梳理了农地金融在综改区的实践经验，并对综改区样本进行了风险控制能力测度，据此得出结论。存在的不足之处表现在以下三点：第一，吉林省作为我国重要的商品粮基地，具有人均耕地面积高于全国平均水平、农村居民务农程度偏高、农业生产经营收入占主导、农地整合程度偏低、农地流转非市场化规则处置居多、农村金融市场发育程度偏低等特征，依据综改区农户及信贷员样本测度的农地经营权抵押贷款风险及得出的结论更适用于相似特征的地区。南方诸多资源禀赋与综改区异质性较强的地区可能得出了并非完全一致的结论。第二，自2015年《国务院关于开展农村承包土地的经营权和农民住房财产权抵押贷款试点的指导意见》出台，综改区一度将土地收益保证贷款并入农地经营权抵押贷款管理，因此本书未能取得试点期间土地收益保证贷款的相关数据来测度农业发展公司法人担保下的风险暴露问题，仅对此进行了定性分析。第三，鉴于综改区农地资本证券化阶段的金融工具从缺，本书也未对农地资本证券化阶段做出探讨。

二、研究展望

基于以上不足，遵循本书的研究思路，未来可进一步探索的方向如下：第一，农地资源禀赋与综改区存在异质性的地区农地金融化阶段性特征及风险控制能力；第二，综改区以农业发展公司为中介性机构参与到农地金融化中的成效、风控能力等如何，需要在未来进一步探讨；第三，当剥离出优质底层资产后，农地金融将进入资本证券化阶段，其对风险的吸洪能力值得期待；第四，农地金融化成熟后，应探索、扩大农村地区其他资源、资产的金融化，有利于进一步丰富农村金融市场，引导社会资本进入农村、支持农业发展；第五，金融工具的资源、资产整合能力的红利释放后，一方面有利于产权人财富效应的实现，另一方面有助于推动小农户逐步退出农业生产或农民身份，是小农户与现代农业衔接或退出农业生产的必要阶段，对此进行深入探讨也十分必要。

参考文献

［1］Acharya V. Credit Risk: Pricing, Measurement, and Management ［J］. Economica, 2005, 72 (285): 181-182.

［2］Ahlin C, Townsend R M. Using Repayment Data to Test across Models of Joint Liability Lending ［J］. The Economic Journal, 2010, 117 (517): F11-F51.

［3］Akerlof G A. The Market for "Lemons": Quality Uncertainty and the Market Mechanism ［J］. Quarterly Journal of Economics, 1970, 84 (3): 488-500.

［4］Al-Azzam M, Hill R C, Sarangi S. Repayment Performance in Group Lending: Evidence from Jordan ［J］. Journal of Development Economics, 2011, 97 (2): 404-414.

［5］Alchian A. Some Economics of Property Rights ［J］. Politico, 1965, 30 (4): 816-829.

［6］Aristei D, Gallo M. The Determinants of Households' Repayment Difficulties on Mortgage Loans: Evidence from Italian Microdata ［J］. International Journal of Consumer Studies, 2016, 40 (4): 453-465.

［7］Barro R J. Indexation in a Rational Expectations Model ［J］. Journal of Economic Theory, 1976, 13 (2): 229-244.

［8］Barzel Y. EconomicAnalysis of Property Rights ［M］. Cambridge: Cambridge University Press, 1989.

［9］Bekele M S. Economic and Agricultural Transformation through Large-scale Farming: Impacts of Large-scale Farming on Local Economic Development, Household Food Security and the Environment in Ethiopia ［M］. Leiden: Leiden University Press, 2016.

［10］Berger A N, Frame W S, Ioannidou V. Reexamining the Empirical

Relation between Loan Risk and Collateral: The Roles of Collateral Liquidity and Types [J]. Journal of Financial Intermediation, 2016, 26: 28-46.

[11] Besley T, Ghatak M. Property Rights and Investment Incentives: Theory and Evidence from Ghana [J]. American Economic Review, 1993, 103 (5): 903-937.

[12] Besley T. Nonmarket Institutions for Credit and Risk Sharing in Low-Income Countries [J]. Journal of Economic Perspectives, 1995, 9 (3): 115-127.

[13] Bester H. Screening vs. Rationing in Credit Markets with Imperfect Information [J]. American Economic Review, 1985, 75 (4): 850-855.

[14] Burger A. AgriculturalDevelopment and Land Concentration in a Central European Country: A Case Study of Hungary [J]. Land Use Policy, 2001, 18 (3): 259-268.

[15] Coase R H. The Problem of Social Cost [J]. The Journal of Law and Economics, 1960, 3: 1-44.

[16] Dale P, Baldwin R. Emerging Land Markets in Central and Eastern Europe [C]. World Bank Workshop, 2000.

[17] Davis L E, North D C. Institutional Change and American Economic Growth: Land Policy and American Agriculture [M]. Cambridge: Cambridge University Press, 1971.

[18] Dehejia R, Wahba S. Propensity Score-Matching Methods for Nonexperimental Causal Studies [J]. Review Economics and Statistics, 2002 (84): 151-161.

[19] Deininger K, Binswanger H. The Evolution of the World Bank's Land Policy: Principles, Experience, and Future Challenges [J]. World Bank Research Observer, 1999, 14 (2): 247-276.

[20] Deininger K, Castagnini R, Gonzalez Alvarez M A. Comparing Land Reform and Land Markets in Colombia: Impacts on Equity and Efficiency [R]. World Bank Policy Research Working Paper 3258, 2004.

[21] Deininger K. Land Policies for Growth and Poverty Reduction [J]. Journal of Development Studies, 2003, 11 (2): 17-42.

[22] Dorfleitner G, Priberny C, Rohe M. Why do Microfinance Institutions

Fail Socially? A Global Empirical Examination [J]. Finance Research Letters, 2017, 22: 81-89.

[23] Duke J M, Ilvento T W. A Conjoint Analysis of Public Preferences for Agricultural Land Preservation [J]. Agricultural and Resource Economics Review, 2004, 33 (2): 209-219.

[24] Elhiraika A B. AnEconometric Analysis of Farm Household Participation in the Agricultural Credit Market in Sudan [J]. Savings and Development, 1999, 23 (2): 193-213.

[25] Feeny D, Mestelman S. Does Ideology Matter? Anecdotal Experimental Evidence on the Voluntary Provision of Public Goods [J]. Public Choice, 1988, 57 (3): 281-286.

[26] Field A J, Field E, Torero M. Property Rights and Crop Choice in Rural Peru, 1994-2004 [R]. International Food Policy Research Institute (IF-PRI), 2006.

[27] Gaurav S, Singh A. An Inquiry into the Financial Literacy and Cognitive Ability of Farmers: Evidence from Agricultural India [J]. Oxford Development Studies, 2012, 40 (3): 358-380.

[28] Godquin M. Microfinance Repayment Performance in Bangladesh: How to Improve the Allocation of Loans by MFIs [J]. World Development, 2004, 32 (11): 1909-1926.

[29] Hagmann T. Property and Political Order in Africa: Land Rights and the Structure of Politics [J]. Journal of Peasant Studies, 2015, 93 (2): 234-235.

[30] Haldar A, Stiglitz J E. Group Lending, Joint Liability, and Social Capital [J]. Politics & Society, 2016, 44 (4): 459-497.

[31] Hart O. Incomplete Contracts and Public Ownership: Remarks, and an Application to Public Private Partnerships [J]. The Economic Journal, 2003, 113 (486): C69-C76.

[32] Hu L T, Bentler P M, Kano Y. Can Test Statistics in Co-Variance Structure Analysis Be Trusted [J]. Psychological Bulletin, 1992, 112 (2): 351-362.

[33] Inderst R, Mueller H M, Munnich F. Financing a Portfolio of

Projects [J]. The Review of Financial Studies, 2007, 20 (4): 1289-1325.

[34] Jarrow R A, Turnbull S M. Pricing Derivatives on Financial Securities Subject to Credit Risk [J]. Journal of Finance, 1995, 50 (1): 53-85.

[35] Kline R B. Principles and Practice of Structural Equation Modeling [M]. New York: Guilford Press, 1992.

[36] Lin T T, Lee C C, Chen C H. Impacts of the Borrower's Attributes, Loan Contract Contents, and Collateral Characteristics on Mortgage Loan Default [J]. Service Industries Journal, 2011, 31 (9): 1385-1404.

[37] Longstaff F A, Schwartz E S. Interest Rate Volatility and the Term Structure: A Two-Factor General Equilibrium Model [J]. Journal of Finance, 2012, 47 (4): 1259-1282.

[38] Macaulay S. Non-Contractual Relations in Business: A Preliminary Study [J]. American Sociological Review, 1963, 28: 55-69 .

[39] Maddala G S. Limited Dependent and Qualitative Variables in Econometrics [M]. Cambridge: Cambridge University Press, 1983.

[40] Mathijs E, Swinnen J F M. The Economics of Agricultural Decollectivization in East Central Europe and the Former Soviet Union [J]. Economic Development and Cultural Change, 1997, 47 (1): 1-26.

[41] Niinimäki J P. Nominal and True Cost of Loan Collateral [J]. Journal of Banking & Finance, 2011, 35 (10): 2782-2790.

[42] North D C. Institutions, Institutional Change and Economic Performance [M]. Cambridge: Cambridge University Press, 1990.

[43] Ostrom E, Ostrom V, Feeny D. Institutional Arrangements and the Commons Dilemma [M] //Ostrom V, Feeny D, Picht H. Rethinking Institutional Analysis and Development, 1988: 103-139.

[44] Park H, Kahn C M. Collateral, Rehypothecation, and Efficiency [J]. Journal of Financial Intermediation, 2019, 39: 34-46.

[45] Postelnicu L, Hermes N, Servin R. External Social Ties and Loan Repayment of Group Lending Members: A Case Study of Pro Mujer Mexico [J]. Journal of Development Studies, 2019, 55 (8): 1784-1798.

[46] Ruttan V W. The International Agricultural Research Institute as a Source of Agricultural Development [J]. Agricultural Administration, 1978, 5

（4）：293-308.

[47] Ryan C. Gendering Palestinian Dispossession: Evaluating Land Loss in the West Bank [J]. Antipode, 2017, 49 (2)：477-498.

[48] Safavian M, Fleisig H, Steinbuks J. Unlocking Dead Capital [R]. World Bank Other Operational Studies, 2006.

[49] Seibel H D. Mainstreaming Informal Financial Institutions [J]. Journal of Developmental Entrepreneurship, 2001, 6 (1)：83-95.

[50] Shaw E S. Financial Deepening in Economic Development [M]. Oxford：Oxford University Press, 1973.

[51] Sikor T, He J, Lestrelin G. Property Rights Regimes and Natural Resources：A Conceptual Analysis Revisited [J]. World Development, 2017, 93：337-349.

[52] Stiglitz J E, Weiss A. Credit Rationing in Markets with Incomplete Information [J]. American Economic Review, 1981, 71 (3)：393-410.

[53] Thaler R. Toward a Positive Theory of Consumer Choice [J]. Journal of Economic Behavior & Organization, 1980, 1 (1)：39-60.

[54] Williamson O E. The Economic Institute of Capitalism [M]. New York：Free Press, 1985.

[55] Williamson O E. The New Institutional Economics：Taking Stock, Looking Ahead [J]. Journal of Economic Literature, 2000, 38 (3)：595-613.

[56] Y. 巴泽尔. 产权的经济分析 [M]. 费方域, 段毅才, 译. 上海：三联书店, 上海人民出版社, 1997.

[57] Zeller M. Determinants of Repayment Performance in Credit Groups：The Role of Program Design, Intragroup Risk Pooling, and Social Cohesion [J]. Economic Development and Cultural Change, 1998, 46 (3)：599-620.

[58] 毕宝德. 我国农村土地制度的现状分析与改革构想 [J]. 经济理论与经济管理, 1990 (6)：63-67.

[59] 曹瓅, 罗剑朝, 房启明. 农户产权抵押借贷行为对家庭福利的影响——来自陕西、宁夏1479户农户的微观数据 [J]. 中南财经政法大学学报, 2014 (5)：150-156.

[60] 曹阳. 农户参与农地经营权抵押行为的影响因素——基于 Logistic 模型的估计 [J]. 江苏农业科学, 2015, 43 (9)：507-510.

［61］陈菁泉，付宗平. 农村农地经营权抵押融资风险形成及指标体系构建研究［J］. 宏观经济研究，2016（10）：143-154.

［62］陈锡文. 关于我国农村的村民自治制度和土地制度的几个问题［J］. 经济社会体制比较，2001（5）：13-19.

［63］陈永杰. 地方政府的土地经营能力——基于土地产权结构和经营策略的分析［J］. 北京行政学院学报，2019（1）：15-22.

［64］陈振，欧名豪，郭杰，等. 农户农地转出满意度影响因素分析［J］. 西北农林科技大学学报（社会科学版），2018，18（5）：112-120.

［65］陈中民. 市场发育与产权制度改革关系分析［J］. 经济体制改革，1992（3）：111-114.

［66］程郁，王宾. 农村土地金融的制度与模式研究［M］. 北京：中国发展出版社，2015.

［67］崔慧霞. 农村土地制度变革中的金融服务［J］. 南京财经大学学报，2004（3）：21-24.

［68］道格拉斯·诺斯，罗伯斯·托马斯. 西方世界的兴起［M］. 厉以平，蔡磊，译. 北京：华夏出版社，2009.

［69］房启明，罗剑朝，蔡起华. 农地抵押融资意愿与最优土地规模［J］. 华南农业大学学报（社会科学版），2016，15（6）：49-57.

［70］高海. 论农用地"三权分置"中经营权的法律性质［J］. 法学家，2016（4）：42-52，176-177.

［71］高圣平. 农地金融化的法律困境及出路［J］. 中国社会科学，2014（8）：147-166.

［72］耿传辉. 中国农村土地金融改革与发展研究［D］. 长春：吉林大学，2016.

［73］管洪彦，孔祥智. 农民专业合作社法人财产权：规范解释与修法思路［J］. 农业经济问题，2017，38（5）：4-14，110.

［74］郭庆海. 小农户：属性、类型、经营状态及其与现代农业衔接［J］. 农业经济问题，2018（6）：25-37.

［75］郭忠兴，汪险生，曲福田. 产权管制下的农地抵押贷款机制设计研究——基于制度环境与治理结构的二层次分析［J］. 管理世界，2014（9）：48-57.

［76］何一鸣，罗必良. 产权管制放松与中国经济转轨绩效［J］. 经济

理论与经济管理, 2009 (9)：10-15.

　　[77] 何一鸣, 罗必良. 产权管制、制度行为与经济绩效——来自中国农业经济体制转轨的证据 (1958～2005 年) [J]. 中国农村经济, 2010 (10)：4-15.

　　[78] 何一鸣, 罗必良. 新中国农村土地制度变迁的经验证据研究 [J]. 河南社会科学, 2009, 17 (4)：16-19.

　　[79] 胡宗义, 李佶蔓, 唐李伟. 农村小额信贷与农村居民收入增长——基于 STAR 模型的实证研究 [J]. 软科学, 2014, 28 (4)：117-120.

　　[80] 黄宝连, 黄祖辉, 顾益康, 等. 产权视角下中国当前农村农地制度创新的路径研究——以成都为例 [J]. 经济学家, 2012 (3)：66-73.

　　[81] 黄惠春, 徐霁月. 中国农地经营权抵押贷款实践模式与发展路径——基于抵押品功能的视角 [J]. 农业经济问题, 2016, 37 (12)：95-102, 112.

　　[82] 黄益平, 傅秋子. 农村金融供给侧改革的方向 [J]. 经济研究参考, 2017 (42)：23-24.

　　[83] 黄祖辉, 王朋. 农村土地流转：现状、问题及对策——兼论土地流转对现代农业发展的影响 [J]. 浙江大学学报 (人文社会科学版), 2008, 38 (2)：38-47.

　　[84] 惠献波. 农村农地经营权抵押融资风险评价 [J]. 价格理论与实践, 2015 (7)：76-78.

　　[85] 惠献波. 农户土地承包经营权抵押贷款潜在需求及其影响因素研究——基于河南省四个试点县的实证分析 [J]. 农业经济问题, 2013, (2)：9-15, 110.

　　[86] 季辉. 农村土地制度改革的难点和出路 [J]. 农村经济与技术, 1995 (8)：13-15.

　　[87] 冀县卿, 黄季焜. 改革三十年农地使用权演变：国家政策与实际执行的对比分析 [J]. 农业经济问题, 2013 (5)：27-32.

　　[88] 姜新旺. 农地金融制度应该缓行——对构建我国农地金融制度的思考 [J]. 农业经济问题, 2007 (6)：11-14.

　　[89] 姜岩. 农村土地资本化改革的路径创新 [J]. 西北农林科技大学学报 (社会科学版), 2015, 15 (6)：25-31.

　　[90] 蒋克平. 应该确立农民的土地所有权——变革农村土地制度初探

[J]. 安徽财贸学院学报, 1989 (1): 51-52.

[91] 兰庆高, 惠献波, 于丽红, 等. 农村土地经营权抵押贷款意愿及其影响因素研究——基于农村信贷员的调查分析 [J]. 农业经济问题, 2013, 34 (7): 78-84, 112.

[92] 李庆海, 吕小锋, 李成友, 等. 社会资本对农户信贷违约影响的机制分析 [J]. 农业技术经济, 2018 (2): 18-29.

[93] 李伟伟, 张云华. 土地承包经营权抵押标的及其贷款操作: 11 省 (区、市) 个案 [J]. 改革, 2011 (12): 76-84.

[94] 梁虎, 罗剑朝, 曹瓅. 农地抵押贷款后农户融资满意度与忠诚性研究——基于业务模式、土地规模、收入水平及其交互作用 [J]. 西安财经学院学报, 2018, 31 (5): 61-68.

[95] 林乐芬, 顾庆康. 农村土地股份合作社发育类型及其绩效评价——基于 215 家农村土地股份合作社的调查 [J]. 中国土地科学, 2015, 29 (12): 34-41.

[96] 林乐芬, 金媛. 失地农民土地权益可持续保障机制研究 [J]. 经济纵横, 2011 (12): 12-16.

[97] 林乐芬, 沈一妮. 异质性农户对农地抵押贷款的响应意愿及影响因素——基于东海试验区 2640 户农户的调查 [J]. 财经科学, 2015 (4): 34-48.

[98] 林乐芬, 王军. 农村金融机构开展农村土地金融的意愿及影响因素分析 [J]. 农业经济问题, 2011 (12): 60-65.

[99] 林毅夫, 杨建平. 健全土地制度, 发育土地市场 [J]. 中国农村经济, 1993 (12): 3-7.

[100] 刘奇. 农地抵押贷款的困境 [J]. 村委主任, 2014 (5): 19-21.

[101] 刘书楷. 构建我国农村土地制度的基本思路 [J]. 经济研究, 1989 (9): 56-62.

[102] 刘艳华, 李明, 辉敏敏. 信贷配给与地区农民收入——基于 SAR 模型和 SEM 模型的实证分析 [J]. 农业技术经济, 2015 (6): 27-35.

[103] 陆磊. 存款保险机制下农村中小金融机构的应对策略 [J]. 中国农村金融, 2014 (6): 41-43.

[104] 吕德宏, 张无坷. 农地经营权抵押贷款信用风险影响因素及其衡量研究——基于 CreditRisk+模型的估计 [J]. 华中农业大学学报（社会科学

版），2018（4）：137-147.

［105］吕琳. 农村土地产权抵押贷款风险补偿机制研究［D］. 杨凌：西北农林科技大学，2016.

［106］罗必良. 农地产权模糊化：一个概念性框架及其解释［J］. 学术研究，2011（12）：48-56.

［107］罗必良. 农地流转的市场逻辑——"产权强度-禀赋效应-交易装置"的分析线索及案例研究［J］. 南方经济，2014（5）：1-24.

［108］罗必良. 农地确权、交易含义与农业经营方式转型——科斯定理拓展与案例研究［J］. 中国农村经济，2016（11）：2-16.

［109］罗必良. 资源特性、产权安排与交易装置［J］. 学术界，2014（1）：20-22.

［110］罗剑朝，聂强，张颖慧. 博弈与均衡：农地金融制度绩效分析——贵州省湄潭县农地金融制度个案研究与一般政策结论［J］. 中国农村观察，2003（3）：43-51.

［111］罗剑朝，庸晖，庞玺成. 农地抵押融资运行模式国际比较及其启示［J］. 中国农村经济，2015（3）：84-96.

［112］罗剑朝. 中国农地金融制度研究［M］. 北京：中国农业出版社，2005.

［113］罗兴，马九杰. 不同土地流转模式下的农地经营权抵押属性比较［J］. 农业经济问题，2017，38（2）：22-32，1.

［114］马克思. 资本论：第三卷［M］. 中共中央马克思恩格斯列宁斯大林著作编译局，译. 北京：人民出版社，1975.

［115］马义华. 农村土地产权流转制度的缺陷与农地证券化选择［J］. 改革与战略，2011（2）：97-99.

［116］马云溪. 对完善农业生产责任制的几点看法［J］. 农业经济问题，1982（8）：33-37.

［117］孟楠，罗剑朝，马婧. 农户风险意识与承担能力对农地经营权抵押贷款行为响应影响研究——来自宁夏平罗732户农户数据的经验考察［J］. 农村经济，2016（10）：74-80.

［118］聂强，张颖慧，罗剑朝. 交易费用、风险规避与农地金融切入点选择［J］. 西北农林科技大学学报（社会科学版），2004，4（1）：65-68.

［119］潘文轩. 农地经营权抵押贷款中的风险问题研究［J］. 南京农业

大学学报：社会科学版，2015（5）：21-34.

[120] 彭前生. 社会主义改造后我国农村土地制度变迁的产权分析——基于阿尔奇安制度经济学的分析视角 [J]. 农业经济与管理，2014（6）：55-60.

[121] 钱龙，洪名勇. 农地产权是"有意的制度模糊"吗——兼论土地确权的路径选择 [J]. 经济学家，2015（8）：12-17.

[122] 钱忠好. 农村土地承包经营权产权残缺与市场流转困境：理论与政策分析 [J]. 管理世界，2002（6）：35-45.

[123] 乔凤山. 农业生产责任制是适应生产力状况的生产关系的具体形式 [J]. 内蒙古社会科学，1981（6）：39-40.

[124] 秦晖. 中国农村土地制度与农民权利保障 [J]. 探索与争鸣，2002（7）：15-18.

[125] 秦小红. 政府引导农地制度创新的法制回应——以发挥市场在资源配置中的决定性作用为视角 [J]. 法商研究，2016，174（4）：15-23.

[126] 仇童伟，罗必良. 种植结构"趋粮化"的动因何在？——基于农地产权与要素配置的作用机理及实证研究 [J]. 中国农村经济，2018（2）：17-24.

[127] 全世文，胡历芳，曾寅初，等. 论中国农村土地的过度资本化 [J]. 中国农村经济，2018（7）：2-18.

[128] 全世文，黄波. 中国农民收入可持续增长的长效路径分析 [J]. 世界农业，2018（1）：11-19.

[129] 阮方确. 关于联产计酬、责任到人的农业生产责任制的调查 [J]. 求实，1980（10）：27-29.

[130] 苏岚岚，何学松，孔荣. 金融知识对农民农地抵押贷款需求的影响——基于农民分化、农地确权颁证的调节效应分析 [J]. 中国农村经济，2017（11）：75-89.

[131] 苏治，胡迪. 农户信贷违约都是主动违约吗？——非对称信息状态下的农户信贷违约机理 [J]. 管理世界，2014（9）：77-89.

[132] 孙光林，李庆海，李成友. 欠发达地区农户金融知识对信贷违约的影响——以新疆为例 [J]. 中国农村观察，2017（4）：87-101.

[133] 佟伟，赖华子. 论化解农地抵押贷款风险的路径 [J]. 农业经济，2015（11）：99-101.

[134] 涂圣伟. 中国农村土地金融发展的机理与风险 [J]. 宏观经济研究，2016（6）：34-42.

[135] 汪险生，郭忠兴. 流转型土地经营权抵押贷款的运行机制及其改良研究——基于对重庆市江津区及江苏新沂市实践的分析 [J]. 经济体制改革，2017（2）：69-76.

[136] 汪险生，郭忠兴. 土地承包经营权抵押贷款：两权分离及运行机理——基于对江苏新沂市与宁夏同心县的考察 [J]. 经济学家，2014（4）：49-60.

[137] 王超，廖宜静，王梦琪，等. 基于AHP-模糊综合评价法的农地抵押贷款风险评价研究 [J]. 河北科技师范学院学报（社会科学版），2014，13（3）：38-43.

[138] 王昉，缪德刚. 近代化转型时期农村土地金融供给：制度设计与实施效果——20世纪30、40年代中国农村土地金融制度思想与借鉴 [J]. 财经研究，2013，39（1）：38-48.

[139] 王海全，李乔漳. 农地经营权抵押贷款供给意愿问题研究——基于对广西13个地级市地方法人金融机构的调查实证 [J]. 金融理论与实践，2016（9）：1-6.

[140] 王闰平，高志强. 土地制度与农业生态环境问题研究 [J]. 山西农业大学学报（自然科学版），2001，21（4）：337-339.

[141] 王少国. 我国农村土地金融发展研究 [D]. 成都：西南财经大学，2011.

[142] 王士海，王秀丽. 农村土地承包经营权确权强化了农户的禀赋效应吗？——基于山东省117个县（市、区）农户的实证研究 [J]. 农业经济问题，2018（5）：92-102.

[143] 王兴稳，纪月清. 农地产权、农地价值与农地抵押融资——基于农村信贷员的调查研究 [J]. 南京农业大学学报（社会科学版），2007（4）：71-75.

[144] 王选庆. 中国农地金融制度研究 [D]. 杨凌：西北农林科技大学，2004.

[145] 王志章，兰剑. 农村农地流转中介组织相关问题研究 [J]. 科学决策，2010（3）：43-50，81.

[146] 王周伟. 风险管理 [M]. 北京：机械工业出版社，2017.

[147] 吴力子. 制度创新与中国的城市化 [J]. 现代经济探讨, 2002 (8): 37-43.

[148] 吴明隆. 结构方程模型: AMOS 的操作与应用 [M]. 重庆: 重庆大学出版社, 2009.

[149] 吴学兵, 汪发元, 黎东升. 规模化经营中农地流转价格影响因素的实证分析 [J]. 统计与决策, 2016 (10): 87-90.

[150] 吴一恒, 徐砾, 马贤磊. 农地"三权分置"制度实施潜在风险与完善措施——基于产权配置与产权公共域视角 [J]. 中国农村经济, 2018 (8): 46-63.

[151] 阎庆民, 张晓朴. 农村土地产权抵质押创新的实现路径 [M]. 北京: 中国经济出版社, 2015.

[152] 杨封沐. 落实生产责任制会不会偏离社会主义方向? [J]. 求实, 1981 (1): 47-48.

[153] 杨利峰, 胡滨. 土地收益保证贷款的物权融资公司角度研究 [J]. 银行家, 2016 (9): 107-108.

[154] 杨瑞龙, 聂辉华. 不完全契约理论: 一个综述 [J]. 经济研究, 2006 (2): 104-115.

[155] 杨勋. 国有私营: 中国农村土地制度改革的现实选择——兼论农村改革的成就与趋势 [J]. 中国农村经济, 1989 (5): 25-31.

[156] 姚洋. 中国农地制度: 一个分析框架 [J]. 中国社会科学, 2000 (2): 54-65.

[157] 尹云松. 论以农地使用权抵押为特征的农地金融制度 [J]. 中国农村经济, 1995 (6): 36-40.

[158] 应瑞瑶, 何在中, 周南. 农地确权、产权状态与农业长期投资——基于新一轮确权改革的再检验 [J]. 中国农村观察, 2018 (3): 112-129.

[159] 雍灏, 陈劲, 郑才林. 金融产品创新绩效之风险作用路径的结构方程模型分析 [J]. 研究与发展管理, 2008 (2): 16-22.

[160] 于丽红, 池丽旭, 兰庆高. 农村土地融资模式创新——农地经营权抵押贷款证券化探讨 [J]. 农村经济, 2015 (8): 47-51.

[161] 于丽红, 兰庆高, 戴琳. 不同规模农户农地经营权抵押融资需求差异及影响因素——基于 626 个农户微观调查数据 [J]. 财贸经济, 2015, 36 (4): 74-84.

[162] 于丽红，兰庆高. 农村金融机构开展农地经营权抵押贷款的意愿——基于辽宁省沈阳市的调查 [J]. 农村经济，2013（8）：64-66.

[163] 于丽红，李辰未，兰庆高. 农村土地经营权抵押贷款信贷风险评价——基于 AHP 法分析 [J]. 农村经济，2014（11）：79-82.

[164] 约翰·罗. 论货币和贸易 [M]. 朱泱，译. 北京：商务印书馆，2011.

[165] 恽竞. 实行生产责任制不会产生两极分化 [J]. 广西大学学报（哲学社会科学版），1981（2）：14-18.

[166] 曾大鹏. 土地承包经营权抵押的法律困境与现实出路 [J]. 中国农村观察，2017（2）：15-26.

[167] 占治民，罗剑朝. 基于 Logistic-DEA 的农村土地承包经营权抵押贷款试点风险控制效果评估 [J]. 武汉大学学报（哲学社会科学版），2016，69（5）：47-54.

[168] 张红宇，张海阳，李伟毅，等. 当前农民增收形势分析与对策思路 [J]. 农业经济问题，2013（4）：9-14.

[169] 张龙耀，褚保金. 农村资产抵押化的前提与绩效：宁波样本 [J]. 改革，2010（11）：86-90.

[170] 张曙光，程炼. 复杂产权论和有效产权论——中国地权变迁的一个分析框架 [J]. 经济学（季刊），2012，11（4）：1219-1238.

[171] 张宇，陈功. 农地使用权抵押贷款证券化研究 [J]. 经济与管理，2010，24（4）：71-76.

[172] 张正平，肖雄. 我国农户联保贷款的发展条件：基于演化博弈论的分析 [J]. 农业技术经济，2012（5）：60-69.

[173] 赵春江，付兆刚. 农地经营权抵押贷款政策的背离风险及其制度规制——基于供需主体的行为博弈分析 [J]. 经济问题，2018，466（6）：59-64.

[174] 赵源，张岩松. 契约承租：农村土地制度改革的深化 [J]. 学术评论，1989（8）：22-25.

[175] 者贵昌，朱霁. 关于构建我国农地金融制度的探讨——基于农村土地流转政策的思考 [J]. 农村经济，2011（9）：24-28.

[176] 郑仁良. 印尼土地改革与农村土地制度 [J]. 东南亚研究，1988（3）：34-37.

［177］周凤婷. 农村耕地抵押贷款风险分析与防控设计［J］. 甘肃政法学院学报，2010（5）：116-121.

［178］周子敬. 八大多元智慧问卷的信、效度分析［J］. 教育心理学报，2006，37（3）：215-229.

［179］朱晓强. 银行押品变现能力分析［J］. 中国资产评估，2008（7）：14-18.

［180］邹伟，孙良媛. 农地流转、农民生产效率与福利关系研究［J］. 江汉论坛，2011（3）：31-36.

附　录

附录A：吉林省农村金融综合改革试验区农户金融需求及农地贷使用情况的调研问卷

尊敬的女士/先生：

特别感谢您能抽出宝贵的时间参与此次调研，您的意见对本次调查非常重要。本次调研采取匿名调查问卷的方式，问卷仅用于学术研究，不会泄露任何个人隐私和商业机密。如果问卷中有意思表达不清楚之处，请按照您的理解填写。此问卷旨在了解肉牛养殖户的信贷情况，按您的真实情况回答即可。

（一）基本情况

1. 您的姓名：_____，联系电话：_____。

2. 所在地区：_____省_____市_____县。

3. 您属于哪种经营类型？［单选题］［必答题］
   ○　小农户
   ○　养殖大户
   ○　种植大户
   ○　家庭农场
   ○　合作社
   ○　涉农龙头企业

4. 您的性别？［单选题］［必答题］
   ○　男
   ○　女

5. 您是哪年出生的？［填空题］［必答题］

_____

6. 您的婚姻状况？［单选题］［必答题］

○ 单身

○ 已婚

○ 离异或分居

○ 再婚

○ 丧偶

7. 您的受教育程度？［单选题］［必答题］

○ 没上过学

○ 小学

○ 初中

○ 高中或中专

○ 大专及以上

8. 您是否参加过技能或农业技术培训？［单选题］［必答题］

○ 是

○ 否

9. 参加过的技能或农业技术培训内容是什么？［若第 8 题选择"是"，
请作答］［必答题］

○ 互联网的培训

○ 生产经营的技术培训

○ 国家相关政策的培训

○ 信贷政策和知识的宣传

○ 其他技能

10. 这些技能是否有助于您采用新技术，获得新资源或外出务工？［单
选题］［必答题］

○ 是

○ 否

11. 您家庭的总人口数和劳动力人口数？［填空题］［必答题］

_____

12. 您家耕种的农地有_____亩。其中，承包地_____

_____亩，剩余年限_____年；流转地_____

_____亩，剩余年限_____年；转让地_____
_____亩，剩余年限_____年。［填空题］［必答题］

13. 您家是否拥有农机具？_____。拥有的农机具有_____；
房屋类型为_____。

14. 您是否拥有农地经营权证？［单选题］［必答题］

○　有

○　没有

15. 您的信用记录？［单选题］［必答题］

○　近三年来在金融机构无不良信用记录，没有为他人担保贷款的不
良信用记录

○　近两年来在金融机构无不良信用记录，有为他人担保贷款的不良
信用记录

○　一年以内有不良信用记录，但贷款本息已结清

16. 您家里有党员或者村干部吗？［单选题］［必答题］

○　有，_____人

○　没有

17. 您家里有人在金融机构工作吗？［单选题］［必答题］

○　有，_____人

○　没有

（二）家庭收入、支出情况

18. 您家每项支出大概需要多少钱？［填空题］［必答题］

（1）生活消费：_____

（2）医疗支出：_____

（3）养老支出：_____

（4）教育支出：_____

（5）经营支出：_____

（6）人情往来支出：_____

19. 家里的收入来源有几个方面？［单选题］［必答题］

○　务农收入

○　外出务工

○　政府补贴

○　其他_____

20. 家里的收入来源主要是什么？［单选题］［必答题］
○ 务农收入
○ 外出务工
○ 政府补贴
○ 其他＿＿＿＿＿＿＿＿＿＿＿＿＿＿＿＿＿＿＿＿＿＿

21. 您家种植什么作物？每种作物的种植规模如何？［填空题］［必答题］

＿＿＿＿＿＿＿＿＿＿＿＿＿＿＿＿＿＿＿＿＿＿

22. 您家有几人外出打工？一年每人能挣多少钱？［填空题］［必答题］

＿＿＿＿＿＿＿＿＿＿＿＿＿＿＿＿＿＿＿＿＿＿

(三) 金融需求

23. 假设您有1万元可以用于投资，成功的可能性是一半，如果成功，您可以得到3万元；如果不成功，您会损失这1万元，您是否会投资？［单选题］［必答题］
○ 会
○ 不会

24. 您家每年是否有余钱用于储蓄？［单选题］［必答题］
○ 是
○ 否

25. 您家是否买过财产保险？［单选题］［必答题］
○ 是
○ 否

分割点1：根据14~25题判断该农户是否资金短缺，结果与下题相验证。

26. 您向银行贷过款吗？［单选题］［必答题］
○ 是
○ 否

分割点2：若26题选项为是，则继续提问，否则到此为止。

27. 您贷款的用途是什么？［多选题］［必答题］
○ 生产经营
○ 做生意
○ 生活消费
○ 其他

28. 您务农所需要的资金都是自有资金吗？［单选题］［必答题］

　　○　是

　　○　否

29. 主要通过什么途径获取所需资金？　［若第 28 题选择"否"，请作答］［多选题］［必答题］

　　○　亲属借贷

　　○　高利贷

　　○　银行贷款

　　○　其他＿＿＿＿＿＿＿＿＿＿＿＿＿＿＿＿＿＿＿

30. 您是通过什么方式想到要去银行贷款的？［多选题］［必答题］

　　○　自己的主观意识

　　○　亲戚朋友的告知

　　○　银行的相关宣传

　　○　政府的相关宣传

31. 银行跟您介绍信贷产品时，告知了哪种贷款方式？［填空题］［选答题］

＿＿＿＿＿＿＿＿＿＿＿＿＿＿＿＿＿＿＿＿＿＿＿＿＿＿＿＿

32. 您选择的贷款方式是什么？［多选题］［必答题］

　　○　抵押

　　○　信用

　　○　担保（联保）

　　○　其他

33. 若第 32 题选择选项为抵押，请回答此题。

您的抵押物是什么？贷了多少钱？贷了几年？每年还多少？利息是多少？能够满足您的资金需求吗？［填空题］［选答题］

＿＿＿＿＿＿＿＿＿＿＿＿＿＿＿＿＿＿＿＿＿＿＿＿＿＿＿＿

＿＿＿＿＿＿＿＿＿＿＿＿＿＿＿＿＿＿＿＿

34. 若第 32 题选择选项为信用，请回答此题。

银行是如何确定您的信用状况的？给您贷了多少钱？贷了几年？每年还多少？利息是多少？能够满足您的资金需求吗？［填空题］［选答题］

＿＿＿＿＿＿＿＿＿＿＿＿＿＿＿＿＿＿＿＿＿＿＿＿＿＿＿＿

＿＿＿＿＿＿＿＿＿＿＿＿＿＿＿＿＿＿＿＿

35. 若第32题选择选项为担保（联保），请回答此题。

若是担保贷款，是他人为你担保还是担保公司担保？给您贷了多少钱？贷了几年？每年还多少？利息是多少？能够满足您的资金需求吗？［填空题］［选答题］

_____

_____

若是联保贷款，您使用贷款资金了吗？贷了多少钱？贷了几年？需要您还款吗？利息是多少？能够满足资金需求吗？［填空题］［选答题］

_____

_____

36. 若第32题选择选项为其他，请回答此题。

您是通过什么方式向银行贷款的？给您贷了多少钱？贷了几年？每年还多少？利息是多少？能够满足您的资金需求吗？［填空题］［选答题］

_____

_____

37. 您是否愿意通过抵押农地来获取贷款？［单选题］［必答题］
- ○ 愿意
- ○ 不十分愿意
- ○ 万不得已才愿意
- ○ 无论如何不愿意

38. 您不愿意通过抵押农地来获取贷款的原因是什么？［多选题］［必答题］
- ○ 没有资金需求
- ○ 害怕失去农地
- ○ 自身农地太少
- ○ 与信用贷款额度相当
- ○ 必须附加其他担保
- ○ 流转地租金缴纳年限短
- ○ 贷款额度低
- ○ 融资渠道较多
- ○ 利息成本较高
- ○ 其他

（四）农地贷情况

39. 您是否通过抵押农地获得贷款？［若回答"是"，则继续回答下列问题］［单选题］［必答题］

    ○ 是

    ○ 否

40. 您用于抵押的农地中承包地＿＿＿＿＿＿＿＿亩，＿＿＿＿＿＿块；转让或入股地＿＿＿＿＿＿＿＿亩，＿＿＿＿＿＿＿块；流转地＿＿＿＿＿＿亩，＿＿＿＿＿＿块。

41. 您的抵押贷款是否附加了其他担保？＿＿＿＿＿＿＿，担保方式为＿＿＿＿＿＿＿。

向附加了联保担保的借款人继续提问第42~第51题。

42. 您所在的联保小组是否拒绝过其他人的加入？［单选题］［选答题］

    ○ 是

    ○ 否

43. 您所在的联保小组中是否有成员是亲戚关系？［单选题］［选答题］

    ○ 是

    ○ 否

44. 您是否会按时还款以保持和贷款小组成员的融洽关系？［单选题］［选答题］

    ○ 是

    ○ 否

45. 当有组员延迟还款时，您是否会去催促？［单选题］［选答题］

    ○ 是

    ○ 否

46. 您是否认为自己有义务去偿还其他组员未能偿还的贷款？［单选题］［选答题］

    ○ 是

    ○ 否

47. 联保小组内部对于延迟还款的组员是否设置了惩罚措施？［单选题］［选答题］

    ○ 是

    ○ 否

48. 您是否与组员进行了经营方面的交流？［单选题］［选答题］

○ 是

○ 否

49. 在原料等采购方面是否存在交叉？［单选题］［选答题］

○ 是

○ 否

50. 销售渠道是否存在交叉？［单选题］［选答题］

○ 是

○ 否

51. 是否存在资金使用上的互通有无？［单选题］［选答题］

○ 是

○ 否

52. 您共通过抵押农地获得过几次贷款？_____

_____ ［填空题］［必答题］［接下来的问题需依据每笔贷款逐笔提问］

53. 您的贷款金额为_____万元。［填空题］［必答题］

54. 您的贷款期限为_____年。［填空题］［必答题］

55. 您的贷款利率为_____。［填空题］［必答题］

56. 您的该笔贷款是否到期？［单选题］［必答题］

○ 是

○ 否

57. 您是在该笔贷款到期时如期还款的吗？［单选题］［必答题］

○ 是

○ 否

58. 若贷款并未到期，是否已到达第一次还本付息的时点？［若回答"是"，则继续回答第59题］［单选题］［必答题］

○ 是

○ 否

59. 您已完成一次还款了吗？［若回答"是"，则继续回答第60题］［单选题］［必答题］

○ 是

○ 否

60. 还款了_____次。[必答题]

61. 您抵押农地_____亩，每亩评估价格_____

元。[填空题] [必答题]

62. 农地流转价格在您该笔贷款的几个还款时点是否存在较大波动？[若回答"是"，则继续回答第63题] [单选题] [必答题]

　　○　是

　　○　否

63. 农地流转价格在您该笔贷款的几个还款时点的价格是（2015 年）_____元；（2016 年）_____元；（2017 年）_____元；（2018 年）_____元。

附录 B：吉林省农村金融综合改革试验区信贷员 开展农地贷业务的风险认知的调查问卷

尊敬的女士/先生：

特别感谢您能抽出宝贵的时间参与此次调研，您的意见对本次调查非常重要。本调研采取匿名调查问卷的方式，问卷仅用于学术研究，不会泄露任何个人隐私和商业机密，如果问卷中有意思表达不清楚之处，请按照您的理解填写。

此问卷旨在确定哪些因素对于农村土地承包经营权抵押贷款风险的发生具有影响。请根据您的经验，按重要程度对所列指标进行评分，本项调查的结果将作为确定评价指标权重的主要依据，再次感谢！本问卷的题目分值分为七级，分别为根本不重要、不重要、不那么重要、一般、比较重要、重要、非常重要。

1. 您的性别？［单选题］［必答题］

　○　男

　○　女

2. 您的年龄？［填空题］［必答题］

_____

3. 您的从业年限？［填空题］［必答题］

_____

4. 您所在的金融机构名称？［单选题］［必答题］

　○　农业银行

　○　农村信用合作社

　○　农村商业银行

　○　村镇银行

　○　邮政储蓄银行

　○　土地银行

　○　物权服务平台

5. 贵单位所在地区为＿＿＿＿省＿＿＿＿市＿＿＿＿县。［填空题］
［必答题］

6. 农地融资类贷款的运行，是否提高了农户信贷的可获性？［若回答
"是"，则继续回答第 7 题］［单选题］［必答题］

　○　是
　○　否

7. 主要提高了哪类农户的信贷可获性？［多选题］［必答题］
　○　小规模农户
　○　家庭农场
　○　种养大户
　○　合作组织和公司

8. 您作为主办人共审查农地融资类贷款＿＿＿＿＿＿＿＿＿＿笔，发放
＿＿＿＿＿笔。

9. 您作为主办人发放的农地融资类贷款逾期＿＿＿＿＿笔，催收成功
＿＿＿＿＿笔。

10. 您作为主办人发放的农地融资类贷款计入不良贷款＿＿笔，成功回
收＿＿笔。

11. 出现不良贷款的主要是哪类农户？［多选题］［必答题］
　○　小规模农户
　○　家庭农场
　○　种养大户
　○　合作组织和公司

12. 导致您发放农地融资类贷款出现不良贷款的主要原因是什么？［多
选题］［必答题］
　○　借款人主观不愿还款
　○　贷款投向出现经营风险，还款来源受到影响
　○　操作风险导致风险隐患
　○　产品设计不合理导致经营周期与还款周期无法匹配
　○　产品利率定价过高，还款压力重
　○　因承包合同纠纷，导致抵押物无法执行
　○　因流转发生纠纷，导致抵押物无法执行
　○　抵押物贬值严重，执行后无法覆盖本息

○ 其他原因 _____

13. 请对影响农地经营权抵押贷款风险的 5 个因素的重要程度进行打分。[矩阵单选题]〔必答题〕

	根本 不重要	不重要	不那么 重要	一般	比较 重要	重要	非常 重要
借款人还款意愿及能力	○	○	○	○	○	○	○
贷款契约效力	○	○	○	○	○	○	○
抵押物风险保障能力	○	○	○	○	○	○	○
政府支持保障措施完善	○	○	○	○	○	○	○
物权平台权能完善	○	○	○	○	○	○	○

14. 请对影响借款人还款意愿及能力的 7 个因素的重要程度进行打分。[矩阵单选题]〔必答题〕

	根本 不重要	不重要	不那么 重要	一般	比较 重要	重要	非常 重要
借款人经营类型	○	○	○	○	○	○	○
借款人信用状况	○	○	○	○	○	○	○
借款申请人财务、资产、不良嗜好及社会关系等方面的信息	○	○	○	○	○	○	○
借款人受教育程度	○	○	○	○	○	○	○
家中劳动力比重	○	○	○	○	○	○	○
借款申请人生产经营状况	○	○	○	○	○	○	○
贷款流向	○	○	○	○	○	○	○

15. 请对影响贷款契约效力的 6 个因素的重要程度进行打分。[矩阵单选题]〔必答题〕

	根本 不重要	不重要	不那么 重要	一般	比较 重要	重要	非常 重要
自然灾害	○	○	○	○	○	○	○
农产品价格波动	○	○	○	○	○	○	○
利率定价合理	○	○	○	○	○	○	○
抵押率确定合理	○	○	○	○	○	○	○
贷款金额确定合理	○	○	○	○	○	○	○
还款方式与生产经营周期 匹配	○	○	○	○	○	○	○

16. 请对影响抵押物风险保障能力的 4 个因素的重要程度进行打分。[矩阵单选题] [必答题]

	根本 不重要	不重要	不那么 重要	一般	比较 重要	重要	非常 重要
农地押品变现难度	○	○	○	○	○	○	○
农地金融产品的再融资机 制可以更好地提高农地抵 押的风险保障能力	○	○	○	○	○	○	○
农地流转价格可随行就市	○	○	○	○	○	○	○
农地评估价格合理	○	○	○	○	○	○	○

17. 请对影响政府支持保障措施完善度的 8 个因素的重要程度进行打分。[矩阵单选题] [必答题]

	根本 不重要	不重要	不那么 重要	一般	比较 重要	重要	非常 重要
各项法律法规完善	○	○	○	○	○	○	○
处置抵押物时没有法律 障碍	○	○	○	○	○	○	○

	根本 不重要	不重要	不那么 重要	一般	比较 重要	重要	非常 重要
农地流转范围及用途受到管制	○	○	○	○	○	○	○
根据农地金融业务的开展需要搭建了必备的配套设置，如担保公司、物权平台等	○	○	○	○	○	○	○
完成农地确权和颁证	○	○	○	○	○	○	○
要求借款人必须投保农业保险，银行是不是第一受益人	○	○	○	○	○	○	○
政府建立风险担保池，出现违约可预先赔付银行本息	○	○	○	○	○	○	○
物权平台有收储职能	○	○	○	○	○	○	○

附录 C：吉林省农村金融综合改革试验区
物权平台的调研提纲

1. 物权平台的发起人是谁？是否具备法人资质？

2. 业务资质目前都包括什么内容？

3. 运营资金来源有哪些？各出资多少？占比多少？

4. 物权平台是营利性还是非营利性？

5. 物权平台的代偿能力如何？

6. 物权平台目前作为担保人角色参与的金融活动有哪些？

7. 物权平台与哪些金融机构合作了哪些金融产品？

8. 合作方式是预存保证金吗？放大比例是多少？

9. 预存的保证金额度是多少？现留存在各金融机构的保证金额度的变化情况如何？

10. 农地收益保证贷款是不是物权平台的主要反担保内容？目前担保额度是多少？最低担保额度是多少？最高担保额度是多少？

11. 目前是直接与需要贷款的农户签订流转协议吗？

12. 物权平台与农户间是否还存在中介性机构？

13. 一般最少签订几年的协议？最多签订几年的协议？

14. 签订协议的最少流转亩数是多少？最多亩数是多少？

15. 担保前的调查工作是物权平台进行的吗？依据哪些方面进行担保前的调查？

16. 是否有征信信息以供参考？与合作的金融机构共享哪些信息？

17. 物权平台与金融机构的风险分担比例是多少？

18. 物权平台在担保期结束后对接收的农地经营权进行了什么处置？

19. 什么情况下由物权公司代偿？代偿比例多大？

20. 是否存在逾期贷款？对于逾期贷款，物权平台是否会采取措施？如何配合金融机构在此阶段的工作？

21. 是否存在不良贷款？当担保贷款被列为不良贷款后，农地经营权如何处置？可否详细描述一下处置的案例？

22. 物权平台是否有收储功能? 是否有农业经营资质和能力? 是否存在农地留存的情况?

23. 全省物权平台担保的农地收益保证贷款的总体投放量是多少? 贷款地区的分布情况如何?

24. 农地收益保证贷款的质量状况及面临的主要障碍是什么?

25. 针对存在的障碍, 是否有可向其他省份的物权管理性机构借鉴的经验? 具体案例是什么?

26. 物权平台未来的发展是如何定位的? 偏重金融活动还是偏重农业生产组织服务?

27. 物权平台对碎片化农地的担保态度是怎样的?

28. 对碎片化农地的担保是否还需要其他的增信措施?

29. 对于碎片化农地担保可能发生的风险是否采取了其他分担措施?

30. 对碎片化农地的留存是否有处置的设想?

31. 物权平台对规模化农地的担保态度是怎样的?

32. 是否参与贷后监管工作?

33. 风险追偿的主要方式是什么?

34. 对规模化农地的留存是否有处置的设想?

35. 物权平台接收借款人转出的农地经营权后, 是否处于受让人的位置? 通过司法手段处置农地经营权会面临什么障碍?

36. 在农地收益保证贷款开展过程中, 您认为主要存在哪些方面的风险?

37. 风险是否可控?

38. 通过什么方式可以实现有效控制?

39. 农地收益保证贷款发放的主要激励措施是什么?

40. 农地收益保证贷款的生命力如何?